《武汉·中国光谷发展丛书》编委会

武汉·中国光谷发展丛书
ZHONGGUO GUANGGU FAZHAN CONGSHU

中国光谷产业坐标

——武汉东湖高新区产业发展战略研究

刘传铁 主编

人民出版社

责任编辑:傅跃龙

封面设计:徐　晖

版式设计:东昌文化

图书在版编目(CIP)数据

中国光谷产业坐标/刘传铁 主编. -北京:人民出版社,2010.4
(武汉·中国光谷发展丛书)
ISBN 978 - 7 - 01 - 008545 - 6

Ⅰ.中…　Ⅱ.武…　Ⅲ.高技术产业-经济开发区-产业-经济发展战略-研究-武汉市　Ⅳ.F127.631

中国版本图书馆 CIP 数据核字(2010)第 228940 号

中国光谷产业坐标
ZHONGGUO GUANGGU CHANYE ZUOBIAO

刘传铁　主编

人民出版社 出版发行
(100706　北京朝阳门内大街 166 号)

廊坊市文峰档案印务有限公司印刷　新华书店经销

2010 年 4 月第 1 版　2010 年 4 月北京第 1 次印刷
开本:787 毫米×1092 毫米 1/16　印张:19
字数:270 千字　印数:0,001-5,000 册

ISBN 978 - 7 - 01 - 008545 - 6　定价:35.00 元

邮购地址 100706　北京朝阳门内大街 166 号
人民东方图书销售中心　电话 (010)65250042　65289539

序　言

　　科技工业园区是 20 世纪世界经济和科技发展的一个创举。通过建立科技工业园区,加快高新技术产业发展,已成为世界各主要国家和地区提升产业竞争力的一种战略选择。改革开放以来,党和国家高度重视高新技术产业发展。1988 年经国务院批准在北京中关村地区建立新技术产业开发试验区(后改名为中关村科技园区)。随后国家又相继建立了一大批高新技术产业开发区,国家高新区进入了大规模发展建设时期。经过多年的艰苦创业,国家高新区从无到有,不断发展壮大,在推动高新技术产业发展、加快科技成果转化和产业化、促进区域经济社会发展等方面发挥了巨大作用。56 个国家高新区已经成为我国高新技术产业发展的一面旗帜,成为国民经济持续快速增长的重要力量。

　　上世纪八十年代,伴随着世界新技术革命的大潮,武汉东湖新技术开发区应势而生,1991 年被国务院批准为国家高新区。世纪之交,湖北省和武汉市又做出了依托东湖高新区建设武汉·中国光谷的重大决策,努力在光电子信息产业领域实现重点突破,促进特色高新技术产业发展。20 多年来特别是中国光谷建设 9 年来,武汉东湖高新区走出了一条坚持自主创新、发展特色高新技术产业之路,光电子产业在国内外市场的影响力不断提升,在国际分工链条中占据了一席之地,节能环保、信息、通信、装备制造业的发展势头良好。武汉东湖高新区内聚集了一大批科研院所和高等院校,科技资源十分丰富,整体的研究开发能力较强。武汉东湖高新区大力推进体制机制创新,通过整合资源,建起了多层次的技术创新平台和公共服务平台,采取有效措施引导和支持创新要素集聚,涌现出了一大批创新成果,呈现出蓬勃发展的态势,为国家高新区建设和发展进行了有益的探索和实践。

　　党的十七大把提高自主创新能力、建设创新型国家作为国家发展战略的核心、提高综合国力的关键,强调坚持走中国特色自主创新道路,把增强自主创新能力贯彻到现代化建设各个方面。为应对国际金融危机,党中央国务院做出了一系列重大决策部署,把发挥科技支撑作用作为一揽子计划的重要内容,其中非常重要的一项措施就是充分发挥国家高新区的集聚、辐射和带动作用,培育一批具有国际竞争力的高新技术产业集群。当前,中央强调要加快经济发展方式转变。自主创新是经济发展方式转变和经济结构调整的中心环节,我们要紧紧抓住世界新一轮科技革命带来的战略机遇,大力发展高新技术和战略性新兴产业,积极抢占未来发展的战略制高点,赢得竞争新优势。目前国家高新区已经进入"二次创业"的发展阶段,要按照温家宝总理提出的"四位一体"的要求,以提高自主创新能力为核心,努力使国家高新区成为促进技术进步和增强自主创新能力的重要载体,成为带动经济结构调整和经济增长方式转变的强大引擎,成为高新技术企业走出去参与国际竞争的服务平台,成为抢占世界高技术产业制高点的前沿阵地,加快实现从产业集聚向创新集聚的转变,为加快经济发展方式转变提供有力的科技支撑,努力实现创新驱动发展。

近年来,武汉东湖高新区组织了高校、科研院所、战略咨询机构和高新区的研究队伍,对高新区未来的发展进行战略性研究,涉及东湖高新区未来产业发展,高新区体制机制创新、投融资、创新创业文化建设、高新区与地区发展等多个方面,既总结了武汉东湖高新区在建设发展中的的探索和实践,又借鉴了国内外高新技术产业和科技园区的发展经验,提出了武汉东湖高新区未来发展的思路、规划和举措,这些成果对国家高新区未来的发展具有借鉴价值。

《武汉·中国光谷发展丛书》是武汉东湖高新区近年来战略研究成果的结晶。希望该丛书的出版能够对我国高新技术产业和国家高新区发展起到促进作用。希望所有关心国家高新区发展的各界人士都来读一读这套丛书。

2010 年 3 月

注:序言作者系科学技术部党组书记、副部长

目　　录

第一章 产业发展规律、外部环境与
技术发展趋势

改革开放之初的 20 年,我国经济的增长主要来自于以资源换取市场和技术,靠投资和出口拉动,走的是一条外生式增长为主的发展道路。"十一五"时期,我国经济发展进入一个新的阶段,面临经济增长方式转变和经济结构调整的重要任务。2006 年,国家正式提出了自主创新战略,并将提高自主创新能力作为推进经济结构调整和提高国家竞争力的中心环节。可以说,自主创新战略的提出是我国当前所处发展环境的客观要求,也是我国五十多年经济发展探索的重要总结,其实质就是转变经济发展的动力,要使内生增长动力成为未来我国经济增长的核心驱动力量。

作为我国实施自主创新战略的排头兵和重要承载地,国家高新区要在促进技术进步、增强自主创新能力、带动区域经济结构调整和发展方式转变等方面发挥重要引领作用。而这一过程的实现,要求高新区必须探索内生发展动力、机制和路径,走内生式的发展道路。

1.1 产业发展趋势与规律

1.1.1 高新技术产业价值链分解的趋势更加明显,高新区发展需要积极把握价值链分解所产生的新业态

产业发展规律有产业成长规律与产业价值规律之分:产业成长规律反映出产业随时间推移所体现的纵向发展规律;产业价值规律充分反映了产业的横向发展特点,体现了产业发展中的分解、融合、空间转移和空间集聚趋势。充分认识产业价值规律,把握产业的各种横向发展趋势,关键是以产业模块化

视角去分析产业发展。

所谓产业模块化,是将产业链中的每个工序分别按一定的模块进行调整和分割。广义的产业模块化包含三个层次的内涵:产品体系或者产品设计的模块化;生产的模块化;组织形式或者企业内部系统的模块化。因此,产业模块化实质上就是一种基于某个产品体系的流程再造。在这种产品体系中,一种产品的功能是通过组合不同而又相对独立的零部件来实现的。这些部件之间的嵌合根据一套接口标准进行设计,从而确保零部件及其生产的标准化与可替代性。

模块化是工业时代产品标准化概念的延伸和发展。它既强调产品的统一性和各部分的标准化,同时又强调产品整体最优化和各部分的创新性。也就是说,在统一的接口标准条件下,产品的最优化是建立在其各部分的性能与技术不断创新、优化的基础之上的。模块化最为经典的案例是电脑。早在20世纪60年代,IBM公司推出了其划时代的360型电脑,结束了不同品牌电脑互不兼容的"割据"局面,以至于经济学家们在总结"硅谷"现象时,将"模块化"技术说成是其成功的根本原因之一。

从技术角度看,作为信息社会的一个特点,"模块化"的前提是"标准化"。在统一标准的前提下,每个行业内部将不断产生新的"模块",而新的模块又孕育着一个新的产品,甚至一个新的产业。各种新模块的组合,又使得原有的产品得以更新换代,电脑业的发展正是反映了这一规律,家用PC模块化的结果带来了家庭电子产品的智能化、便捷化、数字化。从电脑的附属设备如打印机、扫描仪、调制解调器,到彩电、冰箱等的智能化,再到数码相机、手机等等,无不渗透着"模块化"的精髓。

随着经济全球化的日益加深,价值链环节之间的分工逐步细化。专业化分工导致了传统价值链的再次分解,原来在企业内部的研发、物流等各价值环节开始独立发展,并在全球范围内布局,如研发、设计、咨询和技术转让等。价值链分解而产生的新业态有多种形式,对应于传统直线系统的研发设计环节,在高技术产业内新出现的独立研发设计企业作为业态创新的典型,具有更强的创新意识和更符合市场需求的技术研发模式。

产业价值链分解示意图见图1-1。

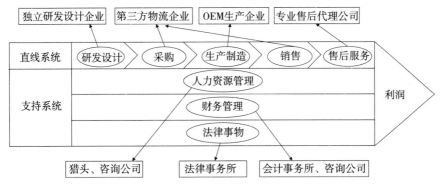

图1-1 产业价值链分解示意图

1.1.2 产业专业化集聚发展的趋势更加明显,高新区发展需要打造专业化的产业空间布局

当产业模块化形成后,在市场机制和世界各国政府的推动下,总部基地、制造基地、贸易中心等产业集聚区域纷纷形成,全球形成了许多著名的产业集聚区域。我国的高新区成为高技术产业的重要集聚区域,经济技术开发区通过招商引资也形成重要的制造和贸易的集聚区域。

产业垂直分工成为国际分工的主要方式;跨国公司的运营职能逐步集中化和专业化,并在空间上分解和集聚。随着高新技术产业专业化集聚发展,科技工业园、高新技术产业专业园区成为区域经济新的发展模式。科技园区越专业化,就越能体现高新技术产业特色发展的要求。大量新兴的细分产业、细分环节成为高新技术产业重要增长点,集聚区域(如专业园等)成为高新技术产业的重要载体。

另外,产业的集聚与产业分解呈现明显正相关的发展趋势,产业越是深度分解,产业模块就越是高度集聚。以汽车零部件产业为例,当汽车零部件产业从汽车产业中分离后,世界范围内围绕整车制造形成了许多汽车零部件制造的集聚区域;当汽车电子在汽车零部件产业中的地位突显后,汽车电子专业园也相继形成。

产业聚集是产业发展所体现的生态效应。在良好的高技术产业集群内,相关企业之间的关系已不是简单的基于商品买卖而形成的商业关系,而是基于技术和人才之间的有机互动而形成的共生关系,区域内会形成强烈的创新氛围。与生物群落相似,产业集群可以形成产业发展的内生动力机制和稳定机制。作为个体,同单个生物一样,企业只有置身于集群之中才有更大的发展空间。

产业链分解而导致产业环节在某一空间上集聚形成若干个专业区域的示意图见图1-2。

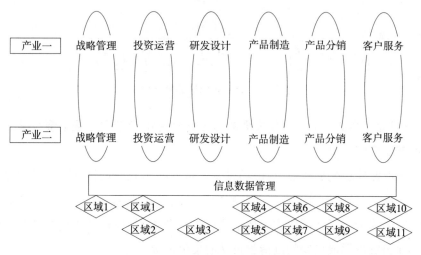

图1-2 产业链环节空间集聚示意图

1.1.3 产业与技术之间融合发展的趋势日趋明显,新兴业态不断出现,高新区需要积极培育发展新兴产业

产业融合是以产业分解为基础,产生于为满足新的市场需求而出现的不同产业内容在同一产品上的重新组合,是不同产业或同一产业内的不同行业相互渗透、相互交叉,最终融为一体,逐步形成新产业的动态发展过程。

在产业模块化发展的背景下,面对新的市场需求,高技术大公司以自身的研发体系为主体,开始对各细分产业领域技术模块(单元技术)有效整合,并通过技术融合,完成技术的集成创新;技术融合完成之后,通过技术向生产力的转化,完成新产品与业务的融合;在市场接纳新产品之后,市场融合得以完成;因此,产业融合是经过技术融合、产品与业务融合、市场融合三个阶段而最终完成的。移动通信产业是基于技术融合的典型案例,IBM则是信息产业中将服务业与制造业相融合的典范。

产业融合是产业发展的高级阶段,是社会生产力进步和产业结构优化的必然趋势。产业融合主要体现在以下方面:

一是制造业内部的产业融合。许多企业的制造与服务功能已经融合在一起,作业管理也从制造领域延伸到服务领域,部分企业的经济活动甚至已由以制造为中心转向以服务为中心。

二是产业链上制造业与服务业的融合。产业链中生产制造环节所占时间越来越少,在研发、采购、储存、运营、销售、售后服务等环节所占时间越来越长,产业链条的有效运转对生产性服务业的依赖程度增强。

三是区域内的产业融合,表现在制造业和服务业在一个特定空间上的集群式发展。高技术产业通过与某些传统产业,特别是与传统服务业的融合,也形成了新的产业形态,如从零售业和贸易业衍生出的电子商务,教育业衍生出的远程教育,银行业衍生出的电子银行,汽车产业衍生出的汽车电子等等。

1.2　产业高端发展路径

1.2.1　瞄准企业微笑曲线,积极发展高端服务产业

企业微笑曲线,指的是企业产业链条上的上游的研发设计环节、中游的生产制造环节和下游的销售服务环节存在价值高低之分,其中中游的生产制造环节附加值低,而上游和下游环节的附加值较高,体现为一个典型的"U"型结构,犹如笑脸一般(见图1-3)。据统计,全球产业链中研发设计和服务环节

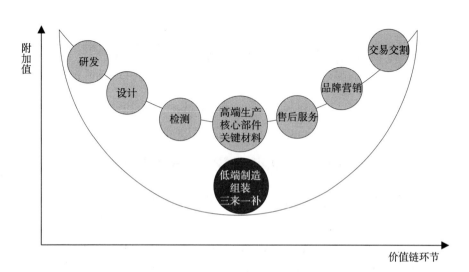

图1-3　价值链微笑曲线

获得的利润占整个产品利润的90% — 95%,制造环节只占5% — 10%,目前我国一些加工贸易企业获得的利润甚至只有1% — 2%。微笑曲线的形成,是国际分工模式由产品分工向要素分工转变的最终结果。以制造加工环节为分界点,全球产业链可以分为产品研发设计、制造加工、流通交易三大主要环节。"微笑曲线"实质上就是"附加价值曲线",即通过品牌、行销渠道、运筹能力提升工艺、制造、规模的附加价值,也就是要通过向"微笑曲线"的两端渗透来创造更多的价值。

1.2.2　依托区域创新优势,大力发展中场产业①

从经济角度讲,关键材料与核心部件是制造产业链中的主要经济增长点(见图1-4)。首先,制造业总产值中有相当比例是材料工业的直接贡献;第二,制造产品附加值的提高主要是新材料广泛使用的间接结果。新材料的使用,不但能够提升产品性能、增加产品功能、改善产品质量,而且可以在很大程度上提高产品的价值及利润。关键材料与核心部件是提升"中国制造"竞争力的主要手段,将引领"中国制造"走向"中国创造"。中国制造业价值增长的关键就是关键原材料和核心零部件,只有材料和部件才能为制造业终端产品带来价值增值。大力发展关键材料与核心部件将能进一步优化国家或区域的产业结构,提升价值,增强产业或产业竞争能力。

图1-4　制造业产业链

专栏1—1　"中国制造"Z—L—C 型产业链

"中国制造"的"Z型链"现象。"中国制造"的产业模式,存在新

---

①　中场产业是指处于原材料工业和装配工业之间,能提供高性能材料和高功能零部件的产业,是技术含量较高、增值量较大的环节。如同足球运动中的中场队员是全场的核心,"中场产业"是整个价值链的核心。

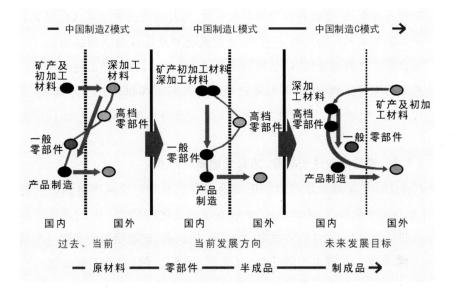

材料和中场发展不足的状况，目前的产业链中比较优势是矿产及初加工材料的出口和不直接面向国际市场的成品生产，其中中场产品，特别是核心零部件和精密零件，主要以进口为主。从整个产业看，产业链如上图所示，呈字母"Z"形。

"中国制造"从"Z型链"到"L型链"。"中国制造""Z型链"的真正含义是表明我国仅仅是一个制造业大国，无论是从产业规模、竞争能力、国际化程度还是品牌度等来讲，还不能与"美国制造"、"德国制造"、"日本制造"当年所达到的高度相提并论。推动"中国制造"进一步升级，提高"中国制造"在全球范围内的竞争优势，实现"中国制造"到"中国创造"，关键在于打造若干具有竞争力的产业或产业群体，核心在于关键原材料和核心零部件环节上的突破，也就是在"中国制造"产业链上实现从粗放型加工到精细化制造，实现原材料的初加工、精加工到制成品组装"一条龙"生产，这就是"中国制造"的"L型链"。

"中国制造"从"Z型链"到"C型链"。"中国制造"从"Z型链"到"L型链"解决了"中国制造"价值增值的问题，并在一定程度上将缓解"中国制造"资源、能源紧缺对我国整体经济运行所带来的巨大压力。但是，资源与能源问题只有放在全球化的框架中，充分利用国际资源与能源,重视新能源的替代作用,通过资源的宏观全球配置来降低企业成本提高产品竞争力,才能最大程度地缓解资源压力。这就出现了中国制造的"C 型链",也就是在"中国制造"产业链上实现充分利用国外初加工、国内进行精加工及制成品组装的生产模式。因此,"C 型链"是"L 型链"的更高发展阶段与发展趋势。

1.2.3　遵循产业成长规律,培育发展新兴产业

产业生命周期理论是产业演进理论中有关整个产业从产生到成熟过程中,产业内企业数目、市场结构、产品创新动态变化的理论。人们通常把产业生命周期划分为五个阶段:孕育期、形成期、成长期、成熟期和衰退期。在不同阶段,产业发展会呈现出不同的特点(见图1-5)。例如,处于形成期的产业会出现细分产业,创业非常活跃;处于成长期的产业会形成产业集聚,涌现出瞪羚企业。衰退期过后,往往有新的二次孕育期出现,产业生命周期具有明显的"衰而不亡"的特性。对产业成长规律的把握,核心在于明确产业的纵向发展趋势(处于什么发展阶段,即将步入什么阶段),应该朝什么方向促进产业发展。认识产业的成长规律,高新区在促进高新技术产业发展中必须把握新兴产业和细分产业发展机遇,明确什么是发展的关键。

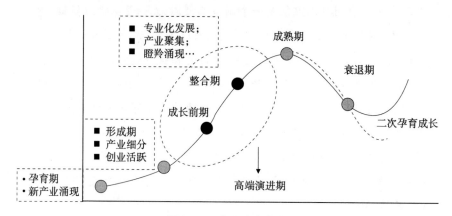

图1-5　产业生命周期

1.3　产业发展外部机会

1.3.1　全球产业转移趋势

（1）研发和服务外包成为新一轮产业转移热点

服务环节的全球产业转移,是继制造环节全球转移之后的新趋势(见图1-6)。进入新世纪以来,以人才为核心的软件产业和信息服务业成为全球产业转移的热点和焦点。其中,业务流程外包(BPO)是软件和信息服务外包的重要信息内容,也是新一轮产业转移的重大机遇。

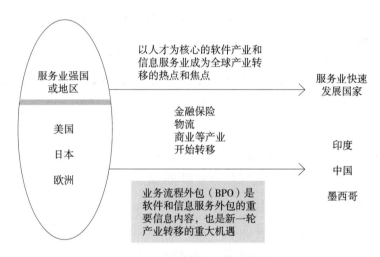

图1-6　全球服务业转移趋势

发达国家通过多种方式实现服务外包,从而完成服业业的跨国转移。主要的服务外包方式有三种:①业务外包给第三方服务提供商。如大连华信、东软为日本企业提供外包服务;北京通软为美国企业提供软件服务。②发包方企业在东道国投资建立企业承接服务流程活动。在印度班加罗尔和其他发展中国家,微软、IBM、BP、Accenture 等跨国公司等都有布局。③发包企业与承包企业或其他企业共同建立合资公司,承接服务外包业务。

2006 年,中国成为世界上第五大服务外包承接国家,排名次于印度、加拿大、爱尔兰和以色列(见图1-7)。中国有望在5—10 年内成为全球重要的海外外包服务基地。

（单位：10亿美元）

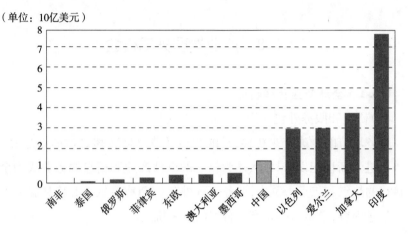

图 1-7　主要的服务外包国家业务量情况（2006 年）

　　资源优势突出的区域应该积极承接以项目合同外包为主要形式的服务业转移,重点发展研发设计、运营总部、结算中心、采购等高附加值环节,积极承接软件、信息服务、保险、物流、商业等细分产业。

　　(2)跨国公司投资行业逐渐集中,且投资于研发(R&D)的趋势明显

　　20 世纪 80 年代以来,跨国公司对华投资策略经历了追求廉价劳动力等一般资源、追求市场份额、追求效率和利润、追求战略资源(如专利、品牌、高级人才、稀缺资源)等四个阶段,逐步呈现三个转变:第一,由劳动密集的生产加工型逐步向资金技术密集的研发生产型转变;第二,由单纯的技术转让向研究开发本地化转变;第三,由被动的硬性技术转让向自觉的技术投入转变。目前跨国公司在中国的投资结构发生了很大的变化(见图 1-8),行业领域逐渐集中于高技术制造业如电子电气、汽车制造以及化工、装备制造业、通讯设备等。并且由单纯的投资于制造业向投资于服务业进行转移,如银行、保险、贸易及仓储等行业领域。

　　跨国公司投资于研发的趋势日益明显。截止到 2007 年底,跨国公司在中国共设立研发中心 1160 家,行业领域主要集中在电子通信、化工、生物医药等资金技术密集型领域,如微软、IBM、西门子、摩托罗拉、杜邦、辉瑞、通用电气、通用汽车、大众汽车、宝洁、本田、日立等公司在中国都有投资。2005 年我国共签订技术引进合同 9902 份;合同总金额 190.5 亿美元,同比增长 37.5%;其中技术费 118.3 亿美元,占合同总金额的 62.1%,技术引进合同数量和金额

（单位：亿美元）

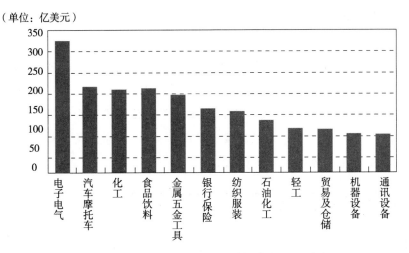

图1-8 全球500强投资行业结构（截至2006年）

均创历史新高。近年来，跨国公司设立的研发中心数量也不断增多。

（3）国内产业呈现出向中西部地区转移的趋势

中部崛起成为继东部沿海开放、西部大开发和振兴东北等老工业基地之后的又一重要的国家经济发展战略（见图1-9）。2006年4月，国务院出台了《关于促进中部地区崛起的若干意见》，出台了36条政策措施，提出要把中部建成全国重要的粮食生产基地、能源原材料基地、现代装备制造及高技术产业基地以及综合交通运输枢纽。

改革开放30年，东部沿海地区发展成本逐渐提高，经济发展空间的限制越来越明显；中西部地区以其相对低廉的投资成本和优越的投资环境，吸引了大量的沿海产业转移。

专栏1—2 国内产业转移趋势的若干重点领域

集成电路。全球最主要的集成电路代工企业台积电、台联电已在上海、苏州等地落户。英特尔、海力士等集成电路巨头已大举进军中国。2000年，中芯国际总部设立于上海，并将主要芯片厂、设计企业、封装测试公司都布局在上海；2004年，中芯国际在北京建立芯片厂；2005年，中芯国际和联合科技在成都合资成立的封装测试厂；2006年，中芯国际落户武汉。

消费电子。三星、东芝、索尼、诺基亚、爱立信、HP、Dell 等消费电子巨头的生产基地重点布局在中国。全球最大的消费电子代工厂商富士康电子在中国大陆的布局由深圳逐渐转向内陆,2008 年底已在深圳、山西、山东、武汉等地布局了 13 个厂区。

生物医药。承接国际生物产业转移的站点逐渐由沿海走向内陆。2008 年,东湖高新区获国家发改委批准"国家生物产业基地",成为全国 12 个生物医药基地之一。

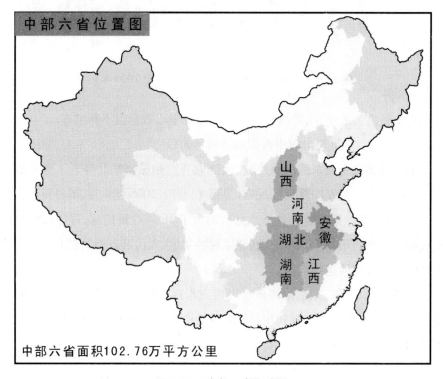

图 1-9   中部六省区域图

1.3.2   国家发展战略需求

(1)提高自主创新能力、建设创新型国家上升为国家战略,将促进研发与技术服务业快速发展

在 2006 年 1 月召开的全国科技大会上,胡锦涛总书记作了题为《坚持走

中国特色自主创新道路,为建设创新型国家而努力奋斗》的重要讲话,提出了建设创新型国家的目标。国务院《国家中长期科学和技术发展规划纲要(2006—2020)》的实施,将"建设创新型国家"这一战略目标推进到实施阶段。提升我国的自主创新能力、建设创新型国家,需要加大研发投入,大力发展研发产业、技术服务业等。

近几年我国研发和技术服务业得到了大力发展,企业也越来越重视研发环节,研发投入逐渐增大(见图1-10)。2005年,我国实现科学研究和综合技术服务业增加值为2050亿元,相比2000年的556亿元翻了两番,取得了长足的发展。2006年国家高新区企业研发投入为1054亿元(见图1-11),占高新区企业总收入比重的3.6%。

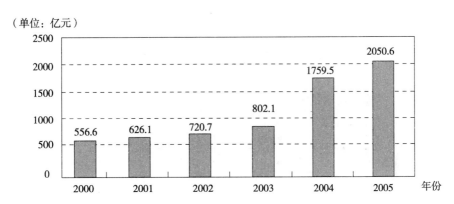

图1-10　2000—2005年我国科研和综合技术服务业增加值

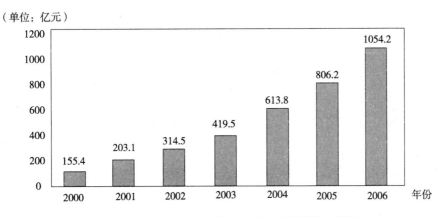

图1-11　2001—2006年国家高新区企业研发投入情况

（2）在我国建设资源节约型和环境友好型社会的要求下，节能减排成为经济发展的重要衡量指标，环保、新能源和节能产业的发展前景看好

节能减排的主要内涵包括多个方面，要做到节约能源、节约水资源、节约土地、节约材料，加强资源综合利用，大力发展循环经济。"十一五"时期我国建设节约型社会、发展循环经济的目标明确：单位国内生产总值能源消耗降低20%左右；单位工业增加值用水量降低30%；农业灌溉用水有效利用系数进一步提高；工业固体废物综合利用率提高到60%。两型社会建设有利于推进环保、新能源、高效节能材料、绿色农业等环保节能型生态产业的发展；有利于推进节能技术应用，促进循环经济发展和国家经济社会可持续发展（见图1-12）。

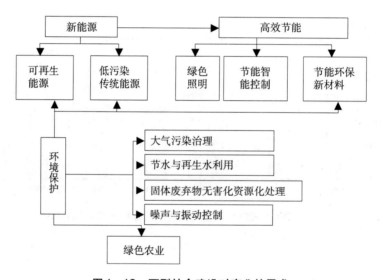

图1-12 两型社会建设对产业的需求

（3）随着我国经济的快速发展，居民收入的稳步增长带动居民消费结构升级，消费电子、汽车和信息服务业等消费类产品的市场需求巨大

2008年，我国国内生产总值为300670亿元，比上年增长9.0%，按美元计算，折合4.22万亿美元，居世界第三，人均GDP为3200美元，按照联合国城市化阶段的划分标准，我国目前处于城市化加速发展阶段。城市化加速阶段的主要表现是居民的人均收入增多，生活水平进一步提高，由此产生新型的消费需求。2000年以来，我国居民的恩格尔系数不断下降，城镇居民的恩格尔

系数从 2000 年的 40% 下降到 2008 年的 36%,农村居民的恩格尔系数从 2000 年的 50% 下降到 2008 年的 40%,这些变化表明,居民的消费需求在不断升级。

消费结构升级带动需求结构升级主要表现在两个方面:一是需求产品的层次升级。从最初的农产品,到服装及日用工业品,90 年代对大家电的需求增大,继而对小家电的需求增大;进入 21 世纪,需求的膨胀促进了消费电子产品如个人电脑、手机、数码相机、MP3/MP4、3G 上网本、便携式导航设备等为重点的消费电子产品的高速增长。综合麦肯锡等多家机构的调查,我国消费电子产品的市场规模已经从 2000 年的 3500 亿元增长到 2008 年的 8000 亿元,年均增长 12%,至 2010 年,总体规模有望达到 1 万亿人民币左右,占全球消费电子产品市场的 25%。

(4)我国产业结构调整的任务仍很严峻,发展高端制造、扩大现代服务业比例、培育新兴产业将成为我国产业结构调整的主要方向

要实现党的十七大报告中提出的奋斗目标,即人均国内生产总值到 2020 年比 2000 年翻两番,关键在于调整和优化产业结构,实现产业结构升级。推动产业结构升级的重点在于:大力发展服务业,提升工业层次和水平,继续推进国民经济和社会信息化。要从改革体制、加大投入、完善政策等方面,鼓励和支持服务业加快发展,尤其要发展物流、金融、信息、咨询、旅游、社区服务等现代服务业。同时也要大力发展从高新技术产业中分解出来的高技术服务业。要加快发展高新技术制造和先进制造,振兴装备制造业,积极发展可再生能源,有序发展替代能源,广泛应用先进技术改造提升传统产业。加快产能过剩行业调整。在优化产业结构中,注重运用经济、法律手段,加强产业规划和政策的引导。要结合科学和技术突破的可能性,积极培育新兴产业和新兴业态。

1.3.3 区域发展战略需求

(1)武汉城市圈被批准成为"两型社会"综合配套改革实验区,将在探索有效节约资源、优化利用资源方面发挥先行先试作用

近几年国务院先后批准上海浦东新区、天津滨海新区和成渝都市圈为综

合配套改革试验区。武汉都市圈获批"两型社会"建设国家综合配套改革实验区,工作重点在于探索建立发展"两型产业"、促进创新成果加快转化的体制机制,实现产业互动和区域互动。两型社会建设对于区域的机制体制创新和产业发展提出了新的要求,重点表现在以下两个方面:在机制体制上,探索建立"全国资源节约型和环境友好型"即"两型社会"发展的机制体制,除了将涉及到经济体制改革之外,还将涉及政治体制、社会体制、文化体制以及生态环境等方方面面;探索建立公共设施和公共服务资源合理配置的体制机制,提升现代城市的整体功能;建立资源节约的体制机制,转变经济增长方式;创新环境保护的体制机制,加快环境友好型社会建设。在产业发展上,积极发展科技含量高、资源消耗小、环境污染少的产业;大力发展环保节能型生态产业,发展现代服务业。

在"1+8"武汉城市圈中,武汉市作为核心城市,龙头带动作用稳固。2008年,武汉市规模以上工业增加值为1388亿元,同比增长20.3%,占全省规模以上工业增加值的36.1%。从主导产业来看,武汉市主导产业为钢铁、汽车、机械和以光通信为特色的高新技术产业;其他城市高新技术产业发展较为落后,主导产业多为冶金、建材、化工、纺织和机械等低附加值产业(见表1-1)。

表1-1 2008年武汉城市圈社会经济发展现状和主导产业情况

城市	规模以上工业增加值(亿元)	增幅(%)	主导产业
武汉	1388.00	20.3	钢铁、汽车、机械、高新技术产业
黄石	258.20	12.6	冶金、建材、机电、纺织服装、轻工、化工、医药等综合工业体系
鄂州	126.56	26.1	冶金、建材、机械、纺织
潜江	102.00	27.6	化工、纺织服装、冶金机械
咸宁	113.41	30.5	轻工、纺织、机电、冶金、建材、造纸、医药、化工、电力
仙桃	78.06	26.3	纺织、食品、机械、服装、建材
孝感	170.28	27.6	盐细化工、机电、食品、建材、纺织
天门	51.34	30.2	目前尚无明确的主导产业
黄冈	141.30	30.6	目前尚无明确的主导产业

资料来源:课题组根据相关资料整理。

（2）在区域资源统筹协调过程中,武汉市将更加着重高附加值产业和价值链高端环节,并由此带动周边城市的产业发展。

对城市圈总体而言,将要求统筹协调利用区域资源,区域之间协调、配套、错位发展,形成基础设施共享、要素充分流动、竞争与合作共存的格局。城市圈内部将着重在合作机制、要素流动和产业互补与配套方面实现一体化发展。目前,城市圈内部正在加强基础设施、要素市场等一体化建设。武汉通往圈内城市的7条高速出口公路正在建设;郭徐岭、关山两个圈内物流中心已开工建设,并且在城市圈内部实行市场管理一体化。同时,武汉市银行跨区域票据交换系统、校企合作、教育联合、人才信息共享等合作目正在展开,武钢与鄂钢联合重组,城市圈内配套电子元件厂商瞄准了武汉的富士康科技园、"中国光谷孝感产业园"瞄准了武汉的光电子等一系列城市产业配套项目也正在开展。

1.4　重点产业技术创新

从全球高新技术发展态势看,技术融合和集成创新成为新一轮技术革命的主要动力,超前部署和重点发展战略高技术及产业将是实现创新跨越的重要突破口。现代科学技术的发展,越来越多地依赖学科的交叉融合和技术集成。与传统学科相比,交叉学科更具有开发与集成的特性,重大的技术创新将更多地发生在学科交叉领域。同时,技术融合趋势日益显著。采用集成方式,综合应用各类技术才能更好地解决复杂性、系统性问题。当今世界,一个国家或地区能否根据自身情况和需求,成功选择和扶持战略性技术和产业的发展,直接影响本地区的前途和命运。从国际发展经验看,对关系经济繁荣和地区发展的战略技术及产业进行超前部署和重点发展,对于实现区域持续创新和提高国际竞争力具有决定性意义。

1.4.1　信息科学与技术

（1）信息科学和技术仍然是未来10年全球科技革命的主导力量,信息产业将继续保持在高技术产业中的龙头地位,信息技术是知识经济的主导支撑力量。信息产业在未来10年将仍然保持全球第一大高技术产业地位,其中软件和 IT 服务是关键增长动力。综合赛迪顾问、Gartner、OECD 等机构的调查，2000—2008 年间，全球信息产业年均复合增长率超过 7%。到 2008 年，全球信息产业市场规模约为 4.9 万亿美元；受到金融危机的影响，2009 年市场规模会有所萎缩，但是到 2010 年将恢复增长，到 2011 年，全球信息产业市场规模将达到 5.5 万亿美元。其中软件和 IT 服务将分别达到 2400 亿美元和 9000 亿美元，增速为 10% 左右，成为推动整个信息产业增长的主要力量。

（2）集成电路、软件、消费电子等传统信息技术领域市场继续扩容，以数字内容为代表的新兴技术领域成为市场新亮点

集成电路市场在经历短暂调整后，将在 2011 年左右恢复增长。综合 Gartner、SIA 等机构调查，2008 年全球 IC 市场规模约为 2750 亿美元，与 2007 年基本持平，由于受金融危机影响，2009 年销售收入预计同比下降约 5%，预计在 2011 年左右恢复较快增长。

软件业继续呈现平稳较快增长。自 20 世纪 90 年代以来，全球软件产业发展连续增长率是全球经济平均增长率的 5 倍以上，2008 年全球软件产业规模约为 8000 亿美元。受金融危机影响，软件产业增速下降，预计到 2010 年下半年恢复较快增长。

新型平板显示市场正处于高速发展时期。据 DisplaySreach 研究，2007 年全球平板显示产值突破 1000 亿美元。薄膜式液晶显示（TFT—LCD）和等离子显示已成为目前平板显示主流产品，2006 年 TFT—LCD 约占平板显示 75% 的市场份额，等离子显示约占 20%，今后液晶仍将占据平板显示市场绝大部分份额。

音视频产品是消费电子产品的主力军。《世界电子数据年鉴 2007》数据显示，2007 年消费电子产品年销售额为 1488 亿美元，同比增长 3.1%。音视频技术与产品呈现出数字化、高清化和融合化的发展态势，平板电视、便携式播放器和 DVD 播放器等仍是音视频产业发展的主要驱动力。

移动电话已发展成为一个年产值超过 1000 亿美元的重点电子产品。据 IDC 调查显示，2007 年全球移动电话销售 11 亿部，同比增长 7.95%。今后几年，全球仍将保持一定增长，印度、中国等发展中国家将是主要增长区域。智能移动电话将是市场竞争的焦点，移动电话正逐步从语音通信工具，变成一种普及的移动信息收集和处理平台。

计算机产业进入平稳增长期。据 IDC 统计,2006 年世界主要计算机产品(包括台式机、笔记本、X86 服务器)的销量为 2.354 亿台,同比增长 10.1%。整机产品中,笔记本市场规模扩大的速度要远远高于其他主要的计算机产品。

数字内容产业超高速增长。CCID 发布的《2006—2007 年世界信息产业发展研究年度报告》显示,世界信息产业各细分产业中,增长速度最快的是数字内容产业,2006 年增速为 40.1%,达到 4248 亿美元。此外,数字内容产业衍生产品和服务产值为数字内容产业产值的 2—3 倍。

(3)信息技术创新集中于宽带互联、无线网络、新型实用移动通信等领域,光纤到户、超 3G、IPTV 等技术将于三至五年内实现规模商业应用

WiMax(World Interoperability for Microwave Access,全球微波接入互操作性)是一项基于 IEEE 802.16 标准的宽带无线接入城域网技术。2001 年成立的 WiMax 论坛联盟,成员包括运营商、芯片厂商、设备厂商等,诺基亚、阿尔卡特、西门子、摩托罗拉等都在其中,完整的产业链已构建完成。WiMax 论坛认证测试工作也于 2005 年正式开始,将推动 WiMax 在全球更加迅速地发展。

IPV6(Internet Protocol Version 6,下一代互联网协议)。IPV6 相关技术本身已经基本成熟,全球 IPV6 地址的分配正在加速,各运营商正在积极研究向 IPV6 的过渡策略。IPV6 网络在欧洲、日本等局部地区已经实现了商用化,但在运营应用方面还很欠缺。

IPTV(Internet Protocol Television,交互式网络电视),是一种基于宽带互联网与宽带接入的宽带增值业务。IPTV 技术已经基本成熟,商业运营模式尚在探索之中。语音、互联网和娱乐服务融合将是 IPTV 的主要推动力。IDC 预测 2011 年全球 IPTV 收入将达到 391 亿美元。但在亚太地区,由于电信运营商难以获得电视服务拍照许可,可能导致 IPTV 服务无法上市。

FTTH((Fiber To The Home,光纤到户)。无源光网络(PON)已经成为世界上 FTTH 网络铺设的主要技术。Infonetics Research 报告 2008 年全球 PON 设备成长到 22 亿美元规模,亚洲是 PON 主要市场。但由于成本、技术、政策等方面的原因,除部分企业用户和少量高端住宅外,尚未得到大规模推广应用。

B3G/4G,第三代、第四代移动通信网络技术。关键 LTE 模块研发进入最后阶段,已具备了 100Mbps 的数据下载能力,但相关技术标准还在制定之中,规模化商业应用尚待时日。预计到 2013 年,全球 4G 用户将超过 9000 万。

RFID(Radio Frequency Identification,无线射频识别)是一种非接触式的自动识别技术,RFID 中间件是 RFID 产业应用的神经中枢。RFID 产业已经进入高速发展阶段。Research and Markets 研究报告指出,2004 年全球 RFID 市场规模达 14.9 亿美元,到 2015 年将达到 260 亿美元。

(4)信息产业商业模式创新不断涌现,软件外包、内容服务等新型业态的出现使得信息产业向服务转型趋势加快

在信息技术的推动下,信息产业发生了新的变化。软件服务、IT 外包、网络服务等新商业模式的出现使得信息产业向服务化转型趋势加剧。出现的新型业态和商业模式主要包括:服务外包以信息技术外包(ITO, Information Technology Outsourcing)和业务流程外包(BPO, Business Process Outsourcing)为主要内容;互联网接入服务(ISP),即通过电话线、同轴或无线等手段,把用户的计算机或其他终端设备接入互联网;互联网内容提供服务(ICP),即提供互联网信息搜索、整理加工等服务;网络应用服务(ASP),即为企事业单位进行信息化建设、开展电子商务提供各种基于互联网的应用服务;专业计算机服务,即系统集成、咨询、培训、维护和设施管理等服务。

1.4.2 生命科学和生物技术

(1)生命科学和生物技术领域酝酿着重大突破,已经成为风投最青睐的热点技术领域之一,显示了良好的市场预期

生物技术有望发展成为未来主导产业,医药生物技术、农业生物技术和工业生物技术是生物高技术的三个主要领域。基于技术发展和产业化的良好预期,生命科学和生物技术成为技术研发和投资热点领域。2007 年,美国生命科学和生物技术吸引 91 亿美元的风险投资,是当年最大的风投技术领域,占比 31%,同比增长 21%(见图 1-13)。

(2)生物技术领域重大突破促成生物产业成为与信息产业并驾齐驱的产业群落,中国、印度等新兴国家将迎来快速增长

生物技术产业具有巨大增长潜力和高成长效应,未来 15 年将形成与信息产业并驾齐驱的产业群(见图 1-14)。德勤 2007 年发布的生物技术产业展望报告指出,80% 左右的资深行业人士认为中国和印度生物技术产业将以超

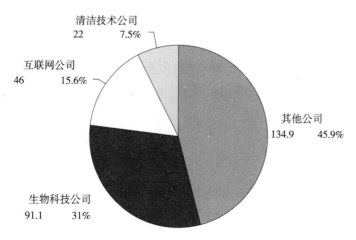

图1－13　2007年美国风险投资按技术领域分布

资料来源:2007年美国风险投资报告,普华永道和美国风险投资协会。

出10%的速度发展。

（单位：亿美元）

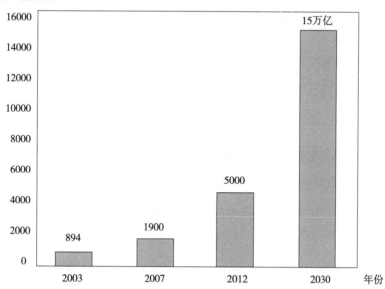

图1－14　全球生物产业发展现状及预测

　　(3)生物技术创新和技术融合催生一批新兴产业群体,生物医药研发外包成为产业发展新亮点

　　生物技术在工业、环保、能源、海洋、材料、信息等领域广泛应用与融合,带

动工业生物技术、环境生物技术、能源生物技术、海洋生物技术、材料生物技术及信息生物技术的全面发展,形成了现代生物产业的第三次浪潮(见图1－15)。同时,全球化分工趋势明显,生物医药研发外包开始向发展中国家转移。2000年全球研发外包市场规模约为84亿美元,2007年全球研发外包市场规模接近200亿美元,尽管受金融危机影响,一些小的外包公司经营困难,但金融危机进一步促进了跨国公司的研发转移,预计2010年全球CRO市场规模将达到320亿美元。目前,跨国医药巨头目前已将40%—50%的研发外包到发展中国家,美国有90%以上的医药公司在中国寻找外包公司。

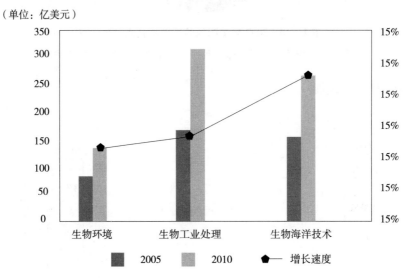

图1－15 2005年—2010年全球生物新兴产业增长

1.4.3 能源和环境科技

(1)以能源、环保和资源综合利用为基本内容的清洁技术创新活跃,广泛应用于众多产业领域

能源科学技术在全球范围内持续升温,以解决世界性的能源短缺、气候变暖等重大问题。发展战略能源方可化解可能出现的能源危机,未来节能技术及清洁能源、可再生能源和核能的开发和利用,将成为技术创新的重点。环境科学和技术能提高人类在控制污染、生态修复和解决气候变暖等方面的能力,

是实现可持续发展的基础。未来发展的重点,将是提高人类在污染控制、生态恢复和解决全球气候变化等方面的能力。

实现人与自然和谐相处的可持续发展已经成为国际共识,是全球经济社会发展的必然方向。清洁技术(Cleantech)是用来在源头削减或消除任何有害物、污染或废物的产生,用来帮助节省原材料、自然资源与能源的任何技术措施。清洁技术产业的核心是能源、环保及相关产业,涵盖能源生产和存储、能源基础设施、水资源及水处理、空气质量和环境、新型节能材料、先进制造、现代农业、废弃物处理及循环利用等领域。

(2)作为战略高新技术的新兴增长点,清洁技术成为全球风险投资的新宠,能源、资源综合利用、交通节能等重点领域,商业化前景广阔(见图1-16)。

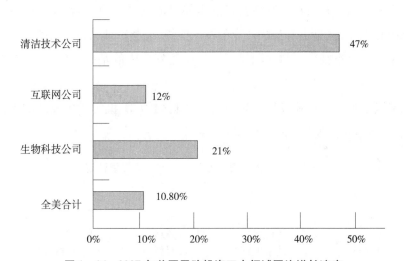

图1-16　2007年美国风险投资三大领域同比增长速度

资料来源:2007年美国风险投资报告,普华永道和美国风险投资协会。

清洁技术正在日益渗透到人类生产生活的各个角落,将从根本上改变经济增长模式和人类的生活方式。清洁技术产业在自身创造经济利益的同时表现出了明显的溢出效应,提升了社会效益,实现了经济价值和社会价值的统一。

清洁技术产业已经成为引领全球经济社会发展的重要力量。在德国,环保产业在国民经济总量中所占比重达到7%,是第二大产业门类。2006年,北美清洁技术领域的风险投资同比增长了167%,达到34亿美元,其中,能源领域风险投资 22 亿美元,是清洁技术风险投资最主要的利用方向。2007 年,美国清洁技术领域吸引 22 亿美元风险投资,是仅次于医疗保健和生物科技、互联网的第三大领域,其中,清洁技术领域风险投资增速达到 47%。

1.4.4 材料科学和技术

材料科学和技术是发展高技术产业的基础和先导,世界主要国家均确立了将其作为战略技术的地位。通过开发下一代高密度存储材料、生态材料、生物材料、碳材料和高性能结构材料,人类将生产出体积更小、更加智能化、对环境兼容性更好和可定制的产品、元器件和系统,从而对制造、物流和个人生活产生重要影响。新材料是高新技术的重要组成部分,又是高新技术产业发展的基础和先导,也是提升传统产业的技术能级、调整产业结构的关键。工业发达国家都十分重视新材料在国民经济和国防安全中的基础地位和支撑作用,为保持其经济和科技的领先地位,都把发展新材料作为科技发展战略的目标,在制定国家科技与产业发展计划时将新材料列为 21 世纪优先发展的关键技术之一,予以重点发展(见表 1-2)。

表 1-2 全球主要工业国家材料科学发展计划

	美国	欧盟	日本	韩国
重点发展领域	生物材料 信息材料 纳米材料 极端环境材料 材料计算科学	光学和光电材料 磁性材料 纳米生物材料 超导材料 复合材料 生物医学材料 智能纺织原料	金属材料 陶瓷材料 复合材料 高分子材料 高纯度材料 生物、超导和纳米材料	下一代高密度存储材料 生态材料、生物材料 自组装的纳米材料技术 未来碳材料技术 控制生物功能的材料
相关科技计划	国家纳米技术计划; 未来工业材料计划; 下一代照明光源计划; 先进汽车材料计划; 化石能材料计划; 建筑材料计划; 先进材料与工艺过程计划	第六个框架计划; 欧盟纳米计划; COST 计划; 尤里卡计划	科学技术基本计划; 纳米材料计划; 21 世纪之光计划; 超级钢铁材料开发计划	韩国科技发展长远规划; 纳米科技推广计划; 纳米技术综合发展计划; G7 计划(先导技术开发计划)

来源:ISTIS。

第二章　典型科技园区产业发展借鉴

产业集群已成为产业全球布局中组织生产的一种基本方式,是继现代企业制度形成之后生产组织方式的一次重大变革和创新。产业集群环境不仅成为企业竞争力的重要源泉,也是一个国家和地区产业竞争优势的源泉。科技工业园区是高新技术产业集群的经济特区,是产业集群发展的重要载体,对提升我国在全球产业分工中的位置、提高经济的国际竞争力具有重要的意义。本章以美国硅谷、法国索菲亚、印度班加罗尔、北京中关村、上海张江等典型科技园区为例,深入分析其产业发展历程、产业结构、未来发展趋势,提供可资借鉴的经验。

2.1　美国硅谷

美国硅谷现在是世界上最具创新能力的科技园区,硅谷已成为世界各国科技园区的代名词。目前,美国的高新技术产业独步全球,在信息技术、生物技术、新材料、新能源、航空航天、海洋开发等重要领域,取得了全球领先地位。而硅谷则是美国高科技产业的心脏和龙头。

硅谷位于美国加利福尼亚州北部,介于帕洛阿尔托和圣何塞之间。这个地区拥有包括世界著名的斯坦福大学、圣克拉拉大学和圣何塞大学在内的8所大学,9所专科学院和33所技工学校。这里占有加州1/6的博士,而加州又是全美博士最多的一个州,其知识密集、人才密集程度之高在美国首屈一指。这为高技术产业在此地区的蓬勃发展提供了丰富的智力资源,奠定了其长足发展的坚实基础。由于电子工业以硅为主要原材料,所以人们把电子工业最为发达的这个地区成为"硅谷"。

硅谷不但开拓了新的产业,更重要的是开拓了高新技术产业的发展模式:风险投资、孵化器、股份期权、科技园等。

硅谷模式的特点:被评价为高新技术与产业综合体,把研究、开发与生产制造联系起来;硅谷不是政府规划,而是市场推动形成的;区内的大学特别是斯坦福大学对硅谷形成和发展起了非常重要作用;政府对硅谷的作用主要表现在基础研究投入、政府和军方采购、制定支持中小企业的各种计划、降低投资收益税率、对科技人员获得的股份(股票)期权实施延缓缴纳个人所得税等方面。

2.1.1 发展历程及主导产业演变

硅谷在其100多年的发展历程中,有四个里程碑意义的事件,分别是1891年——斯坦福大学的诞生,1938年——惠普公司创办,1951年——斯坦福工业园问世,1971年——硅谷得名。

硅谷的形成可以追溯到1891年,当时美国加州铁路大王、曾担任加州州长的参议员利兰·斯坦福夫妇在加利福尼亚州的斯坦福市创办了斯坦福大学,该校效仿欧洲名牌大学的教育模式,立足于使学生在良好的、自由的人文环境中接受科学教育和实用技能教育,注重开发学生的想象力和发展他们的个性,使学生的智力和个性都得到良好的发展。他们的这一决定为以后的加州及美国带来了无尽的财富,尽管当时这里在美国人眼中还是荒凉闭塞的边远西部。

1924年,弗雷德里克·特曼(Frederick Terman)担任斯坦福大学教授,他对创建惠普公司(HP)、成立斯坦福工业园区起到决定性作用。对于硅谷的诞生与发展,特曼起了企业孵化器的作用,特曼是科技企业孵化器的鼻祖,被成为"硅谷之父";此外,特曼任教斯坦福大学后,着手创办电子通讯实验室,他的实验室成为当时美国西海岸技术革命的中心,并开始改变大学的模式,大学成为研究与开发的中心,而不是纯搞学术的象牙塔。正因为这一转变,与哈佛、耶鲁、麻省理工等美国东部地区的老牌学校相比,只能算作"乡村大学"的斯坦福大学脱颖而出,跻身世界一流。正是特曼的远见和智慧,规划并造就了今日的硅谷,也成就了斯坦福大学。

1938年夏,在老师特曼的帮助下,戴维·帕卡德(Dave Packard)和威廉·

休利特(William Hewlett)利用特曼借来的538美元,在车库着手创办惠普公司。硅谷车库共同创业的模式,以及独具一格的"惠普之道"管理模式,成为后来成就硅谷高科技产业辉煌的精神核心。1987年,这间车库被官方正式评定为加利福尼亚州发展史上里程碑式的建筑物,成了名扬四海的"硅谷诞生地"。

但是,在二战以前,硅谷基本上是一个农业区,工业传统较少,特别盛产大樱桃,直到70年代还到处可见樱桃树。一般认为,推动硅谷形成的主要力量,除了斯坦福大学外,还有国防工业、仙童公司和IBM等。第二次世界大战期间,由于靠近圣弗兰西斯科港和里士满、奥克兰等地的军事设施和工业区,斯坦福大学实验室得到联邦政府资助发展军用电子工业,在电子技术方面积累了较强的力量。

二战后,美国的国防技术逐渐商业化,由政府和民间共同开发、使用和经营,从而加快了硅谷的发展,到20世纪50年代,硅谷初具雏形。

1951年,在特曼教授的推动下,斯坦福大学把靠近帕洛阿尔托的部分校园地皮约579英亩,划出来成立一个斯坦福工业园区,兴建研究所、实验室、办公写字楼等。世界上第一个高校工业区诞生了,这是硅谷历史上的里程碑。后来,工业区改为研究区,成了美国和全世界纷起效尤的高技术产业区楷模。研究区带来的租金收入,也为斯坦福大学的发展提供了财力,特曼用这笔可观的收入设立基金,用来挽留和聘进名流教授,实施"尖子人才"培养战略。到20世纪60年代,斯坦福大学已跃居美国学术机构前列;到20世纪90年代初,这所昔日的"乡村大学"超过了哈佛、耶鲁和普林斯顿等名校,位居全美大学之首。

1952年,总部位于美国东部的IBM在圣何塞市建立了研究中心并设计了第一个硬盘存储设备,后又成立通用产品部,进行磁盘存储设备和磁带技术的开发。IBM的入驻加快了全美研发机构和人才在硅谷的迅速集聚。

另一个对硅谷发展有很大影响的公司是50年代成立的仙童半导体公司(Fairchild),硅谷后来许多著名公司的创业人都是从这个公司出来的,包括英特尔、AMD等微电子行业的佼佼者。1955年,半导体发明者威廉·肖克利在硅谷建立了肖克利半导体公司(肖克利因发明半导体晶体管而获1958年诺贝尔物理奖),将其晶体管的研究成果商品化。两年后该公司解体,该公司八名职员辞职,组成了仙童半导体公司。有趣的是,当初他们离开肖克利半导体公司的原因,是不满该公司老板威廉·肖克利的专横作风,他们立志自创企业,发誓树立新风气。1963 年由于仙童公司接受了美国军方订货,销售额一下跃升到 13 亿美元。到 70 年代后期,硅谷的绝大多数半导体公司都是仙童公司的后代,都具有仙童公司技术和管理的遗传基因,生气蓬勃、欣欣向荣。

1971 年,美国报道半导体工业的杂志《微电子新闻》的一位记者,根据半导体中的主要成分硅,命名斯坦福工业园区一带的地区,硅谷由此得名。

自 20 世纪 80 年代以来,随着经济全球化的推进,硅谷已经突破了自我驱动的发展模式,而是通过吸引全球的资金和人才、出口技术产品,形成了同全球经济高度互动的经济模式。

硅谷的产业在不断的创新中变化。以半导体产业为基础,以持续的高端技术创新为依托,硅谷始终在全球信息技术产业发展中处于领先地位。从1951 年至今,硅谷已经走过了 50 多年的发展历程,可以分为以下几个阶段:

阶段一:1951—1954 年:电子仪器产业。在此期间,斯坦福研究园建立,7家企业相继迁入园区,成为世界上最早以大学为基础的高科技工业园区。园区在产业发展上没有明确的定位,但研发与产业化关系初步建立。1938 年成立的惠普公司,主要生产电子仪器。

阶段二:1955—1957 年:半导体产业。威廉·肖克利(William Shockley)在硅谷创立的肖克利半导体实验室,成为美国半导体产业从东部地区开始西迁的标志。该实验室为硅谷培养了最早的半导体人才,仙童半导体公司等企业逐渐发展起来。

阶段三:1958—1970 年:集成电路产业。这一时期硅谷进入了大发展时期,国家半导体、超微半导体(AMD)、英特尔(Intel)等纷纷建立。从上世纪 60 年代起,集成电路的晶体管数平均每 18 个月翻一番,始终保持在全球领先地位。

阶段四:1971—1989 年:个人电脑。1971 年,Intel 发布了第一台"单芯片电脑",标志着电脑时代的到来;1976 年,苹果公司发布了第一台真正意义上的个人电脑。1984 年,图形界面系统(Windows)、鼠标被发明,硅谷开创了全球个人电脑产业的新时代。

阶段五:1990—2000 年:互联网。在此期间,互联网的发明及应用极大地改变了人们的生活方式,进而对商业模式也产生了深远的影响,互联网经济开始蓬勃发展。

进入21世纪,硅谷的IT服务、生物技术、新能源、新材料等产业崛起,硅谷继续引领着全球高新技术产业的发展。尽管在2000年,随着网络泡沫的破灭,互联网经济遭遇了低谷,硅谷曾受到了较大影响,但硅谷在全球高技术产业的地位无人匹敌。

2.1.2 硅谷产业结构

硅谷的产业结构在不断演化,2007年,根据有关机构的调查,按就业人数划分,硅谷的主要产业为:软件、创意与创新服务业、半导体与半导体设备制造、计算机与通讯硬件制造、生物医药、电子部件制造等。2007年,硅谷的就业人数为138万人,各行业的就业比例分别为:软件就业人数最多,占30%;创意与创新服务业居第二位,占24%;半导体与半导体设备制造居第三位,占16%;其他为:计算机与通讯硬件制造15%;生物医药8%;电子部件制造7%。

硅谷的支柱产业如果按硅谷地区150家最大的上市公司(SV150)的行业分布来划分,按照从业人数排列,可以分为11大支柱产业,分别为计算机类、半导体、软件、存储技术、网络通信、非技术类、电子承包、互联网、仪器类、半导体设备、生物医药等(见表2-1)。SV150的员工总数为93万人,实现销售收入4504亿美元,人均48.4万美元。

表2-1 硅谷各行业企业基本情况表(SV150)(2007年)

	企业数量(家)	员工人数(万人)	员均销售(万美元)
计算机类	10	23.4	64
半导体	35	17.8	41
软件	22	14.6	30
存储技术	5	13.5	62
网络通信	25	10	50
非技术类	12	6.5	43
电子承包	2	5.8	29
互连网	7	5.4	64.2
仪器类	11	3.4	43
半导体设备	10	3.2	56.8
生物医药	11	1.4	61

按销售收入分,11大行业中,计算机产业的销售收入最高,达到1500亿美元;其次是存储技术840亿美元,销售收入过300亿美元的还有:半导体730亿美元,网络通信500亿美元,软件440亿美元,互联网350亿美元。

2.1.3　硅谷产业发展趋势

近几年,硅谷的产业发展大的趋势比较明确,大的方向是三大领域:一是创新与创意产业,这是支撑其他产业的基础,包括网络服务业;二是生物技术产业;三是新能源产业。

虽然大方向明确,但具体的产业领域仍处于一个探索阶段,究竟从什么领域、什么产品、采用什么样的商务模式来突破,还在不断探索,这一点可以通过风险投资的投资方向来判断产业领域发展方向。

2000年网络泡沫破灭后,美国高科技产业处于低谷中,风险投资低迷。当时,人类基因的研究给创业型企业带来新的机会,而用于基因研究的高端、低成本数据中心也引起企业家的关注,因此,从那时起,硅谷的注意力转向生物技术,一些兼具计算机和生命科学概念的企业成为关注焦点。2007年,生命科学领域获得的投资高于任何其他领域。来自汤姆森金融的数据显示,2007年共有862笔交易向生命科学领域投资91亿美元,占所有风险投资的31%,并高于2006年的76亿美元。

目前,生物技术的发展情况不尽人意,生产周期过长是风投不愿投资生物技术的主要原因。一般而言,高科技领域的生产周期一般只有2至3年。而由于需要经历审批和测试等多个阶段,生物技术领域的生产周期甚至会达到20至30年。因此,相对于Web2.0,生物技术产业的发展更加困难。

近年来硅谷风投的关注领域非常重视Web2.0,类似Flickr、MySpace、You-Tube的Web2.0互联网企业则大量涌现。尽管web2.0投资热有些残酷,很多VC投下的钱血本无归。但是,随着Web2.0的盈利模式逐步清晰,从经济学角度来说,Web2.0通过用户参与,公司本身内容制作成本可以为零,毛利率可以接近100%,这一特点带动了大量的风险投资投向Web2.0,并由此带动了整个硅谷地区创意产业发展。

除了Web2.0和生物技术外,新能源行业也是风险投资的重点。从二十世纪70年代第一次能源危机以来,美国风险投资开始对新能源领域进行投资,之后虽经一些淡化,但因市场导向,该领域正逐渐成为硅谷风投机构最热衷的投资领域之一,近几年平均每年约有 40 亿美元到 50 亿美元资金投向新能源。2008 年,尽管受到金融危机的严重影响,风险投资的投资额大幅度下降,但由于新能源产业在带领美国经济走出金融危机中的作用,风险投资会将更多注意力放在新能源领域,新能源领域的投资将在短暂的波动之后,继续保持增长态势,新能源有望成为风险投资最关注领域。

新能源投资正在推动硅谷的产业转型,即正逐步从 IT 领域向新能源转变。硅谷很多风险投资机构会要求所投公司把总部设在硅谷,由此推动硅谷新能源产业发展。硅谷正在借助其风险资金优势,加上现有的在技术和管理经验上的优势,使新能源技术和项目的开发成为硅谷未来发展的主要驱动力之一。

专栏 2—1　什么是 Web2.0:定义、起源、特征

Web2.0 目前没有一个统一的定义。互联网协会对 Web2.0(互联网 2.0)的定义是:互联网 2.0 是互联网的一次理念和思想体系的升级换代,由原来的自上而下的由少数资源控制者集中控制主导的互联网体系转变为自下而上的由广大用户集体智慧和力量主导的互联网体系。互联网 2.0 内在的动力来源是将互联网的主导权交还个人从而充分发掘了个人的积极性参与到体系中来,广大个人所贡献的影响与智慧和个人联系形成的社群的影响就替代了原来少数人所控制与制造的影响,从而极大解放了个人的创作和贡献的潜能,使得互联网的创造力上升到了新的量级。

Web2.0 产生的宏观环境有:一是互联网质的变化,即互联网正在升级换代。互联网上不仅仅是量的变化,成员扩充到一定阶段必然引发质的变化。而今天和未来一段时间,互联网正在升级换代,这不单是技术上的,更多是互联网社会体制的变化。社会体系的变化是深层次的变化,会引起生产关系和生产力的变化从而激发出新的量级的效率和财富。二是互联网用户强劲的个性独立和社会化需求。互联网用户需求和行为一直是产业所关注的重心。个性独立和社会化是今天互联网用户日益深化的需求,也是未来不可阻挡的趋

势。而两者并不矛盾,个性独立是社会化的前提。Web2.0其本质是社会化的互联网,是要重构过去的少数人主导的集中控制式的体系而更多关注个体以及在个体基础上形成的社群并在充分激发释放出个体能量的基础上带动体系的增长。

Web2.0特征主要有:一是多人参与。Web1.0里,互联网内容是由少数编辑人员(或站长)定制的,比如搜狐;而在Web2.0里,每个人都是内容的供稿者。Web2.0的内容更多元化:标签tag、多媒体、在线协作等等。二是人是灵魂。在互联网的新时代,信息是由每个人贡献出来的,各个人共同组成互联网信息源,Web2.0的灵魂是人。三是可读可写互联网。在Web1.0里,互联网是"阅读式互联网",而Web2.0是"可写可读互联网"。虽然每个人都参与信息供稿,但在大范围里看,贡献大部分内容的是小部分的人。

Web2.0的元素:Web2.0包含了我们经常使用到的服务,例如博客、播客、维基、P2P下载、社区、分享服务等等。

Web2.0现有的代表性产品:Wiki百科、Fexion网、Wallop、ya-hoo360、openbc、43things、flickr、del. icio. us、cragslist、glob、客齐集、friendster、linkin、豆瓣网、UU通、优友、天际网、爱米网、linkist、新浪点点通、skype、亿友、cyworld、新浪名博、土豆网、猪八戒威客网等。

——根据《百度百科:Web2.0》等网络资料编写。

2.2 法国索菲亚

法国的索菲亚·安蒂波利斯科技园(Sophia Antipolis Science Park,SASP)创办于1969年,位于法国南部风景迷人的地中海之滨,目前占地25平方公里,拥有科技人员3万多名。它是由巴黎矿业学校和"索菲亚协会"(当地银行、地主以及政府有关部门共同成立)主导建设的,并得到了政府的大力支持。经过40年的努力,SASP已成为法国最具国际化的园区。目前,园区项目和产业主要集中在电子信息、精细化工、生命科学、环保和新能源等领域,代表着当今世界的研究方向和先进技术水平。园区管理机构与全球多数知名园区保持着良好的关系,形成了完善的沟通、交流网络,为科技研发与合作提供了快捷、方便的渠道。

2.2.1　园区基本情况

索菲亚·安蒂波利斯科技园是法国最大的科技园区,是法国科学园区的成功典范。园区位于法国阿尔卑斯·滨海省,距法国第二大国际机场16公里,多年来一直靠旅游业为生,经济活动单一。1969年,索菲亚科技园由皮埃尔·拉斐特先生主持的非赢利经济团体创建,开发之初仅有2300英亩空旷的山地,无工业基础,无科技人才资源,但气候宜人、交通便利。

目前,索菲亚科技园已成为法国最具国际化的地区,25平方公里范围内聚集着来自全球60多个国家的1300家高科技机构和研发型企业,拥有科技人员3万多名。它与英国的剑桥科技园区和芬兰的赫尔辛基高科技园区并称欧洲三大科技园区。

2.2.2　园区发展历程及发展特点

从1969年至今,园区共经历了四个发展阶段:

——1969—1985年:高科技资源集聚期。此期间,园区吸引了大量的科技研发机构及企业研发部门入驻,如IBM、德州仪器、法国电信等跨国公司。

——1985—1990年:外生促进的高成长期。公共研发与企业研发相互补充,迅速增强了索菲亚的研发实力,形成计算机、电信与微电子产业集群。但园区依赖外生发展的模式也存在一定的弊端,如跨国公司从市场整体角度考虑其运营策略,对本地化产业发展促进较小。

——1990—1995年:衰退转型期。国际业务分包市场的变化对园区吸引外部资源形成冲击,跨国公司大幅度缩减规模。本地劳动力市场的缺乏成为制约园区成长的瓶颈。

——1995—至今:内生驱动发展期。尼斯大学带动当地劳动力市场的兴起,为科技园的发展提供了必要的人力资源。园区在计算机科学、电信和电子领域相关的研究优势逐步确立。同时,网络经济的出现提供了良好的创业平台,大量本土企业开始陆续进入软件、多媒体、电信和互联网领域。

索菲亚·安蒂波利斯模式的特点:利用土地资源、银行资源、政府规划等创造良好局部环境吸引外部创新资源,重点是国际高技术大企业,同时鼓励创立中小企业;具有很强的国际性,技术人员分别来自50多个国家。

2.2.3 产业结构

索菲亚科技园主要以研发为主,入驻的客户主要是研发机构、技术性公司、科技创业企业、企业孵化器等。科技城由三个显著不同的"技术中心"组成,即信息—长途电信—电子(ITE)中心区,制药—生物—化学中心(PCB),以及规模较小的能源中心。著名企业有德克萨斯仪器公司、汤普森平德拉公司、法兰西航空公司国际订票服务中心以及长途电信公司等。索菲亚科技园的技术资源积累和产业活动重点集中在两类产业。

(1)计算机科学、电信和电子产业

这些企业占据了园区总企业数的25%以上,雇员数量超过园区总量的50%。国际、国内的大多数公共研究机构都希望能获得与这些企业合作的机会。其中,电信产业已成长为园区的主导力量,成就了著名的"电信谷"产业集群。

(2)生命和健康科学产业

该产业大部分是由大型跨国公司设立的分支机构组成,主要目的是为了配合它们在欧洲的发展战略,以此作为打入欧洲市场的前沿阵地。这类产业活动目前还停留在对外部资源吸引和积累过程中,尚未形成明显的产业集群效应。

在两类产业科技资源集聚的基础上,科技园区的电信产业已经形成了显著的产业集群,电信产业的相关企业涵盖了电信运营商、电信设备制造商、应用或服务提供商三个主要的产业链环节。从公司数目和就业人数来看,服务业和信息技术产业是索菲亚·安蒂波利斯科技园最重要的两大产业。从事服务业的公司数量占公司总数的50%,并提供了30%的工作岗位。信息技术类公司占到23%,就业人数却达到总就业人数的43%。此外,健康科学与化学(包括生命科学、制药以及精细化工等产业)、高等教育、研究和培训,环境科学,材料科学与新能源等也是园区内重要的产业。

2.2.4 未来发展趋势

信息技术产业仍将是园区未来发展的重点产业。为了保持索菲亚的竞争活力,法国政府将索菲亚信息技术产业集群认定为具有世界竞争力的高技术集群之一。当前,信息技术产业集群形成了较完整的配套体系,由 24 家大公司、51 家小企业、25 家研发培训机构以及 16 家其他配套企业构成。索菲亚的信息技术产业主要涉及数字技术、信息安全、移动存储、可追溯性、移动通信等领域。其中,数字技术、移动通信、信息安全等呈现出快速发展的势头。

2.3　印度班加罗尔

班加罗尔市位于印度南部,是印度南部的卡纳塔克邦的首府,是印度以航空航天为主的国防研究机构集聚地,城市面积 2190 平方公里,现有人口 700多万,是印度第五大城市。这里环境优美,有"花园城市"之称,云集了诸如班加罗尔大学、印度科学院、印度科学研究所等名牌大学及研究机构。

20 世纪 80 年代,全球服务外包业开始兴起。当时,一些美欧跨国公司为了强化核心业务,提高工作效率,将会计核算、电脑编程等非核心业务外包。由于印度传统上重视数理逻辑、英语教育,英语为官方语言,软件工程师数量居世界前列,印度的软件人才与美国硅谷联系紧密,且劳动力成本低廉,美欧跨国公司便纷纷把非核心业务交给印度公司承包,服务外包业在印度应运而生。多年来,印度服务外包业发展迅速,一直处于全球领先地位。班加罗尔在这种背景下,软件外包产业迅速崛起,成为印度的"科技之都"和"印度硅谷"。

2.3.1　产业发展现状

班加罗尔专注于软件和服务外包领域,已经发展成为世界级的软件外包产业基地,号称"世界的办公室"。班加罗尔的信息产业由软件和硬件组成,其中软件产业占园区产值的 80% 以上。根据印度全国软件与服务业协会(NASSCOM)的统计,在 2002—03 财年,印度软件出口为 95 亿美元,在 2007—08 财年,印度软件出口达到 404 亿美元,5 年的时间翻了两番。在 2007—08财年的软件出口中,IT 服务出口增长 28%,达到 231 亿美元;服务外包出口增长 30%,达到 109 亿美元;工程设计和软件产品出口增长 29%,达到 64 亿美元。

在 2007—08 财年,卡邦的软件出口总额达到 130 亿美元,约占印度的三分之一,而班加罗尔软件出口约64亿美元,占卡邦的一半,占全国的近六分之一。应用性软件是班加罗尔的主要出口产品。在班加罗尔出口的软件中,企业应用软件是最主要的产品类别,其出口额占出口软件总额的59%左右,而技术性软件占据了22%,信息技术服务或业务流程外包占据了15%,其他软件占4%。

印度软件出口的最大市场是美国,其次是欧洲。据 STPI 统计数据显示,在 2006—2007 年度,班加罗尔软件园的软件出口市场中,美国占61%,欧洲占23%,日本占5%,亚洲其他地区占5%,其它地区占6%。

2.3.2　产业发展模式及特点

班加罗尔以高质量的信息人才为基础,经历由"现场开发"到"离岸开发"的转变,成功开创了软件外包的班加罗尔模式。现场开发是指印度鼓励本国软件企业在海外——尤其在硅谷设立分支机构,把许多开发人员派送到用户身边以提供开发和服务,在班加罗尔和硅谷之间建立起"桥梁"或"网络"。在此阶段班加罗尔主要从事低成本的软件开发。离岸开发是指印度建设具有世界水平的软件开发配套环境,让国外跨国公司与本国软件企业合作在印度建立软件开发中心,推进软件企业的国际化进程。在此阶段,班加罗尔主要从事电子商务、无线应用程序、嵌入软件和客户关系管理编写软件的开发。

班加罗尔作为世界软件外包产业中心之一,其模式的成功,与自身的成本优势、人才优势以及品牌效应等关系甚大。一是成本优势:印度本地的软件人才资源丰富,英语熟练,而且劳动力成本仅相当于美国的八分之一左右。二是人才优势:班加罗尔大学、印度科学院、印度科学研究所、农科大学、国家动力研究所、印度理工学院、印度管理学院、国家高级研究学院和印度信息技术学院等大学、研究机构为班加罗尔提供了高水平、高素质的软件人才。三是与发达国家联系紧密:自独立以来,印度同欧美国家的市场联系和交流不曾中断过。受市场经济的熏陶,印度受过高等教育的人的市场经济意识相对于别的发展中国家来说也较为成熟。四是品牌效应:班加罗尔自50年代起就是印度科学中心之一,具有极高的知名度,品牌效应明显。

班加罗尔模式的特点:创造软件外包业务新模式以及软件外包业态和细分产业;针对国际订单采取现场开发(On—site)和离岸开发(Out—shore)两种

运行模式;在印度政府的直接推动下发展壮大;美国硅谷印裔人士带来 IT 外包机会、资金和尖端技术;英语作为官方语言的特殊优势。

2.3.3 产业发展趋势

目前,班加罗尔软件科技园的软件企业已由低成本软件开发的提供者逐渐沿价值链升级,开始为电子商务、无线应用程序、嵌入软件和客户关系管理等核心业务与管理编写软件,力图占据价值链中更高的位置。印度软件企业的领航者已经开始承接越来越多的复杂的软件开发任务,在软件开发整个价值链中向上延伸,取得了更多的价值份额。一些大的软件服务提供商,例如INFOSYS、WIPRO 和 TCS 等,已经从软件开发生产中附加值低的编码环节转向设计更有利可图的整体客户解决方案。

从 2008 年下半年开始,受金融危机的影响,班加罗尔的外包行业急速放缓。全球金融危机导致美欧金融机构遭遇重创,一些美欧银行、保险公司和投资公司冻结了新服务外包业务的发放,班加罗尔的服务外包业受到冲击。

此外,近年来,印度服务外包业从业人员工资水平增长较快,使其成本优势有所削弱。面对日益高昂的成本,不少美欧跨国公司开始转而寻找新的业务伙伴。与此同时,全球范围内,菲律宾、乌克兰、俄罗斯、巴西、墨西哥等国家开始大力发展服务外包业,这也对印度服务外包业带来了更大的国际竞争压力。班加罗尔正在抢抓 IT 产业、生物技术产业、制药和医疗、新能源等新兴产业多元化的机遇,抓紧开拓非传统的市场,尤其是中东地区、东欧等地区的新兴市场,使各项新兴产业变得更加多样化,逐步分散风险,争取创造新的辉煌。

2.4 北京中关村

北京中关村科技园区的前身是北京市新技术产业开发试验区,起源于20世纪 80 年代初的"中关村电子一条街"。1988 年国务院批准在北京中关村创建了中国第一个国家级高新区——北京市新技术产业开发试验区。1999 年,《国务院关于建设中关村科技园区有关问题的批复》发布后,北京市新技术产业开发试验区改名为中关村科技园区。2009 年 3 月,被国务院批准为国家自主创新示范区。

2.4.1　发展历程

从 20 世纪 80 年代开始,中关村科技园区与我国经济和社会的跨越式发展同步,经历了从萌芽到起步,从全面发展到创建世界一流园区,走出了一条具有中国特色的自主创新之路。

从时间序列看,从 1980 至 1988 改革开放之初,是电子一条街时期,即中关村科技园区的萌芽阶段;从 1988 年 5 月中关村科技园区成立(成立时名称为北京市新技术产业开发试验区)到 1999 年,是探索发展新兴产业,形成一区多园发展格局时期;从 1999 年 6 月国务院做出加快建设中关村科技园区重大决策至今,是作为实施国家科教兴国战略、人才强国战略和可持续发展战略的重要组成部分,实现以企业为主体、以自主创新为核心的高新技术产业大发展和制度、组织、文化协同创新,以"四位一体"为伟大战略目标的建设时期;从 2009 年开始,中关村科技园区进入新的发展时期,根据《国务院关于同意支持中关村科技园区建设国家自主创新示范区的批复》的要求,中关村科技园区的科技发展和创新在本世纪前 20 年再上一个新台阶,成为具有全球影响力的科技创新中心和世界一流的科技园区。

2.4.2　主导产业

目前,中关村的主导产业包括软件、集成电路、通信、电脑及互联网产品制造业、新能源与环保、现代服务业等产业。

(1)软件产业

中关村的软件产业主要集中在海淀园,其营业收入占到整个中关村软件产业的 70% 以上。中关村聚集了国内约 70% 的基础软件企业,产业规模居国内第一,并在系统软件领域取得系列重大技术突破。中软股份、中科红旗、共创开源等相继推出的 Linux 桌面和服务器操作系统,打破了微软 Windows 在桌面操作系统长期一统天下的局面;凯思昊鹏"女娲"软件系统荣获国家科技进步二等奖;人大金仓研发出我国具有自主知识产权的数据库,为神舟飞船成功发射升空作出了贡献。

在系统软件形成技术突破的同时,中关村在中间件、信息安全、行业应用、数字内容、管理服务等细分软件领域都形成了产业集群。例如,在中间件领域,中关村集中了东方通、中关村科技软件、青牛、紫光北美、中和威、点击科技等国内代表企业,其中东方通占有国内中间件市场20%的份额,与IBM、BEA两大国际巨头三分天下。

在信息安全领域,天融信、联想、方正的防火墙国内市场占有率领先;启明星辰、中联绿盟和中科网威的入侵检测国内市场占有率领先,其中启明星辰公司还掌握了黑客类、安全服务类等多项核心技术,打造出国内第一条完整的网络安全产品线,网络安全行业排名第一。瑞星、江民、金山是我国防病毒软件的三大品牌。

在行业应用软件领域,中关村聚集了用友软件、神州数码、九城数码、和利时、金自天正、数码大方等优势企业。其中用友软件是我国最大的专业企业管理软件提供商,在中国ERP市场位居第一。

在数字内容领域,中关村集中了金山、目标软件、软星科技等网络游戏代表企业和新浪、搜狐、空中网等增值服务代表企业。

目前,中关村已成为国内最大的软件产业基地和出口基地,软件出口位居国内首位,软件外包占到国内的1/3左右。互联网信息服务业继续保持快速发展,空间信息服务等新兴领域的产业集群初步形成。2007年,中关村软件产业保持高速增长,营业收入达到939.8亿元,同比增长59.78%;软件企业数量达到5275家,同比增长14.2%。此外,软件产业从业人员达到18.1万人,研发投入达到77.2亿元,出口创汇5.7亿元。

随着软件产业的快速发展,中关村涌现出一批在各自领域中占据国内领先地位的骨干企业,初步形成了实力雄厚、发展后劲充足的国内最大的软件产业集群。根据2005年国家统计局和信息产业部联合统计的中国软件产业收入规模前100家企业中,中关村有29家,代表性的软件企业有:有神州数码(中国)、北大方正集团、清华同方股份、中软股份、中国民航信息网络股份、北京华胜天成股份、用友软件股份、大唐电信科技股份等。

(2)集成电路产业

中关村科技园区是我国集成电路企业最集中的地区之一,已初步形成了设计业、制造业、封装测试业三业并举、相互协调,上下游企业互为依托的完整的产业链。设计是中关村最具实力的环节,中关村在价值链高端环节的设计业、制造业的比重上升很快,核心技术取得重大突破,占据全国领先的位置。

集成电路设计占据国内市场的1/3。制造业快速发展,中芯国际首家12英寸芯片厂成功投产,标志着中关村迈入了全球集成电路制造业的先进行列。封装测试业所占的比重仍然较大,在"2007年中国十大集成电路封装测试企业"排名中,威讯联合半导体(北京)、瑞萨集成电路(北京)排名前列。

中关村在基础平台方面拥有半导体超晶格国家重点实验室和国家专用集成电路设计工程技术研究中心,在产业组织方面拥有龙芯产业联盟、中国硅知识产权产业联盟和中关村SOC促进中心,在公共服务平台方面拥有中关村集成电路测试中心、国家软件与集成电路公共服务平台等。2007年,中关村集成电路产业营业收入达到1408.2亿元,同比增长33.3%;企业数量达到516家,同比增长11.21%。

在集成电路产业链上下游的设计、制造和封装测试三个环节,中关村均有一批在全国占据领先地位的龙头企业。尤其是在设计环节,有中星微、龙芯、中国华大、大唐微电子、清华同方等一批全国知名企业。

(3)通信产业

中关村现已成为中国通信产业研发中心最集中的聚集区之一,拥有各类研发中心500多家,除本地科研院所和企业研发中心以及2个国家重点实验室(微波与数字通信技术、区域光纤通信网与新型光通信系统国家重点实验室)、1个国家工程研究中心(光电子器件国家工程研究中心)外,华为北京研究所、中兴通讯北京研究所等国内很多大型企业的研发中心也设在中关村。摩托罗拉、爱立信、诺基亚、朗讯等国际通信巨头也纷纷在中关村设立全球研发中心,这些跨国公司每年有超过10%的研究经费投放在中关村。

在产业组织方面,TD—SCDMA产业联盟、SCDMA产业联盟、中关村手机产业联盟、移动多媒体技术联盟相继成立,其中大唐电信研制TD—SCDMA系统和标准,被ITU确立为全球三大3G技术标准之一。

在企业方面,中关村通信企业的成长速度很快,产业集中度日益增强,诺基亚首信、索尼爱立信等少数外资企业占有大部分份额,中外合资及外商独资企业总收入占该产业总收入的80%左右,但大唐电信、中国普天等本土企业在3G、下一代互联网等领域具有一定的整体优势,TD—SCDMA已经形成了一个以40多家国内外知名企业集体参与的3G大产业,从系统到终端,从核心网到接入网,从芯片到软件,TD—SCDMA的产业链在不断成熟和完善。随着国家3G牌照发放,中关村的通信企业正迎来高速发展的重大机遇。

2007年,中关村通信产业营业收入达到564.7亿元,同比增长25.68%;企业数量达到888家,同比增长18.56%。

外资企业在中关村的通信产业中占主导地位,主要的外资通信企业包括诺基亚首信、索尼爱立信移动通信、北京西门子通信、UT斯达康(中国)、摩托罗拉(中国)技术、北京信威通信技术等。此外,一批高成长型的本土通信企业主要包括中国普天、中电通信科技、中邮普泰移动通信、大唐电信、华信创科、万讯通科技等。

中关村未来网络通信产业重点发展基于TD—SCDMA标准的3G系统、基于SCDMA标准的无线接入系统、移动多媒体终端设计、下一代互联网等领域。并以技术创新和发展模式创新为基本动力,支持新型标准制定和新型系统研发;鼓励行业企业进行开放式创新,促进TD—SCDMA联盟、SCDMA联盟、下一代互联网联盟等发挥联合技术攻关、联合实现产业化、联合开拓市场等方面的作用;鼓励新型网络增值及无线增值服务业发展,以体验中心、网络应用示范等形式推动新技术应用。

(4)电脑及互联网产品制造业

中关村集中了国内主要的台式PC、笔记本电脑、商用服务器、高性能计算机的知名品牌,在服务器、高性能计算机技术领域领跑中国,PC市场国内占有率超过55%。在基础研发平台方面拥有网络与交换技术、计算机科学等2个国家重点实验室,国家高性能计算机、国家并行计算机、国家计算机集成制造系统等3个工程技术研究中心。在产业组织方面拥有闪联工作组、中关村下一代互联网产业联盟、中关村IT服务业联盟、AVS产业联盟等,产业发展环境不断完善,进一步强化了中关村计算机及网络产业的竞争优势。在企业方面,联想、方正、曙光等企业生产的台式PC、笔记本电脑、商用服务器等产品代表着国产高性能计算机的最高水平。联想集团成为PC领域内世界级的旗舰企业。2007年,中关村电脑及互联网产品制造业营业收入达到1645.4亿元,同比增长29.2%;企业数量达到1318家,同比增长13.1%。台式计算机的国内市场占有率达40%以上,笔记本计算机的国内市场占有率达25%以上。

中关村的电脑及互联网产品制造企业集中度很高,在国内的产品、技术和品牌全面领先。主要的企业包括联想控股、方正科技、浪潮集团、同方股份、曙光信息、思科系统、富通东方科技、网新易尚科技等。

今后,中关村将继续强化在电脑及互联网产业制造领域已经形成的品牌、市场、技术优势,以品牌和设计占领产业高端;开拓、建立我国规模最大的计算机和数字音视频产品市场和展示中心,建立国际数字产品采购中心;以技术研发和标准掌握产业核心,支持基于"闪联"标准的各类数字产品的研发和产业化。

(5)新能源与环保产业

中关村环保新能源产业以海淀园为主,集中了该产业60%左右的企业。中关村在环保新能源产业领域拥有诸多国内知名企业,如振华石油控股、大唐环境科技、国电燃料、同方环境、恒拓远博高科技、中电加美环境工程等,在大气、污水污泥、节能与新能源领域表现突出。未来,中关村主要以动态联盟和联合体的模式整合中关村环保产业相关技术资源;支持新能源技术研发、应用示范和推广,以应用为最终目的带动新技术的产业化。重点发展大气(空气)环境治理、污水污泥治理、电子废弃物治理、节能与能源多样化利用、太阳能技术应用、锌空气动力电池等新型能源、新型环保材料、资源循环利用等产业领域。

中关村能源环保产业近年来保持稳定快速增长,已经成为园区产业发展的重要支撑。自2001年以来,能源环保相关产业在中关村总收入中保持上升态势,2006年已经达到9.3%。2006年,中关村能源环保产业实现总收入668.35亿元,比上年增长37.9%;企业1418家,同比增长16.9%;研发投入13.4亿元,拥有发明专利318项。2007年能源环保产业总收入超1000亿元,同比增长35%。

(6)高技术服务业

20世纪80年代以来,高新技术特别是信息技术的高速发展和广泛应用,极大地改变了高技术产业的价值创造形态,使得高技术产业在激烈的市场竞争中不断拓展自身价值链条,由以制造业为主向基于技术应用的整体解决方案延伸,包括软件开发、系统设计、技术咨询、技术培训、售后服务等多种价值创造形态,出现了高技术产业的服务化趋势,形成了多种新兴服务业态。其中包括:移动增值服务、网络出版、集成电路设计测试服务、消费电子独立设计、第三方设计、软件研发外包、生物医药 CRO、远程医疗服务、互联网教育等。高技术服务业具有高增值、创新性、低消耗、高辐射、集聚性强等特点,在中关村经济总量中的地位越来越大,已成为中关村高新技术产业的重要支柱。中关村科技园区高技术服务业领域主要包括软件开发外包、数字内容、集成电路设计与测试、多媒体终端设计、生物医药委托研发、科技咨询等。当前,高技术服务业已经成为带动园区发展的主要动力。自 2005 年以来,中关村总收入排名前十位的行业中,制造业和服务业已经各占到五个,高技术服务业企业数已占到十大行业全部企业数的 70% 以上,高技术服务业上缴税费数量已超过高技术制造业。

今后,中关村将重点支持软件开发外包、IT 管理服务、数字内容、集成电路设计与测试、多媒体终端设计、生物医药委托研发、合同能源管理、科技咨询等高技术服务业发展,探索和推动新型业态发展和商业模式创新。

2.5　上海张江

上海张江高科技园区是上海张江高新技术产业开发区(以下简称张江高新区)"一区六园"的核心区。在过去的十几年里,张江高科技园区立足国际科技前沿,紧跟国际产业转移与分工趋势,不断创新商业模式,参与全球研发和服务外包,创新孵化功能与产业聚焦日益凸现,经济保持高速增长,正努力成为联系国内国际市场的重要枢纽。

张江高科技园区发展模式特点:坚持依托上海的综合优势和浦东开发开放先试先行优势,持续推进"聚焦张江"战略,集全市之力建设张江;坚持产业专业化、集群化和有限目标、重点突破的发展战略,以完善产业价值链为导向,推进主导产业和知识创新融合发展;坚持实施产学研相结合的驱动模式,坚持以产业为导向的高校和院所引进,坚持全球视野下的开放式创新策略;坚持创业创新环境建设,培育发展具有国际水准的孵化体系和高水平的公共研发平台,培育独特的创业文化;坚持完善配套环境,建立健全办公、居住、商业、休闲、健身、娱乐等配套功能。

2.5.1　产业结构

上海张江高科技园区①的产业结构以集成电路、软件、生物医药、创意产业为主,拥有生物医药、集成电路、半导体照明、软件、文化产业等11个国家级科技产业基地(见图2-1,图2-2)。2008年,张江高科技园区实现经营总收入约839.7亿元,工业总产值421.4亿元,吸引了各类研发中心91家。

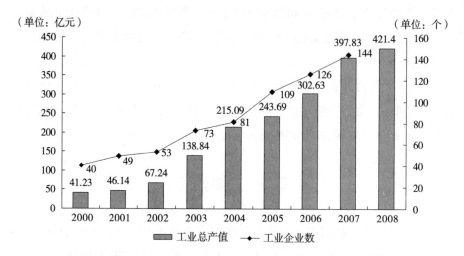

图2-1　2000—2008年张江高科技园区工业总产值及工业企业数

(1)集成电路产业

集成电路产业已成为上海张江高科技园区的主导产业和支柱产业。目前,张江园区集聚了100多家集成电路设计企业、12家封装测试企业、2家光掩模制造企业和30余家设备配套企业,形成了从设计、芯片制造、封装测试及设备制造在内的国内最完整的集成电路产业链,同时呈现出在国内加工水平和生产能力最高,研发机构实力最强、高端IC设计企业最集聚等特点。根据上海市集成电路行业协会(SICA)的统计,2007年,张江园区内100多家主要集成电路企业主营业务实现销售额229.7亿元,占上海集成电路制造业

———————

①　2006年,国务院批准"上海高新技术产业开发区"更名为"上海张江高新技术产业开发区",包括张江高科技园区、漕河泾新兴技术开发区、金桥现代科技园、上海大学科技园、中国纺织国际科技产业城、嘉定民营科技密集区,简称"一区六园",此为"大张江"概念。本报告中涉及到的数字均为上海张江高科技园区,即"小张江"的概念。

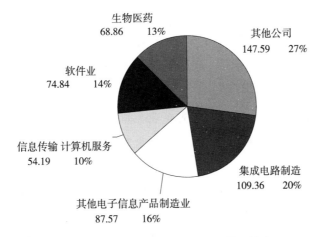

生物医药
68.86　13%

其他公司
147.59　27%

软件业
74.84　14%

信息传输 计算机服务
54.19　10%

其他电子信息产品制造业
87.57　16%

集成电路制造
109.36　20%

图 2-2　2007 年张江支柱行业总收入情况

的 59%。

目前,在集成电路产业领域,比较重要的企业包括:展讯通信、鼎芯半导体、中芯国际、锐迪科、锐合通信、宏力半导体、芯成半导体、上海华虹、埃派克森微电子等。

今后,张江将以 IC 设计和芯片制造业为重点,形成从 IC 设计、制造、封装测试到集成电路专用设备和配套生产设备的更为完整的产业链。

(2)软件产业

张江园区的软件产业已形成了较为完整的技术增值服务、商务服务和生活休闲服务体系。技术增值服务包括数据通讯、数据中心、构件中间件、软件测试、安全代理、芯片设计服务、软件出口平台、电子出版、远程培训等。商务服务包括银行、市场中心、物业管理、律师事务所、会计师事务所、审计和资产评估、工商注册代理、结算中心、人才中介、多功能厅、展览中心、广告等。生活后勤服务包括餐厅、咖啡厅茶室、超市、小卖部、书店、招待所、交通、旅游、健身、按摩、医务、美容美发等。2007 年,园区软件企业营业收入超过 130 亿元、软件出口 2.2 亿美元以上,单位面积产出在国内同类园区中名列前茅,园区已发挥出明显的引领、示范、集聚与辐射效应。

截至 2007 年底,张江园区入驻软件企业达 200 多家,从业人员达 1.2 万人,入园企业的业务范围涵盖了软件开发、信息服务、系统口、金融证券、电信等各个领域,尤其是芯片设计、信息安全、软件出口、系统集成等已在园区形成产业群落。一批国内外著名的软件企业落户园区,如日本的索尼、京瓷、电装等,美国的花旗亚太软件研发中心、毕博全球软件开发中心、安捷伦科技、Synopsys、Cadence、群硕软件、Sungard、金仕达等,印度的 TCS、Infosys、Wipro、Satyam 等公司,德国的 SAP 中国研究院、英塔信息以及国内的中国银联、银晨科技、普元、新致软件、晟峰软件等优秀企业。园区软件和信息服务外包产业高速发展,有 8 家入园企业名列国际外包专业人员协会(IAOP)评定的"2007 全球外包 100 强"之列。

在未来的发展中,张江园区将依托浦东软件园,坚持"整合丰富园区服务、加强园区服务管理、努力提高服务水平;加强产业发展研究、调整对外投资策略、实施企业共同发展"的发展战略,建设经营好"国家软件产业基地"和"国家软件出口基地",积极探索资本市场进入途径,实施"浦东软件园"品牌战略的资源扩张。

(3)生物医药产业

现代生物与医药产业是张江高科技园区重点发展的主导产业之一。1996年 8 月 2 日,科技部、卫生部、中科院、国家食品药品监督管理局和上海市政府正式签署共建"国家上海生物医药科技产业基地"的合作协议,并将该基地设在张江高科技园区。2001 年 9 月,上海张江生物医药基地开发有限公司成立,承担园区生物医药产业开发建设、招商引资、资源整合等职能。经过精心开发和建设,基地建有生物医药专业孵化基地,配备孵化单元与公共实验室,可提供生物医药职业技能专业培训、临床研究服务、研发外包服务、信息技术服务等专业配套,已初步形成了产业群体、研究开发、孵化创新、教育培训、专业服务、风险投资六个模块组成的良好的创新创业氛围和"人才培养—科学研究—技术开发—中试孵化—规模生产—营销物流"的现代生物医药创新体系。

张江聚集了 30 多家国家级的生物医药研发、教育机构和跨国公司全球性研发中心,其中包括中科院上海药物研究所、上海中医药大学、国家药物筛选中心、国家上海新药安全评价中心、国家人类基因组南方研究中心、国家生物芯片研究中心、上海新药研究开发中心以及美国杜邦、礼来、罗氏研发中心、安利、霍尼韦尔、罗门哈斯、日本荣研等在内的国内外知名研发中心,入驻罗氏制药、浙江华海药业、上海曦龙、深圳同田、上海迪赛诺等生产企业,以及孵化出先导药业、海欣生物、中南生物等中小型高科技企业。基地已呈现出极富吸引力的区位优势、聚集优势、政策优势、人才优势、机制优势和服务优势,"张江药谷"声誉鹊起。

张江未来重点发展化学药、生物制药、现代中药和医疗器械等领域。其中,在化学药领域加强化学药临床前研究和临床研究,在推动自主创新药物研制的同时,大力发展研发外包服务产业,为具有全球竞争力的 CRO 企业提供资本和项目来源。在生物制药领域发展生物仿制创新药产业,引进国际水平的生物制药企业,进行合同委托生产,快速形成生物制药产业的规模效应。在现代中药领域,积极探索在中药标准化、现代化方面引入 GLP、GMP、GCP 规范,在中药剂型等方面采用新技术,并快速提升产业规模。在医疗器械领域全面启用现代医疗器械园,重点发展物理治疗设备和微创介入治疗设备、医用数字化影像装备与探测技术产品、生物电信号检测及临床监护设备、新型中医诊断与治疗仪器、高性能人工器官与康复设备、精密医疗器械机电基础件等领域的技术和产品。

2.5.2 未来发展趋势

在张江现有产业发展的基础上,光电子、高技术服务业、现代能源将成为张江高新区产业发展的重点培育的新增长点。

在光电子领域,园区未来将重点通过合资合作和自主创新,在半导体照明、光显示、光器件、光源应用领域实现突破。

在高技术服务业领域,张江高新区将主要以园区信息产业相关的动漫画、网络游戏、高科技影视后期研发设计制作和产品工业造型设计为主要发展内容,以动漫和网络游戏业为突破口发展文化科技创意产业;以银行卡业务和金融信息服务为重点发展金融后台服务业;以信息内容安全、信息存储安全、信息传播安全、信息管理安全和各类监控的研发、企业创业孵化和成果产业化工作为重点发展信息安全业。

在现代能源领域,张江已经把现代能源作为重点培育的主导产业之一,并对现代能源领域的投资力度逐步加大。

2.6 深圳高新区

深圳高新区始建于 1996 年 9 月,是国家"建设世界一流科技园区"的六家试点园区之一,是"国家知识产权试点园区"和"国家高新技术产业标准化示范区"。2008 年,深圳高新区实现工业总产值 2249.78 亿元,占全市工业总产值的 14.19%;高新技术产品产值 2134.07 亿元,占全市高新技术产品产值的 23.36%;工业增加值 490.33 亿元,占全市工业增加值的 13.55%;出口 112.31 亿美元;实现税收 119.78 亿元。高新区每平方公里工业总产值 196 亿元、高新技术产品产值 186 亿元、工业增加值 43 亿元。

2.6.1 基本情况

深圳市高新技术产业园区(以下简称深圳高新区)成立于 1996 年 9 月,当时面积 11.5 平方公里。随着深圳高新区功能定位的不断提升和发展壮大,其产业发展空间也在不断扩大。

"十五"期间,深圳面临着产业结构转型、推进创新型城市建设的任务,为更好发挥高新区在城市发展中的引领作用,深圳市作出决策,全面突破深圳高新区的范围,重点建设高新技术产业带。高新技术产业带全长约 100 公里,包括深圳湾、留仙洞、石岩、光明南、观澜、龙华、坂雪岗等片区,规划总用地面积约 158.5 平方公里,可建设用地面积约 100 平方公里,其中高新技术产业用地面积约 50.9 平方公里。在产业带范围内,规划建设了一批科技企业加速器及专业园区,实现了土地资源的集约、节约利用及动态配置,为建设"创新型城市"和"深港创新圈"提供了坚实保障。2008 年,高新技术产业带实现工业总产值 7147.40 亿元,占全市工业总产值的 45.07%;其中高新技术产品产值 5328.99 亿元,占全市高新技术产品产值的 63.32%;工业增加值 1171.96 亿元,占全市工业增加值的 32.39%;发明专利申请 14588 项,占全市发明专利申请量的 78%。

2009 年 8 月,深圳市委、市政府为了贯彻落实国家《珠江三角洲地区改革发展规划纲要》和深圳市综合配套改革总体方案,提升深圳的城市竞争力和国际竞争力,推动深圳高新区的转型升级、建设世界一流科技园区,制定了新的《深圳高新技术产业园区发展专项规划（2009—2015 年）》（以下简称《规划》），规划将深圳高新区的面积将从原来的 11.5 平方公里，扩大至 185.6 平方公里，以保证高技术产业的发展空间。计划到 2015 年，建成高新技术园区 14 个。根据规划，深圳将争取国家相关部委支持，以国家 1996 年批准的深圳高新区范围（深圳湾园区）为基础，按照一区多园模式，将深圳高新区各园区整体升级为国家高新技术产业开发区，建立深圳高新区品牌联动机制，发挥深圳高新区品牌带动效应，实现国家高新技术产业开发区优惠政策的全覆盖。

　　《规划》提出，要合理配置资源，实现"一带两极多园"协同发展。"一带"是指以深圳高新区各园区为基点，通过连接各园区的轨道交通、高快速路和信息网络，构建横贯深圳的高技术产业带。"两极"是指以深圳湾、留仙洞、大学城等知识、技术、人才、资本密集的园区为基础，形成技术辐射带动极；以产业相对聚集、配套完善的园区为主体，形成经济增长极。"多园"是指以各园区为主体，适度超前储备产业发展空间，完善基础设施和配套设施，规划建设新型高科技园，加快建设孵化器、加速器和专业园，培育本土企业，引进对深圳未来发展具有战略意义的重大项目，将深圳高新区建设成为带动全市经济增长的强大引擎。

　　在空间布局上，一是形成深圳湾园区、留仙洞园区、大学城园区等 8 个重点发展区，着力推进科技基础设施和企业培育体系建设。二是以新型高科技园理念，有序推进旧工业区升级改造，形成石岩园区、龙华园区、福永北—沙井南园区等三个提升改造区。三是鼓励符合规划和产业政策的工业项目升级改造，形成碧岭园区、葵涌园区、大鹏园区为控制整备区。

　　按照《规划》，深圳高新区将用 5 到 10 年时间建成"世界一流科技园区"作为发展目标，至 2012 年，基本形成各园区资源流动和分工协作机制，明显提高土地利用效率，新建和提升一批设施先进、功能齐全、配套完善的孵化器、加速器和专业园，形成若干个具有国际影响力的优势产业。至 2015 年，形成各园区功能互补和均衡发展态势，建成完善的公共技术与服务体系，发挥在某些高技术领域的全球产业主导作用。

2.6.2　产业发展

　　从产业发展现状看，目前，深圳高新区的制造业以电子信息、生物医药与医疗器械、光机电一体化为主导。2008 年,深圳市的科技企业 3 万多家,经认定的高新技术企业累计已达 2000 家,其产品产值达到 3000 亿元。在电子信息产业领域,有企业 2 万多家,工业产值 6000 多亿元;在半导体照明领域,有企业 900 多家,占全国总数的 70%,产值超过 100 亿元;在太阳能光伏领域,有相关产品研发和生产的企业 50 多家,太阳能电池等光电产品产值超过 20 亿元,出口创汇约 2 亿美元。

到 2008 年底,深圳 34 个主要工业行业的上千种工业产品中,有 30 多种产品的产量居全国前列:通讯传输系统占全国的 80%,全球的 20%;程控交换机占国内 40% 以上,全球的 10%;手机占全国的 30%,全球的 17%;硬盘驱动器占全国 50%、全球 10%;计算机磁头占全球近 60%;激光唱头占全球 60% 以上。

从发展趋势看,深圳市正在实施"腾笼换鸟"计划,将一些低端的制造业转移出去,集中土地资源发展高端产业,深圳高新区也在加速从制造业向以科技金融、研发服务为主导的现代服务业转型。

深圳高新区研发服务业十分发达,是国内外创新资源的重要集聚地,产生了一大批具有世界影响的创新成果。2007 年,深圳人均 GDP 超过 1 万美元,已经进入创新驱动阶段。深圳市通过建设深港创新圈、虚拟大学科技园等平台,重点吸引了一大批全球华人的创新资源。目前,深圳市围绕建设世界一流科技园区总目标,正在高新区加强重大科技基础设施,包括超千万亿次的国家超级计算深圳中心以及一批国家重点实验室;此外,在生物医药、IC 设计、软件测试、动漫设计、通信、数字视听、新型储能材料、化合物半导体、装备制造、资源环境等领域也组建了一大批专业技术服务平台。通过这些平台建设,为研发服务业提供了支撑,为企业走入创新驱动的轨道提供了支撑。

深圳市还在已有的深圳国际科技商务平台的基础上,正在争取国家商务部、科技部等部委支持,部市共建深圳国际科技商务平台,计划到 2012 年建成深圳国际科技商务平台大厦,至 2015 年吸引约 100 家境外机构入驻,覆盖 60 至 80 个国家和地区。推进虚拟大学园国际化进程,计划至 2015 年,引进约 10 所国外大学成为成员院校,争取美国麻省教育中心等世界著名大学的教育和技术中心入驻。

深圳市还在加强与港澳合作,加快建设深港创新圈互动基地,加快建设香港中文大学、香港科技大学、香港理工大学、香港城市大学深圳产业化基地,进一步吸引香港科研成果在深圳高新区产业化。

深圳高新区的科技金融十分发达,是中国的"资本高地",是全球重要的资本集聚地。从金融环境看,深圳市有深圳证券交易所,毗邻香港,有一大批银行、证券、信托、保险、创投、投资基金、基金管理公司等金融机构,有一大批专业的金融人才,金融业高度发达,尤其是深圳培育出了本土最具竞争力的招商银行、平安集团、深圳发展银行、深圳创投集团等金融机构。深圳的创业投资十分活跃,深圳创投集团是中国资本规模最大、投资能力最强的本土创业投资机构。2009 年,深圳市的上市企业数量有 100 多家,在全国副省级城市遥遥领先;其中,在中小板上市的企业数量具全国第一位。围绕科技金融的发展,深圳高新区集聚了一大批创业投资、私募股权投资、产权交易、银行、证券、信用评估、资产评估、担保、会计、审计等投融资及中介机构。科技金融的投资活力是整个深圳高新区发展活力的重要源泉。

2.6.3　发展特色

深圳是我国最成功的经济特区,为全国的改革开放以及发展方式转型发挥了示范带头作用;深圳高新技术产业快速发展是深圳特区成功的关键因素之一。深圳高新区的发展具有非常鲜明的特色,主要有:

(1)自主创新活跃,本土企业占主导地位

深圳高新区企业研发生产的具有自主知识产权、自主品牌的产品在国内外具有广泛影响,成为深圳市自主创新的主要特征。2008 年,专利申请量为7701 件,其中发明专利 5618 件,占深圳市发明专利申请量的 30% 。

深圳高新区的发展,以本土企业为主,涌现出了华为、中兴、比亚迪、迈瑞、腾迅等一大批拥有自主知识产权、具有全球竞争力的企业。

(2)高新技术产业链不断完善

深圳高新区已形成了从移动通信、程控交换到光纤光端、网络设备的通讯产业群;从配件、部件到整机的计算机产业群;从 IC 设计、嵌入式软件、应用软件到服务外包的软件产业群;从诊断试剂、基因疫苗、基因药物到医疗器械的医药产业群。全区产业规模不断扩大,经济效益和社会效益同步增长,涌现出了一批产值超过百亿元、千亿元的企业,其中,华为 2008 年的全球销售收入达

183.3 亿美元(折合人民币约 1300 亿元)。

(3)形成多元化的孵化器群

由政府兴办的深圳软件园、国家 IC 设计深圳产业化基地、生物孵化器,由深圳虚拟大学园创办的院校孵化器,由政府、留学生协会共同兴办的留学生创业园构成的孵化器群已经形成,为"创业板"和"新三板"市场培育了一批优质的企业资源。"深圳高新区孵化器联盟"高效聚合创新资源,推动了区内中小科技企业快速成长;高新区"创业投资服务广场"正在为高科技企业提供投融资与创业服务。

(4)基本形成了以企业为主体,"官产学研资介"相结合的区域创新体系

深圳高新区正在建立和完善以市场为导向,产业化为目的,企业为主体,人才为核心,公共研发体系为平台,形成辐射周边、拓展海内外、官产学研介相结合的区域创新体系。

深圳高新区的创新体系以企业为主体,90%以上的研发人员、90%以上的研发项目、90%以上的研发投入都集中在企业。高新区汇集了一大批国内外知名企业和大学的研发中心,一些企业的年研发经费超过年销售额的 10%。高新区现有市级以上企业研发中心 36 个、技术中心 24 个、重点实验室 38 个、企业博士后工作站 23 个。

(5)虚拟大学园汇聚海内外创新资源

深圳虚拟大学园汇聚 52 所海内外著名院校,经过十年的发展,在深圳培养硕士以上研究生 25220 余人,孵化企业 532 家,促成校企合作项目 1036 项,由 101 个国家级科研机构组成的"深圳虚拟大学园重点实验室平台"为企业技术创新提供了支撑。"深圳虚拟大学园国家大学科技园"正在建设中。虚拟大学园依托大学的有效人才、有效技术,在有效环境下形成有效贡献,已成为高层次人才培养、重点实验室建设、科研成果转化和产业化基地。

(6)国际化的科技园区

作为国际科学园协会成员单位和亚太经合组织科技园区,深圳高新区设立了"深圳国际科技商务平台",实施"走出去"战略。2008 年底,已有 25 个国家和地区的 36 家海外机构入驻国际平台,在促进深圳对外科技经济交流与合作方面取得了丰硕成果。

2007 年,"深港创新圈"合作协议正式签署。深圳高新区致力于"深港创

新圈"的建设,以国际领域有影响、国家战略有地位、区域发展有贡献为定位,促进两地资源共享、教育同构和交流便利,共同探讨、构筑深港区域创新体系的新模式。

2009 年 3 月,深圳高新区与香港科技园共同成立深港互动基地,加强两地企业的交流合作,共同开拓海内外市场。

(7)浓厚的创新创业文化氛围

深圳是一座年轻的移民城市,勇于创新与海纳百川是城市文化主旋律。深圳高新区认真落实科学发展观,坚持自主创新,和谐发展;营造产业生态、人文生态、环境生态"三态合一"的综合环境;倡导"敢于冒险、勇于创新,宽容失败、追求成功,开放包容、崇尚竞争,富有激情、力戒浮躁"的创新文化,高新区已成为"创业的沃土,成功的家园"。

第三章　战略分析与诊断

3.1　东湖高新区发展现状分析

3.1.1　园区地位

（1）我国重要的光电子信息产业基地

"中国光谷"的建设与发展，提升了产业的竞争优势，缩小了与国际同行业先进水平的差距，在全球产业分工中已占有一席之地。在光通信领域，已建设成为国内最大的光纤光缆生产基地、国内最大的光电器件生产基地和国内最大的光通信产品研发制造基地，光纤光缆生产规模居世界第二，长飞、烽火等龙头企业已具备较强国际竞争力。激光产品的国内市场占有率一直保持在50%左右，并进入国际市场。

（2）我国重要的自主创新中心

目前，东湖高新区集聚国家实验室1个，国家重点实验室13个，国家工程（技术）研究中心14个，省级重点实验室19个，省级工程研究中心18个。形成了由光电国家实验室、国家重点实验室、国家技术工程中心和省市企业工程中心组成的多层次自主创新网络，建设了一批为自主创新服务的公共服务平台，形成了完善的成果转化体系。在光通信、激光、空间地理信息系统、电力环保、数控系统、病原微生物、植物功能基因等领域代表了国内最高水平，并且与世界水平并驾齐驱。东湖高新区在发展中，形成了一系列自主创新的发展模式，走上了依靠创新驱动的发展道路，成为我国重要的自主创新中心。

（3）全国六大建设"世界一流高科技园区"的试点园区之一

自1988年成立以来，东湖高新区迅速崛起，在国家的地位凸显。1987年，东湖建立了我国第一家科技企业孵化器——武汉东湖科技创业服务中心，开启了我国孵化器事业的源头;1991 年,东湖高新区成为首批国家级高新区;2006 年,东湖高新区主要经济指标跃居全国高新区前十名,并跻身全国六大建设"世界一流高科技园区"的试点园区之一。2009 年,根据国家科技部火炬中心发布的国家高新区综合评价结果,东湖高新区的综合实力在全国 55 个国家级高新区中排名第六位,其中知识创造与孕育能力第七位,产业化与规模经济能力第六位,国际化与参与全球竞争能力第五位,可持续发展能力第五位。

3.1.2 经济总量

园区规模迅速扩张,已经成为武汉市乃至湖北省经济发展的强力引擎和技术创新的重要源头。2008 年,高新区经济实现了持续快速增长,完成企业总收入 1750 亿元,实现工业总产值 1565 亿元,完成固定资产投资 155.3 亿元,出口创汇 5.5 亿美元。自 2000 年以来,高新区的主要经济指标保持 20% 以上的速度增长(见表 3-1,图 3-1)。

表 3-1 2001—2008 年东湖高新区主要经济指标一览表

年度	企业总收入（亿元）	工业总产值（亿元）	企业固定资产投资额（亿元）	出口创汇总额（亿美元）
2001	327	288	25	1.42
2002	388	313	59	1.94
2003	471	377	20	2.54
2004	573	494	46	3.39
2005	710	629	70	3.45
2006	987	889	84	4.32
2007	1306	1156	110.1	5.68
2008	1750	1565	155.3	6.80

2008 年,高新区研发投入达 47 亿元,同比增长 23.68%。企业申请专利达 3125 件,其中发明专利占全市发明专利申请总量的 61%。

3.1.3 产业结构

(1)产业特色鲜明,光电子信息占据主导地位

2008 年,高新区光电子信息产业完成总收入 656 亿元,同比增长

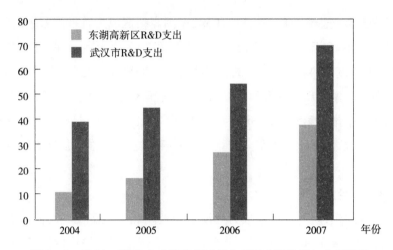

图 3-1　2004—2007 年东湖高新区及占武汉市研发投入支出情况

37.42%，光电子信息产业的主导地位进一步增强。

其中，光通信产业稳步发展，夯实了在行业的领先优势。东湖高新区已成为中国最大的光纤光缆制造基地、中国光通信领域最强的科研开发基地。光谷作为"国家队"，光纤光缆的生产规模居全球第二，国内市场占有率达50%，国际市场占有率为12%；光传输设备国内市场占有率10%；光电器件的国内市场占有率达60%，国际市场占有率为6%。2008年，光通信产业实现总收入249.4亿元，同比增长36.45%。

移动通信产业得到进一步拓展，3G产业取得重大突破。东湖高新区已在3G基站、直放站、终端、检测仪表、光电器件等领域全面提供产品，形成了完整的移动通信产业链。2008年，移动通信产业实现总收入158.4亿元，同比增长28.5%。

激光产业进一步壮大，一批关键技术实现产业化。光谷拥有中国最大的激光设备生产基地，激光产品的国内市场占有率一直保持在50%左右。华工激光研制的25W脉冲光纤激光器、100W连续光纤激光器，打破了发达国家垄断格局。华工、团结激光重组后，实现了规模化发展，激光产品销售收入达到13亿元。2008年，激光产业实现总收入25.4亿元，同比增长12.3%。

集成电路产业和消费电子产业形成了新的增长点。2006年，高新区成功引进了中芯国际12英寸90纳米超大规模集成电路生产项目。同年，富士康集团在光谷投资建设其全球最大的光机电研发和制造基地。2008年，这两个重大项目的顺利投产,使高新区的集成电路产业和消费电子产业取得了历史性突破,未来将形成千亿元的产业规模。

(2)紧盯世界产业前沿,超前布局发展生物产业

2007年,武汉国家生物产业基地获国家发改委批准建立。2008年,东湖高新区启动了规模面积12平方公里、总投资百亿的国家生物产业基地建设。生物产业基地将优先发展以生物服务外包、生物制药为主的新兴产业,大力培育以中药现代化和生物农业为主的优势产业,做大做强以医疗器械和化学药制剂为主的规模产业,超前布局以生物信息及生物能源为主的国际前沿先导产业。目前,高新区在种业、生物肥料、生物农药、疫苗等重点领域确立了全省乃至全国的龙头地位。2008年,在生物产业基地建设带动下,生物产业开始发力,全年完成总收入首次超过百亿元,达133亿元,比上年增长18.65%。

(3)新能源与环保产业竞相发展

2008年,高新区新能源环保产业完成总收入314.13亿元,同比增长31.5%。在新能源领域,高新区在光伏电池新品研发及效率提高、质子交换膜燃料电池技术、生物质发电设备(锅炉、内燃机、发电机、汽轮机)研发、油菜籽直接转化生物柴油等方面已经取得大量成果,拥有处于国内前列水平的技术优势。在环保领域,高新区形成了以大气污染防治、固体废弃物处理为主的产业格局,同时在水污染防治、环境监测仪器也有相当实力,涌现出了凯迪电力、凯迪水务、中钢集团天澄等一批国内的行业龙头企业。

(4)装备制造业的传统优势得到增强

2008年,东湖高新区的装备制造产业完成总收入319.4亿元,同比增长38.56%,装备制造成为园区第二大产业,也是园区增速最为迅猛的产业。2008年7月,武汉重型机床、武汉锅炉和中国长江动力组建成立武汉重工集团,实现了强强联合,打造武汉装备制造业航母。随着武汉锅炉股份公司新厂、武重新厂项目的完成主要厂房和配套设施建设,长动整体搬迁及合资合作顺利推进,数控机床产业进一步优化整合,船舶配套工业园、武钢高科技产业园、中冶南方机电产业园等项目加快实施,武汉的装备制造业正在得到振兴,装备制造业得传统优势得到增强。

(5)软件及外包业等高技术服务业逐步向产业链高端延伸

2008年,高新技术服务业完成总收入465亿元,同比增长35.4%。高新

区良好的投资环境吸引了 IBM、EDS、微软、英特尔、西门子、简伯特和日本
NTT 等众多知名跨国公司入驻。同时,方正国际、联想软件、纬创软件、软通动
力等国内著名软件外包企业也已将研发中心设在武汉。招商银行后台服务中
心,交通银行客服中心、太平洋信用卡后台中心等落户光谷。光谷的高新技术
服务业格局发生了根本变化,在软件研发和产业化领域处于国内领先水平。

3.1.4 产业布局

园区规划与建设了一批特色产业基地和功能区域,专业化集聚空间初步
形成。

(1)产业园

建设有关东科技园、关南科技园、光谷软件园、富士康武汉科技园,以及汽
车电子、金融后台、船舶、武钢、武重、武锅等专业产业园。其中,关东光电子信
息产业园集聚状态相对较好,拥有烽火通信、楚天激光、长江通信、长飞光纤光
缆、安凯电缆等一批光电子代表性企业。从 2008 年开始,抓紧建设国家生物
产业九峰创新基地、九龙产业基地等新的产业园。

(2)大学科技园

东湖大学科技园规划面积 3000 余亩,主要有武大科技园、华科大科技园、
武汉理工科技园、华师科技园等。其中,华科大科技园规划面积 1100 余亩,是
目前发展势头最好的大学科技园之一,集聚了华工科技、华工激光、华中数控、
江钻股份、中元华电等知名企业。

3.1.5 企业发展

(1)坚持自主创新之路

从企业结构来看,目前园区以中小企业为主,80% 的企业是通过科技成果
孵化而成长起来的,规模以下企业占总数的 46.36%;亿元以上企业
占 11.82%。

(2)一批本土品牌企业崛起

烽火科技在光通信领域的研发实力在国内处于领先地位,并具有国际竞
争力;长飞公司已跻身全球第二大光纤生产企业及第五大光缆生产企业;凯
迪电力已成为中国最大的环保上市企业;华工科技是我国研发能力最强的激

光企业，产业规模居全行业第二；武汉凡谷电子是具备全球竞争力的射频器件制造商，射频器件市场占有率全球第四，国内第一；华中数控打破数控领域国外的技术封锁和垄断，成为我国中高端数控机床的龙头企业；还有人福科技、高德红外、中地信息、立得空间等一大批企业，均在国内同行业居领先地位。

3.1.6 创新创业

东湖高新区在秉承历史优势的同时,不断探索新的创业孵化模式,首创科技成果转化"四级跳",形成了较为完善的孵化创业体系和较为活跃的创业氛围。

（1）孵化器模式创新

自 1987 年建立我国第一家科技企业孵化器以来,园区孵化器事业不断向专业化方向发展,建立、壮大了东湖创业中心、光谷创业街、留学生创业园、光谷软件园、南湖农业园创业中心等各类孵化器,总孵化面积已达 80 万平方米,在孵企业 1000 多家。在秉承历史优势的同时,东湖高新区不断探索新的模式,首创科技成果转化"四级跳"模式,即科技成果在高校产生——成果在高校周边孵化——孵化企业在大学科技园成长——再到专业科技产业园规模化发展;孵化了凯迪、楚天激光等一批优秀代表性企业（见图 3-2）。

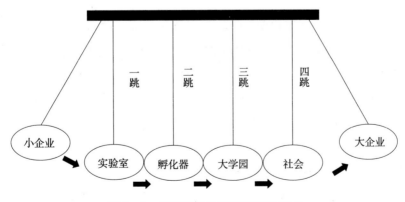

图 3-2 孵化模式首创"四级跳"模式

（2）海归人员创业活跃

为积极吸引海归人员创业,园区设立"海外归国人才创业投资基金"、"留学人员创业择优资助基金"、并专设武汉留学生创业园等。截至2007年,园区累计吸引海归人员1256人,共创办480多家企业,涉及200多项高科技项目的研发和经营,贡献凸显(见表3-2)。

表3-2 武汉留学生创业园创业成果情况(截至2007年底)

企业情况:	累计孵化留学生企业	480多家
	留学生企业注册资本合计	10.2亿元
	留学生企业销售收入	32亿元
其中:	承担国家863高技术研究计划	9家
	承担国家"十五"重大攻关计划	7家
	获得信息产业部电子发展基金支持	18家
	获得科技型中小企业技术创新基金资助	60家
	承担国家发改委高技术重大示范工程计划项目	9家
	获得留学回国人员科研资助基金	15家
创业人员	参与创业活动人员数	1200余人
其中:	博士学位或高级专业技术职称人员比重	70%
	转化科技成果数	480多项

3.2 东湖高新区发展优势

武汉自古就有"九省通衢"的美誉,是连接东部与西部、沿海和内陆市场的重要枢纽。东湖高新区产业发展取得了一定的成就,技术创新能力强,高新区内科教资源丰富,集中了武汉大学、华中科技大学等各类高等学校42所,56个国家级科研院所,700多个技术研发机构。"武汉·中国光谷"的品牌效应已经呈现,具有进一步发展的多重优势。

3.2.1 区位市场优势

依托武汉市,东湖高新区拥有优越的地理区位、便捷的交通和强大的市场辐射能力,为园区产业发展奠定了良好的基础性条件。

(1)区位优势

武汉素有"九省通衢"之称,自古以来就是我国东西南北交通要塞和中部商业重地,是中国少有的集铁路、公路、水运、航空、邮政、电信于一体的重要交通通信枢纽。在国家统筹发展和促进中部崛起的宏观背景下,武汉市的区位优势更加突出。

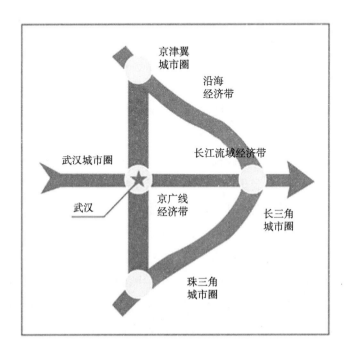

图3－3　武汉经济区位示意图

以武汉为中心的城市圈地处中国中西部的结合部,它既位于长江流域的中部,也位于中部地带五省的中心位置,这种"中部之中"的综合区位,使得它成为东连"长三角"、南接"珠三角"、西依"大三峡"、北承"大中原"的纽带;在中国经济"弓箭型"战略格局中,武汉城市圈位于"中国弓"的"搭箭点"和"发力点",它借助于"珠三角"城市群和京、津、冀都市圈南北两端的支撑,依托于"长三角"城市群,发力于广大中西部地区,将形成拉动中国东、中、西部经济互动发展的实力强大的"中国弓"(见图3－3)。

(2)交通优势

武汉地处中国版图的中心位置,在全国经济地理上承东启西、连南接北,对中部地区乃至全国经济社会的发展举足轻重。铁路、公路、航空、港口,交通四通八达。在铁路运输方面,武汉被确定为中国四大路网性客运中心之一,目前与国内重点城市都已实现"当日往返、夕发朝至"。在公路方面,武汉至周边8座城市的高速出口公路建设已全部启动建设,形成一小时经济圈;(北)京珠(海)、沪蓉(上海至成都)、闽乌(福建至乌鲁木齐)高速公路国家干线武汉段,全部建成通车。连接汉口闹市与郊区、跨越长江天堑、沟通武汉三镇的"万里长江第一隧"已建成投入使用。轻轨一期工程和武汉绕城公路的运营,已大大缓解了部分城区道路拥堵的压力,提高了车辆的过境速度。贯通武汉三镇的地铁已全面动工。在航空方面,2008年底,武汉天河国际机场开通15条国际航线和100多条国内航线,年吞吐能力达到1300万人次,成为继北京、上海、广州之后的全国第四大枢纽机场。在水运方面,武汉是长江航运的主枢纽和华中物流的主通道。东湖高新区对外交通方面,园区距武昌火车站10公里,距汉口客运码头20公里,距天河国际枢纽机场40公里。内部交通方面,园区已形成"四纵四横"为主干的城市交通网络。

(3)市场优势

武汉是进入中国内陆市场的金钥匙,它地处中国经济地理的中心,代表了中国最具潜力的消费市场。同时,武汉还是中国内陆最大的流通中心和货物集散地,以及华中地区最大的物资贸易中心,商品可辐射湖南、江西、安徽、河南、四川周边五省近四亿人口,拥有强大的物流辐射优势以及由此带来的成本优势。

3.2.2 产业效益优势

东湖高新区具有较高的产出效率,部分产业已代表国家参与全球竞争,为产业的可持续发展奠定了较好的基础。园区主导产业和支柱产业的市场占有率在全国居优势地位,行业龙头企业不断涌现。

从市场占有率来看,光纤光缆国内市场占有率为50%,国际市场占有率为12%;光传输设备国内市场占有率为10%;光电器件的国内市场占有率为60%,国际市场达6%;激光产品的国内市场占有率一直保持在50%左右。在环保领域,占有全国电厂水处理市场70%以上的份额,以及国内烟气脱硫市场50%以上的份额。在医疗器械领域,园区激光医疗器械占有全国同类产品市场份额达到了60%。

从行业领军企业来看,在激光领域,在全国产业规模前五位的激光企业中,东湖高新区有4家;长飞是全球第二大光纤生产企业;烽火科技是我国光通信领域创新能力最强的企业之一;凯迪是我国环保领域实力最强的企业;华工科技是我国大功率激光切割设备和数控设备研发制造能力最强的企业;多普达则是我国智能手机的第一品牌。

3.2.3　技术创新优势

武汉市科教优势明显。到2008年底,全市共有大专院校55所,普通高等学校在校学生数达107.6万人,居全国第一;集聚了以中科院武汉分院为代表的国家级科研院所104个,两院院士52人。拥有国家实验室1个、国家重点实验室16个、国家级工程(技术)研究中心16个、国家认定的企业技术中心13个、国家级生产力中心5个。

东湖高新区是我国第二大科技资源密集的高新区。依托雄厚的科研实力,东湖高新区在相关的产业领域(如光电子信息、生物产业等)具有突出的产业技术优势(见表3-3)。东湖高新区内集聚了各类高等院校42所,在校大学生70多万;56个国家级科研院所、1个国家实验室、13个国家重点实验室、14个国家工程(技术)研究中心,4个国家企业技术中心;在高新区的两院院士中,有13名院士是光电子信息技术领域的学科带头人。在光电子产业中,光通信领域国内领先,部分领域(宽带IP)国际领先,技术优势领域涉及光纤通信、移动通信、通信电源、终端设备、网络技术、软件等。在生物技术领域,武汉科研及技术水平仅次于北京、上海、广州,在转基因动物、转基因植物等领域更是居于国内领先水平。

3.2.4　资源要素优势

东湖高新区拥有丰富的水、土地、电、汽、气、劳动力资源,尤其是在水、土地资源上优势突出,产业承载能力强,能够为产业发展提供充足的生产要素供给。

(1)水资源

水资源在全球日益重要,是工业生产的血液,各地重要的战略物资。武汉素有"江城"、"水都"之称,长江、汉江武汉段水资源年可利用量达300亿立方米,中小河流水资源年可利用量达39亿立方米,能为武汉市经济社会可持续

表 3 - 3　东湖高新区光电子及生物技术科技资源及技术优势领域一览表

领域	科研资源	科研单位	技术优势领域
光电子	拥有 13 名院士学科带头人,1 个国家实验室、4 个国家重点实验室、8 个国家工程(技术)研究中心、16 个省部级重点实验室,建起了国内最大光通信技术研发基地	武汉邮科院	在光纤光缆、光电器件、光传输设备、光仪表等方面已无可争议地成为全国的技术高地
		华中科技大学	在激光技术和激光应用方面已处于全国领先的地位,此外,在光电子学、物理电子学、光通信、信息处理、数控技术等领域也居于全国前列
生物技术	拥有 9 位院士、8 个国家重点学科、4 个国家重点(专业、开放)实验室、5 个国家级工程技术研究中心,2 个国家级企业研究开发中心,4 个市级工程技术研究中心,从事研究开发的有武汉大学药学院、华中科技大学同济医学院、湖北中医学院、湖北中医药研究院、武汉生物制品研究所等 20 多家高等院校、科研院所及数十家药物研究所	武汉大学	发育生物学、植物发育生物学、微生物学、病毒学、遗传学、氨基酸研究、苎麻生物脱胶技术、
		武汉水生所	国内唯一专门从事内陆水体生物学综合研究的机构,在生物多样性与资源保护方向,在珍稀濒危动物的保护生物学、重要生物类群的分类与进化、生物地理学以及一些生物资源的开发利用等方面,在渔业生物技术方向,在鱼类遗传育种、藻类功能基因组以及鱼类病害方面做出了国内领先、国际上有重要影响的成绩
		中科院病毒所	在病毒学、应用微生物学、分析微生物等主要学科领域,尤其在昆虫病毒、水生动物病毒学等领域具有不可替代的优势地位
		武汉生物制品研究所	国家医学、微生物学、免疫学、细胞工程、基因工程的重要研究基地,在抗肿瘤药物方面居国内领先,单抗系列如鼠抗人 T 淋巴细胞单克隆抗体系、出血热单抗、抗人 T 淋巴细胞 CD25 单抗领先

发展提供充足的水资源保障。

(2)土地资源

土地资源是产业发展十分重要的载体。武汉科技新城规划总面积达 224 平方公里,园区产业用地面积较为充裕,能够为产业发展提供足够的空间载体,也便于高新区在更大范围上进行更加科学、合理的产业布局。

3.2.5　区域品牌优势

东湖高新区坚持品牌建设,"武汉·中国光谷"已经具备较强的知名度和影响力,成为我国高新技术产业的知名品牌。

（1）品牌策划

2000 年 5 月 8 日,湖北省和武汉市做出建设"武汉·中国光谷"的重大决策,拉开了建设"武汉·中国光谷"区域品牌的序幕;2001 年,原国家计委和科技部正式批复依托东湖高新区建设国家光电子产业基地,即"武汉·中国光谷"。2008 年,光谷品牌延伸至"光谷生物城"和"光谷金融港"等。

（2）品牌塑造

产业集群的地理集中性隐含着区域品牌的内涵和要素,是打造区域品牌的支撑条件和基础。东湖高新区坚持以市场需求为导向,着力打造特色产业,以光电子信息产业集群为依托,以与时俱进的荆楚文化积淀为背景,以高超的区域营销艺术为支撑,着力打造光谷品牌,提升光谷在国内外市场的知名度和美誉度。如今,光谷品牌已得到了海内外的广泛认同,"光谷制造"和"光谷创造"行销全球,"武汉·中国光谷"发展成为我国在光电子信息产业领域参与国际竞争的知名品牌。

（3）品牌营销

区域营销是扩大区域品牌知名度和影响度,树立品牌形象的重要手段和途径。"光谷"的区域品牌形象建设是一个重要的公共工程,东湖高新区为此积极进行媒体宣传和公关活动,以"聚全球资源、做世界光谷"为宗旨,放眼全球,筑巢引凤,树立良好的区域形象,为区域品牌和区域内企业的成长提供优质的外部环境。园区拥有具有代表性和影响力的"光博会"和"华创会"两张"王牌",并成功跻身美国阿纳海姆光通信展、德国慕尼黑激光展、日本千叶国际光电子展等世界一流光通信博览会之列;组织了百万市民游光谷活动,扩大了光谷的影响。

（4）品牌内涵

"武汉·中国光谷"作为国内最大的光电子信息产业集群,其产业集群的"磁场效应"推动了区域中心的形成发展,也为"光谷"品牌的形成和发展提供了载体;企业是区域品牌作用下最大的受益者,也是最主要的活动主体;完善的创新体系是"光谷"品牌持续发展的源泉;有力的政府扶持是其快速发展的推力;独特的光谷创新创业文化则孕育和丰富了"光谷"品牌的内涵。

3.3　存在问题

东湖高新区在 20 多年的发展中,坚持创新驱动内生式发展,走出了一条依靠自主创新、发展特色高新技术产业之路。同时,东湖高新区在依靠创新驱动发展的进程中也面临一些新的问题,需要认真研究,并采取积极的措施加以解决。

3.3.1　产业规模与结构

产业规模有待进一步壮大。2008 年东湖高新区完成企业总收入 1759 亿元,作为主导产业的光电子信息产业,在 2008 年的企业总收入为 600 亿元,总体规模还较小,产业规模效益难于充分发挥。

产业结构有待进一步优化。东湖高新区在高新技术制造业方面发展较好,在高技术服务业方面虽然近几年有较快发展,涌现出如凯迪电力、中冶南方这样的以设计和项目总承包为特色的高技术服务龙头企业,但总体上高技术服务业的比重尚低。加快高技术服务业的发展,促进产业结构进一步优化,是东湖高新区在新的发展阶段的一项重要任务。

产业链有待进一步完善。东湖高新区的光电子信息产业中,光通信产业已经形成了国内领先的优势,移动通信产业正在扩张,激光产业应用领域还较窄,集成电路产业链正在形成,软件与信息服务业所占比重尚低,缺乏完善的产业配套。以手机制造为例,东湖高新区手机制造在本地的配套率较低。手机产业配套主要涉及闪存,PCB 板,连接器,电阻、电感、等电子元件,LCD 显示屏,LED,表面声波滤波器,电池、充电器,包装材料等 9 类产品,由于价格、质量、供货批量、产品规格等多方面原因,大部分企业还不能与终端手机整机制造企业形成配套,配套成功的为充电器和部分包装材料(见表 3-4)。

3.3.2　企业规模与结构

企业规模有待扩大。到 2008 年底,东湖高新区销售收入在 10 亿元以上的企业有 21 家,销售收入在 50 亿元以上的企业只 5 家,尚无百亿以上大企业。建设世界一流科技园区需要有一批百亿元以上的企业作支撑,东湖高新

表3-4 东湖高新区手机产业配套情况

种类名	产品占总量的比重	配套企业	所属地区
显板	48%	台湾宏达	台湾
显示屏	7%	索尼、三星	日本、韩国
外壳	14%	台湾久庆、深圳耐普罗	台湾、深圳
电池	8%	江苏三洋、索尼、三星	日本、韩国、江苏
天线、按键	4%	东莞星海风、台湾骏熠	深圳、台湾
电源充电器	4%	飞宏、台达、汉力兴	东莞、深圳、武汉
包装材料	3%	金港、华农、海紫萱	武汉、上海
振动器、麦克风、镙钉、垫片、电缆线	9%	青岛杰安特	青岛

区最大的光通信企业烽火集团 2008 年的销售收入为 68 亿元,而深圳的华为达到 1300 亿元、中兴的年销售收入在 500 亿元以上。因此,东湖高新区未来应积极培育和引进一批关联性大、带动性强的龙头企业,在产业规模化发展中提供支撑。

企业梯队结构有待完善。产业规模化和集群化发展,需要合理的企业梯队结构,东湖高新区一方面存在带动能力强的企业不多的问题,另一方面,具有专、特、精特点的中小企业也不够。比如在消费电子产业中,电脑硬件、消费数码、汽车电子、新型显示等 4 类重点产品企业中,每类上亿元规模企业的收入总额占该类产品企业总收入 3/4 以上,但每个行业内中等规模的企业较少,年收入 1000 万元至 1 亿元的企业数均为个位数,并总收入也都不超过 3 亿元;年收入 100 万元至 1000 万元的企业数只有 11 家。这说明消费电子 4 类产品的企业梯队结构存在不合理的问题,需要加强对不同规模企业的培育。

3.3.3 企业融资

在东湖高新区尽管涌现了一批成功企业,但也有很多中小型创业企业由于存在融资难问题,发展速度缓慢。部分已经发展到一定规模的企业,要壮大企业实力,参与国际竞争,也存在资金支撑不足的问题。

东湖高新区技术创新型中小企业占多数,在现行体制下,尚缺乏有效的多元化的融资渠道,难以实现技术、资本和市场的有效结合。例如,在生物产业方面,近几年国际上针对生物产业的风险投资呈快速上升之势,东湖高新区的生物企业未能得到有效的风险投资的支持。再比如,发展风电产业,风力发电机组制造属于资金密集型的高科技装备制造行业,前期投入较大,并且风力发电机组制造行业规模效益明显,必须达到一定的规模后才能产生效益,企业必须具备较强的资金实力以抵抗风险。由于缺乏行之有效的投融资机制,在一定程度上制约了企业的发展。

3.3.4 体制机制

激励自主创新和成果转化的机制有待完善。东湖高新区内高校、科研院所集聚,许多是部属高校和中央直属科研机构,如何进一步激发各类高校、各级科研机构自主创新和转化科技成果的潜力与活力,需要不断完善激励机制,以促进以企业为主体、以市场为导向、产学研结合的创新体系建设。

国有企业的体制机制有待不断创新。东湖高新区内,国有企业、高校所属企业占有相当比重,一批核心骨干的国有企业在机制创新上还需加大力度,许多企业还需要进一步完善技术创新的投入机制,还有一些企业的经营管理水平还不能适应市场经济激烈竞争的要求。因此,东湖高新区在推动企业改革创新、完善运行机制方面任重而道远。

第四章 发展愿景目标、产业定位

4.1 发展原则

从长远发展来看,东湖高新区产业发展需要处理好以下四个关系:

一是国家战略与区域战略之间的关系。大力推进自主创新战略,发展具有自主知识产权的高新技术产业和国家战略性产业,同时,充分考虑区域发展的阶段性,发挥园区在区域发展战略中的作用,促进有机统一。

二是总量扩张与结构优化之间的关系。大力推进园区经济和技术、人才等要素规模的快速扩张,同时,进一步优化产业结构,提升高新技术产业比重、高技术服务业比重和特色高新技术产业比重。

三是产业发展与城市发展之间的关系。产业发展是园区的关键性职能,产业定位和产业空间布局要充分考虑武汉科技新城的定位和需求,充分考虑到产业发展、城市功能与生态环境之间的关系,促进和谐发展。

四是自身发展与辐射带动之间的关系。作为区域科技资源和高技术产业最密集的地区,东湖高新区要在促进自身经济发展的同时,大力发挥对区域经济的辐射作用,从技术、人才、产品等多个方面带动武汉市、湖北省乃至整个中部地区的经济发展。

4.2 产业定位

东湖高新区将积极打造以光电子信息产业为龙头,以生物技术、新能源、环保、消费电子等产业为重要支撑的产业结构。其中:

——光电子信息产业进一步强化光通信、激光产业的特色优势,着力发展集成电路、软件及信息服务业,加快发展移动通信相关产业;重点实施一批光电子重大产业化项目,扶持一批龙头企业和名牌产品;进一步培育新兴业态,发展高端产业,形成完整的产业链和创新型企业集群。

——生物产业优先发展以生物服务外包、生物制药为主的新兴产业,大力培育以中药现代化和生物农业为主的优势产业,做大做强以医疗器械和化学药制剂为主的规模产业,超前布局以生物信息及生物能源为主的国际前沿先导产业。

——新能源产业切实抓住新能源发展的重大市场和政策机遇,形成太阳能、风能、核能、生物质能等多点支撑、共同发展的产业格局。加大招商引资力度,扶持本土龙头企业做大做强,以工程建设带动产业发展。

——环保产业大力发展过程控制和前端削减产品;积极组建技术创新联盟,促进中小企业集成化发展;积极推进环保产业从纯粹的产品、设备和技术提供向运营服务转型,培育具有整合集成能力的整体方案提供商。

——消费电子产业通过引进重点项目、扶持重点企业,承接相关产业、技术、人才的多重转移;着力提升高新区消费电子产业对上、下游资源的整合与配套能力;培育特色企业和产业,突出发展的差异化,在实现产业规模扩张的同时,实现产业结构的优化升级。

——现代装备重点发展数控机床、电力装备和船舶制造等领域。

——研发及信息服务业重点发展研发设计、软件及服务外包、增值服务、空间信息服务、动漫游戏等领域。

同时,按照拓展产业链、打造产业群的思路,分层推进支柱型、战略型和新兴产业发展,提升发展光通信、激光、消费电子、水及固体废弃物处理技术产业等支柱产业,加快发展半导体照明、IC、软件与服务外包等战略型产业,积极培育 OLED、激光与 LCOS 显示、太阳能光伏、研发设计、信息增值服务、空间信息服务等新兴产业,打造具有全球竞争力的高技术产业创新集群,实现高新区产业竞争力的快速提升。

4.3　发展愿景

到 2020 年,东湖高新区进一步汇聚全球高品质的技术、人才、资金等产业要素资源,大力推动高端产业发展,积极培育新兴业态,高新技术产业总收入实现 15000 亿元,进入全球高新技术产业发展第一梯队,为世界一流园区建设提供强有力的产业支撑。具体可以表现为以下几个方面:

——全球光电子信息产业中心:依托区域光电子领域的基础性优势,基于全球视野着力引进、高效调配国内外的技术、人才和产业资源,全力支持光电子产业前沿创新,进一步巩固园区在光通讯、激光等领域的产业优势,大力发展光电显示产业,积极发展集成电路、移动通信、消费电子等光电子关联产业,做亮光谷品牌,引领世界光电子技术和产业发展,成为全球光电子产业中心。

——亚太知名的生物产业基地:依托区域生物产业的创新优势,以生物创新、创业和技术服务平台建设为抓手,着力引进具有国际影响力的知名企业和权威机构,重点发展生物制药、中成药、化学药制剂和医疗器械等领域,大力发展 CRO、健康管理等新兴业态,加快发展生物农药、动植物育种等高附加值的生物农业,最终发展成为亚太知名的生物产业基地。

——具有国际竞争力的新能源与环保产业基地:以园区龙头企业为依托,着眼于清洁技术产业的前端削减、过程控制和末端治理三个环节,大力发展节能与环境服务业,重点发展节能与环境服务、环境友好型材料、大气、固体废弃物及水处理产业,积极推动清洁技术产业的联盟化、集成化发展,积极促进从目前的产品、设备和技术提供向运营服务转型,打造具有国际竞争力的清洁技术产业基地。

——中部地区现代装备产业基地:坚持积极引导、重点突破的原则,以数控机床、电力设备和现代船舶配套设备等领域为重点,大力引进发展具有总体设计、成套能力和系统服务能力的总承包企业,依托龙头企业积极推进产业重组,形成若干具有国际竞争力的现代装备企业集团,成为我国中部地区现代化装备产业基地。

——国内重要的高技术服务业密集区:发挥东湖高新区智力密集的优势,充分考虑武汉科技新城建设的定位与需求,适应高技术制造业向服务业转移的趋势,在继续加快高端制造业发展的同时,大力发展研发设计、软件与服务外包、电信/移动增值服务、空间信息服务、动漫游戏等高技术服务业,力争成为区域高技术服务业发展极和我国高技术服务业发展重镇。

4.4　产业发展目标

4.4.1　总体目标

到 2010 年,高新区进一步强化区域高新技术产业发展中心的地位,"光谷"品牌的内涵进一步丰富。园区产业综合竞争力显著增强,总体规模大幅提升,成为武汉市乃至湖北省高新技术产业发展的核心载体;高技术服务业得到较快发展,在园区所占比例有较大提升;特色优势产业迅速发展,形成若干具有较强自主创新能力和国际竞争力的细分产业。具体目标如下:

到 2010 年,东湖高新区高新技术产业总收入实现 2600 亿元,高新技术产业工业总产值超过 2000 亿元,高新技术产业增加值超过 900 亿元。东湖高新区高新技术产业增加值占武汉市增加值比重达到 20% 以上,总收入占湖北省高新技术产业总收入比重达到 70% 以上。

到 2015 年,在继续加快光电子信息产业发展的基础上,抢抓机遇,整合资源,大力发展生物、新能源、环保、消费电子产业、装备制造、研发与信息服务业,实现高新技术产业的快速发展,力争高新技术产业总体保持 30% 左右的年均增长速度。届时,东湖高新区实现企业总收入突破 8000 亿元,高新技术产业工业总产值超过 6300 亿元,增加值超过 2800 亿元。将东湖高新区建设成为科学发展的试验区、先进产业的集聚区、自主创新的示范区、改革开放的先行区,成为国家重要的综合性高技术产业基地。

在技术创新方面,东湖高新区研发总投入占高新技术企业营业收入的比例超过 5%;高新区每年产生专利 4000 件以上,其中,发明专利所占比例达到 60% 以上。

在企业发展方面,东湖高新区每年新创科技型中小企业数量增长 10% 以上;新增上市企业数量 10 家以上;到 2015 年,销售收入在 100 亿元以上的企业 5 家以上。

在产出效率方面,东湖高新区高新技术产业工业增加值率达到 30% 以上,已投产的产业用地单位产出(以总收入计)达到 2000 万元/亩以上。

4.4.2 主要产业领域发展目标

光电子信息产业:力争 25% 以上的年均增长速度,到 2015 年,光电子信息产业总收入超过 2500 亿元,培育 3—5 家年总收入过 100 亿元的龙头企业。经过 5—10 年的努力,将高新区建设成为抢占世界光电子信息领域制高点的前沿阵地,成为全球光电子信息产业中心之一。

生物产业:力争 30% 以上的年均增长速度,到 2015 年,生物产业实现总收入 600 亿元。经过 5—10 年的努力,将东湖高新区打造成为全国领先、亚洲一流、世界知名的生物技术创新中心和产业基地。

新能源产业:力争 40% 以上的年均增长速度,到 2015 年,新能源产业实现总收入 550 亿元。将东湖高新区建设成为引领中部、辐射全国的新能源技术研发服务中心和我国重要的新能源产业装备制造、工程建设基地。

环保产业:力争 30% 以上的年均增长速度,到 2015 年,环保产业实现企业总收入 750 亿元。经过 5—10 年的努力,将东湖高新区建设成为具有国际竞争力的环保产业基地,成为武汉城市圈建设"两型社会"的核心支撑点。

消费电子产业:力争 40% 以上的年均增长速度,到 2015 年,消费电子产业实现总收入达到 1400 亿元。进一步调整产业结构,成为配套较为齐全、产业链相对完善、全国 3C 产品的研发制造基地。

装备制造业:力争到 2015 年,实现销售收入 1500 亿元。围绕数控机床、电力装备和船舶三大领域,积极推进关键技术的研发和产业化,将东湖高新区发展成为具有全国竞争力的中部地区现代装备产业基地。

软件及信息服务业:力争 30% 以上的年均增长速度,到 2015 年实现企业总收入 800 亿元。营造更好的软硬环境,积极引进企业总部、研发中心、软件与服务外包以及增值服务业企业;规划建设互联网、创意、设计等各类专业孵化器,突出发展研发设计、信息增值服务、空间信息服务、动漫创意、制造业信息化等产业。

4.5 发展阶段

到 2020 年,东湖高新区产业发展可以分为三个阶段。

　　——第一阶段,至 2010 年:规模扩张阶段(上规模)。做大做强光电子信息产业,推动光通信、激光等支柱型产业发展,大力发展光电显示、LED 产业,加快发展光电子相关产业,进一步突出光电子信息产业的地位;重点支持能源环保产业发展,着手培育生物产业、研发与信息服务业;提升发展装备制造业。确定产业发展核心,构建高新区未来产业发展的空间布局框架;把好项目准入关,做好周边土地控制;着眼于"1＋8"城市圈,逐步强化与周边区域的关系。

　　——第二阶段,至 2015 年:提升发展阶段(树优势)。继续推动光电子产业做强,并关注光电子产业的新兴产业,进一步巩固创新和产业优势;大力发展生物产业、新能源与环保产业,不断增强产业的国际竞争力;大力推进以研发设计、增值服务和动漫游戏为代表的高技术服务业,确立高技术服务业的战略地位。围绕原有产业发展核进行空间拓展,形成若干专业化的产业园区;并做好周边土地预留;推动部分建成区的产业空间改造和功能提升。进一步理顺东湖与周边区域的定位与关系,建立明晰的产业联系和协调机制。

　　——第三阶段,至 2020 年:辐射带动阶段(创一流)。光电子领域的原始创新能力和水平持续提高,代表我国确立全球的创新和产业优势,成为全球光电子产业中心之一;生物产业、新能源与环保产业规模进一步扩大,形成若干具有全球竞争力的重量级技术和产品;高技术服务业总量保持快速扩张,在园区的地位进一步巩固和增强;产业发展与城市空间高度融合,形成与武汉科技新城定位相适应的产业结构体系;与周边地区形成明确的产业分工和协同关系。

4.6　产业空间布局

4.6.1　区域发展总体规划

　　(1)武汉是"1＋8"城市圈的核心城市、高技术产业和先进制造业中心和科技创新中心

　　从大武汉城市圈的视野来看,东湖高新区是实现与武汉城市圈内东部城市黄石、鄂州、黄冈对接,整合湖北东部地区经济,实质性推动中部崛起的动力源泉,是能够为其相关产业和需求服务的科技产业核心区。武汉市是湖北省乃至中部地区金融、物流、商贸、旅游为主的现代服务业中心,高技术产业和先

进制造业中心和科教创新中心,强化其在城市圈中的核心地位并形成与城市圈其他城市错位发展的格局,实现产业、资金、支柱、管理逐步向周边地区扩散。

从地理区位来看,东湖高新区因其地处武汉市中环和外环之间区域,内接主城,外联周边中等城市,并且能够为整个大武汉都市圈内的相关产业和需求服务,东湖高新区应主动加强与东部中小城市的联系,优势互补,联动发展,成为大武汉都市圈的科技产业核心。

(2)东湖高新区要承担武汉市科技创新、高新技术产业发展和武汉城市副中心(科技新城)的功能

东湖高新区是提升武汉市作为区域中心城市地位与作用的重要组成部分。根据《武汉市城市总体规划(1996—2020年)》(2003年修编),武汉市主城规划范围以三环路以内地区为主,面积约850平方公里;城市规划区以规划的外环绕城公路为基本界线,面积为3086平方公里;规划形成五大制造板块(见图4-1):青山板块、桥口板块、东西湖板块、沌口板块、东湖高新区板块;从武汉主城和市域范围来看,东湖高新区是武汉市江南片东南部一个具有相对完善功能的城市区域,大学、科研机构密集,高新技术产业初具规模,城市基础设施比较完善。东湖高新区将发挥在区域产业发展中的带动作用,与周边地区联动发展,并逐步完善城市功能,成为城市功能相关完善的城市副中心。

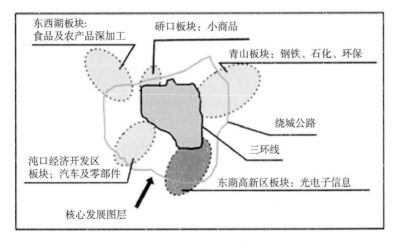

图4-1　武汉市主要产业功能区布局

4.6.2　园区产业布局原则

东湖高新区的产业空间布局将坚持"开发集约、专业集群、功能提升、协同联动"的发展原则。

"开发集约"是指以土地集约利用为基本行动准则,坚持规划先行、交通先行的原则,实施前瞻性统一规划,分步骤、有重点地推进园区的开发建设,高标准完成各项建设任务。

"专业集聚"是指以产业专业化、集群化为主要发展导向,重点建设光电子创新园、光通信、光显示、消费电子、半导体、软件园、生物产业、清洁技术产业等一批专业园;规划建设综合服务中心、光谷中心等若干个专业化功能中心。

"功能提升"是指以完善园区功能为重要建设内容,提升区域产业发展环境,有针对性的建设专业孵化平台,积极推进共性技术服务平台的建设,建成高端商务服务体系。

"协同联动"是指紧密结合全市产业升级路径,根据高新区在武汉市的功能定位,充分挖掘高新区科技、人才资源优势,探索差异化协同发展路径,辐射带动"1+8"武汉城市圈乃至整个中部地区发展。

第五章　光电子信息产业

信息技术仍然是全球科技革命的主导力量,东湖高新区一直致力于发展以光电子产业为核心的电子信息产业。根据自身产业发展实际情况以及产业链的紧密联系,东湖高新区的光电子信息产业主要包括光通信、移动通信、激光、集成电路、软件与信息服务等产业领域。2008 年,东湖高新区光电子信息产业实现企业总收入 580 亿元。今后,东湖高新区将进一步强化园区在光通信、激光等领域的发展优势,着力发展光电显示、半导体照明等领域,加快移动通信、集成电路、消费电子等相关产业,形成完整的电子信息产业群,逐步发展成为具有全球竞争力的光电子信息产业基地。

5.1　光电子信息产业发展现状

5.1.1　国内外光电子信息技术及产业发展趋势

(1)信息技术仍然是未来 15 年全球科技革命的主导力量,信息产业将继续保持在高技术产业中的龙头地位

信息技术是知识经济的主导支撑力量,未来 15 年甚至更长时间内仍然是全球第一大主导高技术产业。信息科学和技术是高技术创新最活跃的领域。以中国为例,信息技术专利在全部高技术领域中占比超过 40%。

信息产业在未来 15 年将仍然保持全球第一大高技术产业地位,其中软件和 IT 服务是关键增长动力。根据专业研究机构 Gartner 分析,2006—2011 年,整个 ICT 产业年均复合增长率为 4.9%,到 2011 年,市场规模将超过 40000 亿美元。其中软件和 IT 服务将将分别以 8.3% 和 6.5% 的速度增长,到 2011 年分别达到 2380 亿美元和 9117 亿美元,成为推动整个 ICT 产业增长的主要

力量。

（2）集成电路、软件、消费电子等传统信息技术领域市场继续扩容,以数字内容为代表的新兴技术领域成为市场新亮点

集成电路市场仍将保持稳步增长。2000—2007 年,我国集成电路产业年均增长速度超过 30%。2008 年,国内集成电路产量达到 417.1 亿块,销售额达到 1246.8 亿元,分别是 2000 年产量和销售额的 7.1 倍和 6.7 倍,我国是同期世界集成电路产业发展最快的地区之一。近年来,集成电路设计业和芯片制造业发展迅速,占集成电路产业销售额的比例逐年上升。2008 年,设计业份额由 2000 年的不足 10% 上升至 18.9%,芯片制造业份额由 2000 年的不足 20% 上升至 31.5%,封装测试业份额则由 2000 年的超过 70% 下降至 49.6%。近年来,国内集成电路产业的地区聚群效应日益凸显,长江三角洲、京津环渤海以及珠江三角洲成为国内集成电路产业集中分布的地区,实现了全国 95% 以上的销售收入。近几年,武汉、西安、成都、重庆等中西部地区的集成电路产业发展迅速并开始形成规模。在产业规模不断扩大的同时,技术水平迅速提高。芯片设计已经具备 5000 万门、65 纳米的设计能力;芯片制造业大生产技术已达 12 英寸、90 纳米水平;封装技术取得长足的进步,产品的技术含量逐步提高。我国集成电路产业投资额高速增长,2000—2008 年,国内集成电路领域投资额累计超过 260 亿美元,相当于过去 20 年投资总额的 7 倍多。目前国内已建成投产 12 英寸生产线 4 条,8 英寸生产线 14 条,还有多条 8 英寸、12 英寸生产线在建设中。

软件产业被认为是 21 世纪拥有最大产业规模和最具广阔前景的新兴产业,已经被确定作为我国优先发展的战略性产业。据欧洲信息技术联盟(EI-TO)统计,2007 年全球软件产业规模达 7946 亿美元,比 2006 年增长 6.1%。根据中国软件行业协会的统计,2007 年国内软件产业规模 5834 亿元,软件出口与服务外包达到 102.4 亿美元,全国软件企业 1.8 万家,软件行业从业人数 148 万人。年收入超过 10 亿元的软件企业 40 家,年收入 5—10 亿元的软件企业 56 家,国家规划布局内重点软件企业 162 家。到 2011 年,我国软件产业将跨入业务收入的“万亿家族”。

数字内容产业超高速增长。赛迪顾问(CCID)《2006—2007 年世界信息产业发展研究年度报告》显示,世界信息产业各细分产业中,增长速度最快的

是数字内容产业,2006 年增速为 40.1%,达到 4248 亿美元。此外,数字内容产业衍生产品和服务产值为数字内容产业产值的 2—3 倍。中国数字内容产业已初步形成以数字游戏、数字影音、数字动漫、移动内容、网络教育、数字出版等为主要领域的产业格局。根据诺达咨询的报告显示,预计到 2010 年,我国数字内容产业规模将达到 6000 亿元。

(3)信息技术创新集中于宽带互联、无线网络、新型实用移动通信等领域,光纤到户、超 3G、IPTV 等技术将在 3 至 5 年内实现规模商业应用

WiMax(World Interoperability for Microwave Access,全球微波接入互操作性)是一项基于 IEEE 802.16 标准的宽带无线接入城域网技术。WiMax 在全球将迅速地发展。

IPV6(Internet Protocol Version 6,下一代互联网协议)。IPV6 相关技术已经基本成熟,全球 IPV6 地址的分配正在加速,各运营商正在积极研究向 IPv6 的过渡策略。IPV6 网络在欧洲、日本等局部地区已经实现了商用化,但在运营应用方面还很欠缺。

IPTV(Internet Protocol Television,交互式网络电视),是一种基于宽带互联网与宽带接入的宽带增值业务。IPTV 技术已经基本成熟,商业运营模式尚在探索之中。语音、互联网和娱乐服务融合将是 IPTV 的主要推动力。IDC 预测 2011 年全球 IPTV 收入将达到 391 亿美元。但在亚太地区,由于电信运营商无法提供电视服务,导致 IPTV 服务无法上市。

FTTH((Fiber To The Home,光纤到户)。无源光网络(PON)已经成为世界上 FTTH 网络铺设的主要技术。Infonetics Research 报告,2008 年全球 PON 设备成长到了 22 亿美元规模,亚洲是 PON 主要市场。但由于成本、技术、政策等方面的原因,除部分企业用户和少量高端住宅外,尚未得到大规模推广应用。

B3G/4G,下一代移动通信网络技术。关键 LTE 模块研发进入最后阶段,已具备了 100Mbps 的数据下载能力,但相关技术标准还在制定之中,规模化商业应用尚待时日。预计到 2013 年,全球 4G 用户将超过 9000 万。

RFID(Radio Frequency Identification,无线射频识别)是一种非接触式的自动识别技术,RFID 中间件是 RFID 产业应用的神经中枢。RFID 产业已经进入高速发展阶段。Research and Markets 研究报告指出,2004 年全球 RFID 市

场规模为 14.9 亿美元,到 2015 年将达到 260 亿美元。

(4)信息产业商业模式创新不断涌现,软件外包、内容服务等新型业态的出现使得信息产业向服务转型趋势加剧

在信息技术的推动下,信息产业发生了新的变化。软件服务、IT 外包、网络服务等新商业模式的出现使得信息产业向服务化转型趋势加剧。出现的新型业态和商业模式主要包括:服务外包以信息技术外包(ITO, Information Technology Outsourcing)和业务流程外包(BPO, Business Process Outsourcing)为主要内容;互联网接入服务(ISP),即通过电话线、同轴或无线等手段,把用户的计算机或其他终端设备接入互联网;互联网内容提供服务(ICP),即提供互联网信息搜索、整理加工等服务;网络应用服务(ASP),即为企事业单位进行信息化建设、开展电子商务提供各种基于互联网的应用服务;专业计算机服务:系统集成、咨询、培训、维护和设施管理等服务。

(5)激光技术与应用发展迅速,已经与多种学科结合形成了多个应用技术领域

专家预测,到 2010 年,以激光技术为主导的信息产业将形成 3 万亿美元的产业规模;到 2015 年,激光产业可能取代传统电子产业,成为继微电子技术之后的又一技术革命。

5.1.2　东湖高新区光电子信息产业发展现状

光电子信息产业是东湖高新区的核心产业,主要包括光通信、移动通信、激光、集成电路、软件与信息服务等产业领域,2008 年实现企业总收入 580 亿元。"武汉·中国光谷"在光通信、移动通信、激光等领域具有全国领先的实力。

(1)光通信

光通信技术是我国与世界领先水平差距最小的高技术领域之一,商用产品与国际同类产品水平同步,东湖高新区已经发展成为我国最大的光纤光缆、光电器件生产基地和最大的光通信技术研发基地。光纤光缆生产规模全球第二位,国内市场占有率 50%,国际市场占有率 12%;光电器件的国内市场占有率达到 60%,国际市场占有率达 6%;光传输系统达到世界先进水平,占据国内 10% 左右的市场。

东湖高新区在光通信产业自主研发创新方面也取得了显著成果。武汉邮科院拥有全套 FTTH 解决方案和配套产品,以及自主知识产权的 ASIC 芯片研制,并成功研发出全球第一套符合 ITU—T 技术标准的 STM—256 40Gbit/s SDH 系统设备;长飞公司拥有自主知识产权的 OVD 外包预制棒技术、RIC + PCVD 光纤拉丝技术,其"光纤链路测试方法"和武汉邮科院 X. 85/X. 86/X. 87 等 4 项技术已成为国际电联标准。长飞公司的 RIC 技术改造项目、武汉邮科院与日本藤仓合作的单模与多模光纤项目、长通与赫劳斯的光纤预制棒合资项目等一批产业项目正在实施。

东湖高新区现有光通信生产企业 83 家,主要生产光纤预制棒、光纤光缆、光电器件、光通信系统设备和网络设备、各类工业气体和化学辅料、通信电源等产品。骨干企业有长飞、烽火通信、武汉日电、长江通信、精伦电子、光迅科技、华工正源、海创电子、奥普思科技、普天电源、光谷精工等。

2008 年,东湖高新区光通信产业完成总收入 249. 38 亿元。长飞公司签订了新一轮合资合同和章程,并正在同时进行第八、九扩产项目,为继续保持企业在光纤光缆领域的优势地位奠定基础;烽火通信公司与藤仓公司合作的光纤预制棒项目续建扩产;邮科院的光纤到户和下一代光网络产品和技术日趋成熟,光电子器件产业的工艺布局正在向前沿和上游技术延展……,这些都将促进武汉光通信产业向技术高端和市场前沿的发展。

(2)移动通信

东湖高新区移动通信产业近年来发展迅速,有移动通信设备、终端和配套企业 33 家,已形成较完善的产业链,具备一定产业规模和知名企业,并在全国率先成立了光谷 3G 产业联盟,为区内企业发展 3G 产业搭台。骨干企业有多普达、武汉普天、中原电子、凡谷电子、龙安集团、烽火移动、虹信通信、安凯电缆、光谷精工、天喻信息等。产品主要包括 GSM/CDMA 2000 1X 等 2G 移动通信终端、WCDMA/TD—SCDMA/CDMA 2000 EVDOd 等 3G 移动通信终端,TD—SCDMA 等 3G 移动通信基站、直放站及覆盖系统、天馈系统、射频电缆、锂电池、闪存卡、手机设计和增值软件开发等。2008 年,移动通信产业实现总收入 158 亿元。其中移动通信基站天馈系统产量居全国第一位。

东湖高新区在 TD—SCDMA、WCDMA、CDMA2000 EVDO 三大 3G 标准的系统、终端等方面正全面进入市场。随着 3G 牌照的发放,烽火移动、凡谷电子、武汉普天和多普达等公司在 3G 基站、系统和终端市场取得新的突破。2008 年,烽火科技和湖北移动签署了合作及采购协议,全面启动湖北省 3G 网络建设;普天集团在中国移动 TD 二期招标中中标武汉、石家庄和昆明等城市,其中武汉市场中标额超 2 亿元,份额达 60%;多普达在所有的运营商 3G 终端产品营销上,都得到了运营商的一致肯定,产品销售额亦名列前茅;武汉邮科院已经布局 4G 移动通信产品研发及产业化,抢占发展先机;华为武汉研究所在武汉一年时间发展至近千人,专门为华为公司提供技术研发服务。

在新一代宽带无线产业发展方面,总部设在光谷的中国艾维通信正在建立以武汉为中心、覆盖全国 16 个省市的全国运营平台,发展和推进数字城市、平安城市、电子政务和行业信息化等事业建设。该项目是目前中国唯一的移动 WiMAX,即 802.16e 标准,可以在时速 120 千米的移动状态下高速使用数据业务。

(3)激光

东湖高新区激光产业具备非常好的产业基础和技术创新优势,已经成为我国激光产业发展的引领区。

产业基础雄厚,竞争力强。东湖高新区是全国三大激光研发和产业基地之一,产业发展集中,企业群体大。目前有各类激光企业 84 家,其中大功率激光器、激光加工设备、激光焊接设备、激光医疗设备、激光图像防伪产品的技术水平和市场占有率都在全国名列前茅,形成了一批处于国内领先水平的激光技术以及规模企业,如楚天激光、华工激光、华工团结激光、光谷激光、大族金石凯激光、众泰激光、三工激光等骨干企业。在全国仅有的 4 家年销售额超亿元的激光企业中,武汉占有 3 家。武汉激光产品的市场份额占国内总额约 50%,拥有激光加工和医疗设备市场的半壁河山,在一些难度较大的高、精、尖类产品方面,在国内市场独占鳌头。在高功率激光切割系统、半导体泵浦激光打标系统、灯泵浦 Nd:YAG 激光焊接系统、CO_2 激光治疗系统、IPL 光子美容系统等领域形成了一系列拥有自主知识产权的拳头产品,已成为我国激光通讯、激光加工设备和激光医疗器械生产的重要基地。楚天激光在医疗设备上在国内企业中市场占有率最高;团结激光的激光切割设备销售数量居国内第一,世界第九位。

区域创新资源丰富,人才优势明显。东湖高新区内拥有光电国家实验室,激光加工国家工程研究中心等一批创新平台机构,为激光产业的发展提供了良好的技术支撑;东湖高新区在激光领域内的高技术人才相对集中,拥有国家激光领域的首席科学家和国家级专家,已面向全国培养输送了2000多名并在源源不断地培养着激光技术专门人才。从产业来看,东湖高新区激光产业的从业人数约占国内总人数的一半;全国大多数激光企业中都有来自武汉的人才或采用武汉研发的技术成果。湖北省暨武汉市激光学会和"武汉·中国光谷"激光行业协会已组建,为激光企业之间的技术交流、产业协作搭建了良好的平台。

2008年,随着锐科公司的光纤激光器、光谷激光公司的高功率激光器、凌云光电公司的大功率半导体激光综合微创治疗仪、大族金石凯激光公司的汽车多联齿轮激光焊接成套设备等项目的建设,东湖高新区激光产业竞争力进一步提升,全年完成企业总收入达25.38亿元。

(4)集成电路

目前,东湖高新区有专业集成电路设计或相关企业13家,制造企业1家,封装测试企业1家。2008年,集成电路产业实现产值2.98亿元,骨干企业有武汉新芯、华瑞高科、昊昱微电子、大江微电子、集成电路设计公司、群茂科技、磐大微电子、盛华微电子、芯动科技、旺宏微电子、法液空(Air Liquide)、普莱克斯(Praxair)、巴斯夫(BASF)、帅尔电子、晶封电子等。相关的科研单位有武汉大学、华中科技大学、中科院物数所、光电国家实验室等。

2006年,东湖高新区引进的12英寸集成电路生产线是华中地区首条达到国际最先进水平的芯片生产线,也是武汉首次引进集成电路产业的核心环节,使得武汉半导体产业在国内异军突起,从而带动了一大批半导体厂商(包括IC设计与培训、半导体设备供应及售后服务、封装测试、原材料供应等)来汉投资,东湖高新区集成电路产业集群已初步形成。

与此同时,东湖高新区集成电路产业也具备了向高端发展的一些基础性条件和创新基础,在影像处理、通讯、数码相机、信息安全、计算机通讯接口、网络、可视电话以及其它消费电子类中微电子产品具有一定的基础。如烽火微电子公司为通信整机产品提供核心部件;喜马拉雅公司的芯片开发立足于其数字影像系统;709所则从军用雷达和船用计算机系统的需求出发研制雷达扫描转换芯片、计算机接口芯片、高速总线DSP转换芯片等;汉网公司的宽带无线 IP 移动通信系统专用集成电路设计和面向新一代无线通信的 OFDM 专用集成电路设计等都是基于公司在著名的 PDMA 和 OFDM 通讯系统的研究开发而进行的。华中科技大学、武汉大学等一批国家重点大学已经建立起微电子学科的技术支撑和对口人才培养体系,如华中科技大学超大规模集成电路与系统研究中心、武汉大学微电子与信息技术研究院等。目前,在专业设计工具的应用与开发、芯片前端技术的设计能力、技术人才和队伍上都具备了一定的实力。

(5)半导体照明

依托华中科技大学、光电国家实验室等科研机构,东湖高新区在 LED 技术领域取得了长足的发展,在半导体照明技术领域取得了一大批在国内外具有广泛影响的重大科研成果(见表 5-1),成为我国科研实力雄厚、独具特色的 LED 技术研发基地。现已初步形成了从外延片生产、芯片制备、封装到应用产品为一体的 LED 产业链,大功率 LED 领域处于世界领先水平。

表 5-1　东湖高新区 LED 技术领域部分主要成果

名　　称	技术类别	依托单位
每瓦 100 流明功率型白光 LED 制造与生产技术	"十一五"863 计划半导体照明工程产业化项目	武汉迪源光电公司
宽色域白光 LED 制造技术	"十一五"863 计划半导体照明工程产业化项目	武汉迪源光电公司
LED 深海照明灯	实用新型	武汉光电国家实验室
粗化电极用于高亮度正装 LED 芯片和垂直 LED 芯片的制作工	发明专利	武汉迪源光电公司
有电流扩展限制层的 GaN 基垂直 LED 功率芯片制备方法	发明专利	武汉迪源光电公司
含纯金 Au 的合金键合 LED 倒装工艺方法	发明专利	武汉迪源光电公司
一种避免或减少蓝绿光发光二极管材料的 V—型缺陷的方法	发明专利	武汉华灿光电公司
半导体光放大器(SOA)芯片及器件产业化	信产部电子信息产业发展基金	武汉华工正源光子技术公司
1.3μm 偏振无关应变量子阱半导体光放大器	国家"863"计划合作项目	武汉光迅科技公司

资料来源:东湖高新区产业发展报告 2007 年。

武汉光电国家实验室和华中科技大学微系统中心、能源学院合作,成功封装出世界已知最大功率的 1500 瓦超大功率 LED 光源,处于国际领先水平。武汉迪源光电公司也已开始建设国内首家 LED 大功率芯片生产基地。该光源性能稳定,有效降低 LED 结温,在单位面积内可提供更高的散热解决方案,满足照明功能需求;该技术采用自主研发专利,打破了日、美、德等国企业对相关技术的长期垄断。

到 2008 年,东湖高新区从事 LED 产品生产的企业有 20 多家,其中包括从事外延片生产的企业——华灿光电公司、迪源光电公司、元茂科技公司、光迅科技公司、正源光子公司等;从事芯片制造和封装的企业——元茂科技公司、光谷先进光电子公司、海仕光电公司等;从事应用产品生产的企业——日新科技公司、光谷电子公司、华彩技术公司、维新光电、思泰基公司等(见图 5‑1)。

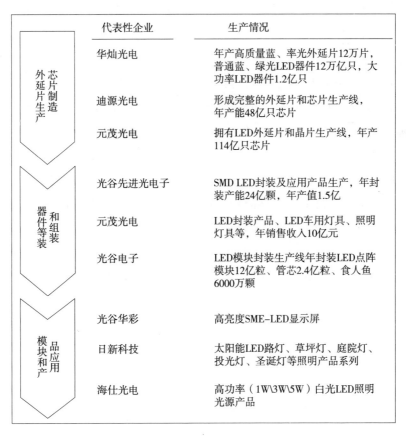

	代表性企业	生产情况
外延片生产芯片制造	华灿光电	年产高质量蓝、率光外延片12万片,普通蓝、绿光LED器件12万亿只,大功率LED器件1.2亿只
	迪源光电	形成完整的外延片和芯片生产线,年产能48亿只芯片
	元茂光电	拥有LED外延片和晶片生产线,年产114亿只芯片
器件和组装等装	光谷先进光电子	SMD LED封装及应用产品生产,年封装能24亿颗,年产值1.5亿
	元茂光电	LED封装产品、LED车用灯具、照明灯具等,年销售收入10亿元
	光谷电子	LED模块封装生产线年封装LED点阵模块12亿粒、管芯2.4亿粒、食人鱼6000万颗
模块和产品应用	光谷华彩	高亮度SME‑LED显示屏
	日新科技	太阳能LED路灯、草坪灯、庭院灯、投光灯、圣诞灯等照明产品系列
	海仕光电	高功率(1W\3W\5W)白光LED照明光源产品

图 5‑1　东湖高新区 LED 照明产业链

5.2 面临的形势

一是全球高新技术产业竞争激烈，新技术不断涌现。数字电视、新一代移动通信、下一代互联网产业化进程不断加快，市场竞争正在展开，信息服务业发展迅猛，全球光电子信息产业进入新发展期。"十五"期间，东湖高新区的光电子信息产业经受住了严峻的考验，在激烈的市场竞争中依然保持了较快的发展，在光通信、激光等领域取得了优势地位，其它领域还有待壮大实力，扩大市场占有率。如何在激烈的竞争中做大做强主导产业，拉长产业链，是摆在面前的重要课题。

二是国际竞争出现新特点。全球范围内产业的转移、结构调整和战略转型步伐明显加快，人民币升值和金融危机的影响正在加深。光通信、激光、IC、服务外包等技术成为产业竞争力的关键；跨国公司通过制定技术标准、控制核心技术、加强产业链整合，不断巩固在全球竞争中的主导地位；越来越多的国家积极改善环境，加大吸引外资力度，提升承接全球产业转移的能力；国际贸易磨擦和知识产权纠纷日益增加，光电子产业国际竞争形势日趋复杂，竞争压力不断加大。

三是融入全球产业链的工作有待进一步加强。在融入全球产业链方面，许多地方通过吸引跨国公司建立研发机构，融入全球技术创新链，利用全球创新资源，将主导产业某些领域的技术水平和竞争能力达到国际一流。许多中西部地区通过引进和建设一批如光显示、半导体等具有战略意义的重大项目，发展后劲十分明显。如何在扩大开放中推进自主创新，融入全球光电子信息产业链，并在全球光电子产业竞争中掌握主动权，是东湖高新区在发展新阶段需要认真研究并解决的新课题。

5.3 发展思路和目标

5.3.1 发展思路

东湖高新区光电子信息产业发展，要充分发挥和挖掘武汉乃至华中地区现有的工业基础、区位、成本、人才、技术等方面的比较优势，强化自主创新，加快信息化与工业化融合,以优化环境巩固特色优势,以重大工程带动技术突破,以新的应用推动产业发展;集聚资源,重点突破,提高关键技术和核心产业的自主发展能力;以用促业、融合发展,加快培育新的增长点;在发展中保稳定,在稳定中谋转型,重点实施一批光电子重大产业化项目,建设一批公共创新服务平台,培育一批光电子信息龙头企业和名牌产品,形成完整的产业链和创新型产业集群,发展成为具有全球竞争力的光电子信息产业,将光谷建设成为抢占世界光电子信息领域高新技术产业制高点的前沿阵地。

5.3.2　总体目标

进一步强化在光通信、激光等领域的发展优势,着力发展集成电路、软件及信息服务业等领域,加快发展移动通信相关产业;进一步汇聚全球高品质的技术、人才、资金等产业要素资源,大力推动高端产业发展,积极培育新兴业态,形成完整的产业链和创新企业集群。

按照25%的年均增长速度,到2010年,光电子信息产业总收入超过900亿元,2013年总收入超过1800亿元,培育2—3家年产值过100亿元龙头企业。到2020年,做亮光谷品牌,成为抢占世界光电子信息领域制高点的前沿阵地,成为全球光电子信息产业中心之一。

5.4　重点领域分析

5.4.1　光通信

光通信自上个世纪70年代问世来,已成为现代传输网的主体,在世界范围内取得了迅速发展,是现代信息社会的支柱。在社会信息化的推动下,我国光通信迅速发展,已建成世界最大规模的光通信网络。

2008年以后,尽管全球光通信产业受到金融危机的冲击,但随着全球社会信息化的深入推进,尤其是我国以及欧美等主要国家在骨干网络层面上超长距离、超大容量和超高速率的三"超"技术的应用,以及 FTTH、分组传送技术向全光网络平滑演进、节能环保特性的光纤光缆等新技术、新产品的应用,光通信新的增长点正在培育和形成,巨大的市场需求给光通信产业发展带来前所未有的机遇。

（1）光通信产业链

从产业链来看，光通信产业包括光纤光缆、光电器件和系统设备三个部分（见图5-2、图5-3）。

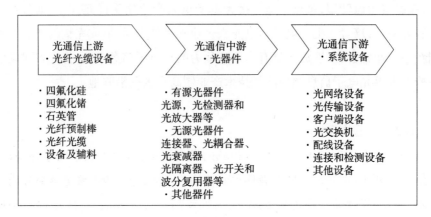

图5-2　光通信产业链构成

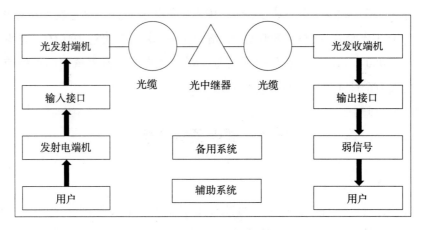

图5-3　光通信系统示意图

光纤光缆。光纤光缆按照制造工艺顺序而分，其产品上游为 SiO_2 晶体等基础材料，中游为光纤预制棒及光纤中间品，下游为光纤成缆品。基础材料和光纤预制棒利润占整个产业链利润总额的 90% 左右，其生产工艺、销售市场主要掌握在国外公司手中，其中日本信越、美国康宁是第一梯队，产能为1000吨，德拉克、日本住友、藤仓、古河、中国长飞属于第二阵营，产能为500—700吨不等。自2000年以来，我国的长飞、富通、烽火、法尔胜等企业的预制棒技术取得突破,尤其是东湖高新区长飞公司的预制棒,进入世界第二阵营。

光电器件。光电器件包括有源光器件、无源光器件、光电端机等。有源光器件指具有光电能量转换功能的器件,包括激光器、探测器和光纤放大器等。无源光器件指不存在光电能量转换的器件。光电端机包括光发射机、光接收机等。

系统设备。光通信设备主要包括:波分复用(WDM)设备、密集波分复用(DWDM)、光时域反射仪(OTDR)、同步光网(SONET)、同步数字系列(SDH)、异步传输方式(ATM)。目前,在通信干线网上采用的主流设备就是SDH + WDM。

(2)产业发展总体状况

光通信产生于上个世纪 70 年代,经历了 80 年代、90 年代的高速增长,成为通信技术革命和互联网技术革命的重要基础。在 2000—2002 年,受网络泡沫破裂、全球经济不景气的影响,全球光通信业陷入发展低潮,大部分光网络和光器件制造厂商严重亏损,一些光通信公司纷纷裁员,股票市值也跌至最低点。在这期间,全球光通信产业市场规模从 2000 年的 459 亿美元下降到 2001 年的 362 亿美元、2002 年的 238 亿美元、2003 年的 210 亿美元;光纤光缆、光传输、光电器件的价格下降 30%—70%。

2004 年后,在宽带多媒体业务的迅猛增长推动下,全球光通信市场开始复苏,各国对带宽的需求增长加速,光通信的多个领域都出现稳定增长。在 2004—2006 年,光纤用量年均增长了 15%,光网络硬件市场年均增长了 17%,城域 WDM 市场年均增幅在 20%以上。

2007—2008 年间,全球的光通信市场在 3G 网络建设、光纤到户、IPTV、在线游戏、视频监控等市场需求的推动下,市场规模不断扩大,2008 年全球光通信市场(包括光纤光缆、光传输设备、光电器件等)规模约为 320 亿美元。

与此同时,中国的光通信市场在以 FTTH、城域网等新增长点的带动下,和全球光通信市场保持着同步的发展,尤其是 FTTH 市场在国际市场、业务需求、政策支持和技术进步等多重因素的带动下,更是呈现出高速发展态势。2008 年,中国光通信市场整体规模(包括光纤光缆、光传输、光电器件)达到 370 亿元,比上年增长约 13%。

(3)细分产业发展状况

光通信产业主要包括光纤光缆、光电器件、光传输等三大领域。

1）光纤光缆

2000 年以前，我国有光纤光缆企业 300 多家，经过多年的洗牌、竞争，行业逐步集中，到 2008 年还有 50 多家企业，主要隶属于长飞系、康宁系、藤仓系等几家行业巨头。这些企业主要集中在湖北、江浙、深圳等地，主要厂家有：湖北地区的长飞光纤光缆、烽火通信、凯乐科技；江浙地区的江苏中天科技、江苏亨通光电、江苏永鼎、江苏法尔胜、江苏通光信息、南京华新藤仓、杭州富通、浙江富阳烽火飞虹；深圳地区的特发信息、捷迪讯光电（深圳）等。此外，还有成都康宁（中国康宁）、北京康宁等企业。

武汉长飞光纤光缆有限公司是我国最大的光纤光缆企业，2007 年销售收入 21.8 亿元，其光纤和光缆的年生产能力分别达到 1500 万公里和 15 万皮长公里，其产销能力位居全球第二，2007 年公司的光纤产品在国内的市场占有率超过 40%，国际市场占有率达 10% 以上，已跻身于全球光纤光缆制造业的前 3 位。2008 年，公司实现销售收入 30 亿元，拥有预制棒 450 吨、光纤 1500 万公里、光缆 30 万皮长公里的年生产能力。

武汉烽火通信公司 2007 年光纤光缆销售收入为 8.7 亿元，比上年增长 56%，居全国第五位；其中光纤产量居全国第二位。

杭州富通集团 2007 年光纤光缆实现销售收入 11.25 亿元，其主要优势为光纤预制棒产品，产量居全国第二位。

江苏亨通光电（包括成都亨通等控股公司）2007 年光纤光缆销售收入为 11 亿元，居全国第三位，外销、特种光纤是该公司业务亮点，2007 年该公司海外销售额较上年同期增长 151%。

中天科技公司 2007 年全年实现光纤光缆销售收入 9.6 亿，居全国第四位。

江苏永鼎光缆公司 2007 年光纤光缆实现 5.04 亿元的销售收入，市场规模较上年增长了 30%。

深圳特发信息公司 2007 年实现营业收入 5.4 亿元；法尔胜集团 2007 年生产、销售光纤超 200 万芯公里，光缆突破 2.2 万皮长公里，56 万芯公里，光纤光缆销售收入为 3.4 亿元；江苏通鼎集团 2007 年光纤光缆销售收入达到为 3.15 亿元；湖北凯乐科技 2007 年光纤光缆实现销售收入 3.06 亿元，均进入全国十强。

2008 年,受到村村通工程、光进铜退等政策因素推动,全国光纤、光缆制造行业销售收入增长 20%;根据中国投资网等机构的统计口径,2008 年我国光纤光缆行业实现销售收入 350 亿元;根据赛迪传媒(CCID)等专业机构的统计口径,2008 年中国光纤光缆行业实现销售总收入约 80 亿元(一般采用CCID 的统计口径)。2008 年,主要公司的光纤光缆销售收入为:长飞公司实现销售收入 31 亿元,烽火通信 13 亿元,江苏亨通 15 亿元,中天科技 13 亿元。

2) 光传输

2008 年,在光传输领域,随着基于 FTTX 应用正在稳步推进,以及 MSTP、ASON 和超长距离传输在技术上都已经趋于成熟,我国的光传输市场保持了较快的增长速度,整个光传输设备的销售收入约为 330 亿元;其中国内市场销售收入为 240 亿元,比上年增长 30%,龙头企业有华为、中兴和烽火。

华为技术有限公司是我国最大的光传输设备制造商。2008 年,华为公司实现销售收入 1270 亿元(183 亿美元),其中华为的光传输产品全球销售收入约为 30 亿美元(约 207 亿元人民币),占有全球光传输市场的 20% 份额,居全球第二位,阿尔卡特—朗讯公司的光传输市场份额位居全球第一位。2009 年第一季度,全球光网络硬件的销售收入大跌至 31 亿美元,同比下降了 22%,而华为的光传输收入份额提高到了 23%,超过了长期领先的阿尔卡特—朗讯公司。

中兴通讯股份有限公司是我国第二大光传输设备制造商,全球第三大光传输设备制造商。2008 年,中兴通讯实现营业收入 443 亿元,其中光传输产品实现销售收入约 80 亿元,仅次于阿尔卡特—朗讯、华为,居全球第三。目前,中兴通讯光网络产品已广泛进入欧洲、亚太、拉美、非洲及中东等区域的90 多个国家的 250 多个运营商网络。

烽火科技集团是我国第三大光传输设备制造商,2008 年实现营业收入约60 亿元,其中光传输设备销售收入 30 多亿元。

3) 光电器件

光电器件的应用领域十分广泛,它不仅应用于光通信、DVD 系统和数码相机等领域,还广泛应用于汽车电子、医疗器械和照明等领域。光通信器件只是光电器件的一个细分领域。目前,国内外各专业机构对光电器件的统计口径差别相当大。据电子工程世界网站报道,近几年全球光电市场正强劲增长,越来越多的应用设计正在使用这些光致发光和光电检测产品。据 DataBeans 的报告,2007 年全球光电器件市场为 159 亿美元,2008 年为 170 亿美元,增长了 9.3%。DataBeans 预测,2008 年—2013 年的复合年增长率为 12%,预计 2013 年全球光电器件市场将为 312 亿美元。

2008 年,应用于通信行业的光电器件的全球市场规模约为 50 亿美元,国内市场规模约为 40 亿元。国内主要的光通信器件生产主要集中在武汉、深圳、无锡等地,主要供应商有武汉电信器件公司(WTD)、武汉光迅科技、华工科技、深圳新飞通、深圳恒宝通、无锡中兴光电子、海信光电等企业。

烽火科技(包括控股的光迅科技、武汉电信器件公司),2008 年光电器件销售收入 10 多亿元;华工科技(包括华工正源)光电器件产品(不含激光产品)销售收入约 3 亿元。

深圳新飞通光电公司主营光收发一体模块、单纤双向组件和模块、光收发分离模块等光电器件,2007 年完成光电器件销售额 4.7 亿元,2008 年达到 6 亿元。

深圳恒宝通光电子公司 2006 年销售收入突破 1 亿元,2007 年约为 1.4 亿元,但是 2008 年销售收入大幅度下降,不到 1 亿元。

无锡中兴光电子公司是一家专门从事光电子技术及其产品开发的高新技术企业,大股东为中兴通讯,其核心产品是拥有自主知识产权的光纤放大器系列产品,是国内最大的光纤放大器研发及生产供应商,在国产光纤放大器市场所占份额高达 50% 以上。2007 年,该公司生产的光纤放大器系列产品实现销售收入 2.3 亿元,2008 年实现销售收入 3 亿元,出口创汇 2800 万美元。

从全球光通信器件市场看,根据专业调查机构 Ovum 公布的资料,2008 年全球光通信光电器件销售收入约为 50 亿美元。其中,排行第一位的是 JDSU,销售收入 11 亿美元;第二大光器件供应商 Finisar,销售收入 3.7 亿美元;排名第三的是住友电工 Sumitomo,销售收入 3.5 亿美元;安华高(Avago)排名第四,销售收入 3.3 亿美元。Opnext、Emcore、Avanex、Source Photonics、光联(Oplink)、Bookham 分别排名第五到第十位。我国还没有一家公司进入前十。如果武汉邮科院合并下属企业光讯科技、电信器件等公司的光电器件销售收入,可以进入全球第六位。

(4)中国光通信产业发展环境分析

光通信产业是我国最具国际竞争力的高新技术产业领域之一,我国光通信研究的技术水平已经取得全面突破,达到世界先进水平。烽火科技集团和中国电信在2006年联合建设完成的国家863计划重大科研项目——"3Tnet可扩展到80×40GDWDM传输系统设备工程化与试验"实用化工程,标志着我国在超高速率、超大容量、超长距离光通信研究前沿领域取得全面突破,达到世界先进水平。烽火科技集团成功开发出的40Gb/s SDH、80×40G DWDM、ULH等一批具有世界领先水平的前瞻性科研成果,率先在电信运营商的骨干网络中得到广泛的应用。中兴通讯近几年在无源光网络(PON)技术上取得了新的发展,不仅拥有成熟商用的全系列EPON产品,而且在GPON技术上也保持着全球领先态势。华为公司的OptiX OSN 2500智能光传输系统继承了MSTP技术的全部特点,与传统SDH、MSTP网络保持兼容,是融PDH、Ethernet、WDM等技术为一体的新一代2.5G/622M多业务光传输平台。

中国光通信市场现阶段受到多方面因素影响,总体利好大于利空,市场整合、技术创新和政策突破成为推动市场更快发展的动力。

从国内市场看,光通信的外部产业环境出现一些利好因素。一是2008年5月份,中国电信行业的大规模重组,对CDMA/GSM网络建设特别是3G网络建设起到较强的推动作用,通信运营商开始新一轮基础网络建设,开始积极部署光纤接入网,主要运营商均开始了大规模集中采购。二是我国信息化建设呈现加速发展的态势,特别是行业信息化应用出现了快速增长的势头。三是中国电信"光进铜退"战略加速实施,对光纤光缆产生了巨大的需求。2007年以来,铜缆价格大幅上涨,光纤光缆和收发模块价格逐步上涨,加速了"光进铜退"步伐。四是一些新的增长点不断涌现,特别是FTTH迅速发展,其应用不再局限在高档小区、商业楼宇等领域,在石化、银行等领域也得到了新的应用。非传统用户,如银行、证券、交通等用户对高质量数据传送的需求,也使得光通信市场突破了主要客户局限于传统运营商的范围限制。

但是光通信的发展也存在一些不利因素,包括光线光缆产能过剩、低价恶性竞争严重、国际市场份额偏少、运营商主导的买方市场等因素依然限制着中国光通信产业的进一步发展,金融危机对光通信在短期内有一些不利影响。

从技术应用看,以PON(无源光网络)为代表的光接入技术日趋成熟,成本逐步下降。由于IPTV、NGN、三网融合等新型宽带业务和技术的推动,

FTTH 在全球范围内进入快车道。但 EPON（以太网无源光网络）/GPON（千兆比特无源光网络）制式之争、核心知识产权受制于人、基础材料和设备依赖进口、检测环节尚不完善等因素还制约着光通信产业的发展。

政策方面，随着数字城市建设、村村通工程的深入推进，以及地方政府对FTTH 的推动，中国光通信市场的需求增长将进一步加快（见图 5-4）。

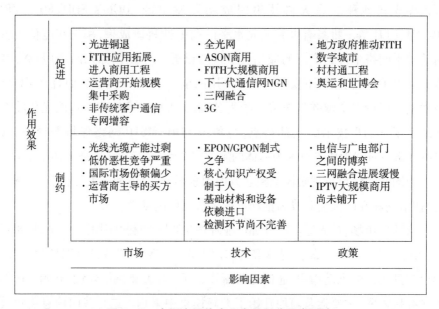

图 5-4　中国光通信产业发展影响因素矩阵

（5）发展目标、重点领域与发展策略

1）发展目标

瞄准全球光通信技术和产业发展趋势，依托园区雄厚的基础性创新资源和产业基础，进一步巩固武汉光通信产业国内市场占有率第一的地位，积极扩大国际市场份额，积极促进产业链向上游关键技术、材料和核心器件延伸，建成国内一流、国际知名的光通信研发和产业化基地，进一步提升全球竞争力。

2）发展重点

光通信器件方面，重点发展四氯化硅、四氯化锗等基础材料的检测提纯技术，小型化、低成本、低功耗、远距离、高速率和热插拔的光模块，AWG、DWDM、FBG、PLC、拉曼放大器等具有较大的市场成长空间的光通信器件。

光纤光缆方面，重点发展光纤预制棒技术，单膜光纤外加套管技术，POF

塑料光纤以及特种光纤、大规模带状光缆、浅海光缆、塑料光缆、室内光缆以及OPGW光缆等特种光缆。

光传输系统设备方面,重点发展以光纤到户、软交换为重点的相关传输设备,高速长距离大容量传输技术、城域网和接入网网络设备、光纤到户(FTTH)设备等。

3)发展策略

支持烽火科技、长飞公司等龙头企业进一步突破核心技术,积极向上游发展光纤预制棒,向下游发展城域网和接入网网络设备,完善产业链,继续巩固现有光纤光缆、光通信系统和光电子器件方面的优势;推动区内龙头企业的改革步伐,建立有竞争力的激励机制,支持龙头企业进行光纤光缆市场整合,通过资产重组和项目整合,重点培植一批从事光通信产业领域上规模的企业集团,形成规模优势和对运营商的议价能力;充分利用国家优惠政策,积极支持企业争取国家部委、湖北省和武汉市对新产品的扶持政策,加大对光通信领域新产品研究开发的支持力度;营造光纤到户的良好环境,推动运营商与房地产开发商合作部署光纤到户,进一步推进园区企业参与城市示范工程;支持企业拓展非传统客户,发展金融、电力、交通等企业专用通信网络系统。

5.4.2 激光

激光产业起源于20世纪60年代初期激光器的发明,激光技术是20世纪与原子能、半导体及计算机齐名的四项重大发明之一。激光技术和产业在发展过程中,已经渗透到各行各业,形成了多种光源技术和应用系统。按照产业应用领域分,可以把激光应用系统分为光通信、光存储、激光加工装备、激光医疗设备、激光武器、激光标记、激光照排和印刷、激光测距、激光显示等。不管什么样的激光应用系统,激光器均是核心部件之一。

(1)激光与激光器

激光器作为激光产业的核心器件,包括工作介质、激励源和谐振腔三部分。对激光器有不同的分类方法。按工作介质的不同来分类,可以分为固体激光器、气体激光器、液体激光器和半导体激光器(见表5-2)。按激光输出方式的不同,又可分为连续激光器和脉冲激光器,其中脉冲激光的峰值功率可以非常大。另外,还可以按发光的频率和发光功率大小分类。

表 5 - 2　激光器分类

固体激光器	固体激光器具有器件小、坚固、使用方便、输出功率大的特点。这种激光器的工作介质是在作为基质材料的晶体或玻璃中均匀掺入少量激活离子,除了前面介绍用红宝石和玻璃外,常用的还有钇铝石榴石(YAG)晶体中掺入三价钕离子的激光器,它发射 1060nm 的近红外激光。固体激光器一般连续功率可达 100W 以上,脉冲峰值功率可达 10^9W。
气体激光器	气体激光器具有结构简单、造价低;操作方便;工作介质均匀,光束质量好;以及能长时间较稳定地连续工作的优点。这也是目前品种最多、应用广泛的一类激光器,占有市场达 60% 左右。其中,氦—氖激光器是最常用的一种。
半导体激光器	半导体激光器是以半导体材料作为工作介质的。目前较成熟的是砷化镓激光器,发射 840nm 的激光。另有掺铝的砷化镓、硫化铬硫化锌等激光器。激励方式有光泵浦、电激励等。这种激光器体积小、质量轻、寿命长、结构简单而坚固,特别适于在飞机、车辆、宇宙飞船上用。在 70 年代末期,由于光纤通讯和光盘技术的发展大大推动了半导体激光器的发展。
液体激光器	常用的是染料激光器,采用有机染料最为工作介质。大多数情况是把有机染料溶于溶剂中(乙醇、丙酮、水等)中使用,也有以蒸气状态工作的。利用不同染料可获得不同波长激光(在可见光范围)。染料激光器一般使用激光作泵浦源,例如常用的有氩离子激光器等。液体激光器工作原理比较复杂,输出波长连续可调,且具有覆盖面宽等优点,这使它也得到广泛的应用。

(2)激光产业链

激光产业链分为上、中、下游三部分,上游为材料及配套的元件、设备,中游为各种器件和配套设备,下游为应用产品、消费产品、仪器设备等环节和产品(见图 5 - 5)。

图 5 - 5　激光产业链

(3)国内外市场发展状况

20 世纪 80 年代以来,美国、日本、德国等发达国家为了在全球竞争中占据技术制高点,赢得主动权,实施了一系列的激光产业发展计划,有效推动了全球激光产业发展。全球的激光产业在 20 世纪 90 年代实现了高速增长,激光器市场的规模从 1990 年的 7 亿美元增长到 2000 年的 80 亿美元(包括半导体激光器),增长 10.4 倍。2001—2003 年间,受全球网络泡沫破灭的严重影响,激光器市场严重萎缩,2003 年的全球市场规模只有 49 亿美元,与 2000 年相比,下降 40%。2004 年以后,市场逐步复苏,到 2007 年,全球激光器销售收入达到 68.9 亿美元,2008 年约 74 亿美元(见图 5-6)。

（单位：亿美元）

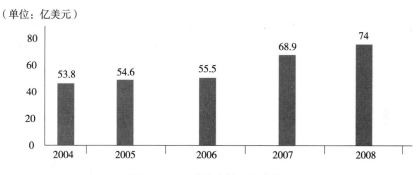

图 5-6　全球激光器市场容量

目前,激光技术已经广泛应用到光通信、光存储、材料加工、激光医疗、激光测距、激光武器等各个领域。2008 年,全球激光应用系统的销售收入约为 130 亿美元,其中激光材料加工 45 亿美元,激光医疗系统约 36 亿美元,激光仪器 27 亿美元。

全球最主要的激光器生产商是:美国相干公司(Coherent)、理波公司(Newport)、西盟公司(Cymer)和 IPG 公司。美国相干公司是全球最大的激光器制造商,产品涉及科学研究、医疗手术以及工业加工等多个领域,2008 年实现销售收入 5.9 亿美元。美国理波公司 2008 年实现销售收入 4.2 亿美元。美国西盟公司 2008 年的销售收入约为 4.8 亿美元。美国 IPG 公司是全球最大、技术水平最高的光纤激光器制造商,2007 年实现了 32% 的业绩增长,销售收入达 1.9 亿美元;2008 年销售收入仍保持高速增长,达到 2.3 亿美元。

全球最大的两家工业激光设备制造商是德国通快集团(Trumpf Group)和德国 Rofin-Sinar 公司。德国通快集团是世界上最大的工业激光设备制造商,高功率 CO_2 激光器和固体激光器制造技术在全球具有领先地位,2008 年销售收入约为 29 亿美元,其中激光产品以及与激光相关产品的收入约为 21 亿美元。德国 Rofin-Sinar 公司是全球仅次于 Trumpf 的工业激光设备制造商,在高

功率 CO_2 激光器、激光微加工系统、激光打标系统领域具有领先优势,2008 年激光产品销售收入达到了 5 亿美元。

美国 Lumenis 公司是世界上最大的医疗激光设备制造商,产品覆盖激光美容、激光眼科、外科激光医疗仪器等,2008 实现销售收入 4.1 亿美元。

我国激光产业增长较快,高于全球平均速度。2006 年,中国激光产品市场销售收入达到 55 亿元(见图 5-7)。在整个中国的激光产业中,激光材料加工发展势头强劲,所占的比例日益提高。2008 年,中国的激光应用系统销售收入约为 80 亿元,其中激光加工设备约 60 亿元,激光仪器约 10 亿元,激光医疗约 5 亿元。

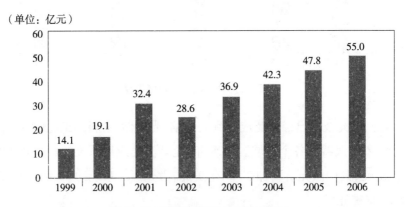

（单位：亿元）

图 5-7 我国激光器市场发展状况

深圳大族激光是亚洲最大的激光企业,在南京、武汉、天津、宁波、东莞等地建有生产基地。2008 年实现营业收入 17.2 亿元,同比增长 15%。由于受到金融危机的影响,在 2009 年上半年利润出现了较大幅度的下降。

华工科技是我国激光领域研发能力最强的企业之一,2008 年实现营业收入 12.1 亿元,其中激光器、激光加工设备及成套设备、激光全息综合防伪标识、激光全息综合等激光产品销售收入 8.2 亿元。

楚天激光下辖工业激光、医疗激光、激光加工三大产业集团,在北京、武汉、苏州、上海等地建有大型激光设备生产基地,2008 年销售收入约 4 亿元。

中国科学院长春光机所是我国第一台激光器的发明地,通过成果转化的方式,长春光机所成立了 10 多家企业,主要生产激光器、激光医疗、激光仪器、LED 显示等光电子产品,是我国规模最大、产量最多、品种最齐全、质量最好

的全固态激光器专业生产商。2008 年,长春光机所下属企业实现销售收入约
4 亿元,其中激光产品销售收入约 2 亿元。

(4)国内外激光产业发展格局

全球激光产业主要布局在美国、德国、日本以及中国。在中国经济高速发
展的带动下,中国已成为全球激光市场增长最快的国家。在技术方面,美国、
德国和日本代表了全球激光产业发展的最高水平,中国的激光技术发展迅速,
在诸多领域也达到世界先进水平。在世界激光市场上,美国在激光医疗及激
光检测方面占首位;在激光材料加工设备方面则是德国占首位;日本在光电子
技术方面占首位,美国占第二位(见表 5－3)。

表 5－3　世界激光产业布局

国家	优势领域	重点企业
美国	在激光医疗及激光检测方面,美国占首位,激光医疗设备不仅在美国获得广泛应用,而且大量出口。 在中、小功率激光器具备自己的优势。 美国是世界上建立激光加工站最早、也是最多的国家,现有激光加工站超过 4000 家。	激光公司相干公司、光谱物理公司、联合工艺(URTC)公司、PRC 公司、燃烧工程公司、Lumonics 公司、Synrad 公司、M arted Lasers 公司、Electrox 公司和 ESI 公司等。其中,相干公司是全球著名激光器制造商,产品涉及科学研究、医疗手术,以及工业加工等多个领域;美国 Lumenis 公司是世界上最大的医疗激光设备制造商,产品覆盖激光美容、激光眼科、外科激光医疗仪器等。
德国	是欧洲地区激光产业发展最快的国家。 激光材料加工方面世界领先,用于材料加工的高功率激光器也具备优势。 欧洲有 1000 余家激光加工站。	德国 Trumpf(通快公司)是全球知名的工业激光设备制造商,高功率 CO2 激光器和固体激光器制造技术在全球具有领先地位。 德国 Rofin 公司是仅次于 Trumpf 公司的工业激光设备制造商,在高功率 CO2 激光器、激光微加工系统、激光打标系统领域具有领先优势。
日本	在显示器、光存储、光通讯及硬拷贝等领域占世界主导地位。 激光加工设备及医疗设备则占比例较小。 小功率的半导体激光器则是日本占优势。 日本约有 3000 家激光加工站。	日本生产 CO2 激光加工机的主要制造厂商为三菱电气、松下电气、Amada 和 Mazak 等公司。 日本生产 YAG 激光器的有日本电气、富士电视、东芝等厂家。 德国 Rofin-Sinar 激光公司和日本 Marubeni 及 Nippei Toyama 公司合资经营。

我国激光产业主要集中在武汉、深圳、上海、北京和长春等地,武汉(东
湖)是我国激光产业发展的引领区(见表 5－4)。

表5－4　我国主要激光企业/机构布局情况

区域	单位	主要产品
（武汉地区）华中	武汉华工激光	激光器、激光加工和激光医疗设备
	武汉楚天激光	激光器、加光加工设备、激光加工站
	武汉金石凯激光	超大功率激光器、激光加工设备
	武汉大华激光	半导体泵浦固体激光器及加工设备
长三角	上海激光所	激光器、激光加工和激光医疗设备
	上海广机所	激光器、激光加工和激光医疗设备
	扬州5308厂	军用测距仪器
珠三角	深圳大族激光	打标机等专业激光加工设备
	广州粤铭激光	一般激光加工设备
北京	北京大恒激光	激光加工设备
	北京光电所	激光医疗和加工设备、激光检测设备
	信息产业部11所	激光加工机和军用测距仪器
其他	信息产业部27所	军用测距、激光检测
	722厂激光所	激光器、激光加工和医疗设备

（5）激光产品细分领域分析

激光技术主要应用于激光加工、光通信、激光测距、科研等领域。2007年,激光加工占据我国激光产品份额四成以上,且增长较快,是我国激光产业的重要方向。光通信、激光测距、激光器发展势头迅猛,2004—2007年平均增长率超过50%,应该重点关注;激光医疗、激光元器件出现了负增长。我国激光医疗产品主要集中在低端市场,高端市场主要是进口设备(见图5－8和表5－5)。从出口看,2006年中国激光产品7876万美元,主要为激光建筑测量仪器、激光器、激光晶体、非线性晶体、激光打标机、雕刻/小功率切割机等。

表5－5　2004—2006年我国激光产业销售收入(亿元)

产品分类	2004	2005	2006	2004—2006 增长率
光通信	6.2	8.1	17.8	69.6%
激光加工	15.0	18.2	25.0	29.0%
激光医疗	2.4	2.4	2.1	－5.4%
激光测距	3.9	5.0	9.7	57.6%
激光器	1.3	1.6	3.4	62.5%
激光元部件	5.8	4.8	3.7	－20.4%

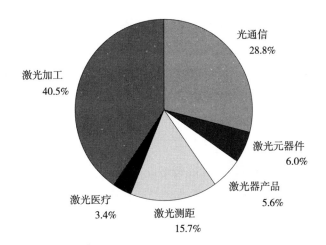

图 5-8　2007 年我国激光产业结构

（6）激光产业和技术发展趋势

从产业发展趋势看,国外激光产业采用器件制造→OEM→系统集成的基本模式,正朝着生产规模化、产品专业化、市场全球化的方向发展。例如:美国 CO_2 激光器,其轴流激光器由 PRC 公司生产,横流激光由 PNA 公司生产,射频激励连续中小功率激光器由 SYNRAD 公司生产,射频激励脉冲中小功率激光由 Coherent 生产,光纤激光器由 IPG 公司生产。

激光产业界并购重组盛行,激光产业"大者恒强"的局面不会在短时期内发生改变。全球激光并购的原因如下:一是专业化发展。如美国相干公司（Coherent）在 2001 年初将医疗激光集团出售给以色列 ESC/Sharplan 公司后,购买了几家从事工业激光产品制造的公司,专著于工业激光领域的技术研究和产品开发。ESC/Sharplan 与 Coherent 合并组成的 Lunlenis 公司,成为无与伦比的世界医疗激光领域中的"龙头"。二是拓展市场渠道。如华工激光收购澳洲公司,从 2005 年开始,借助澳洲公司遍及全球的营销网络,其生产的激光切割、等离子切割等多种类型的数控切割设备已经出口到美国、澳大利亚、新西兰、土耳其等多个国家和地区。三是获得高新技术支持。例如洛克希德·马丁公司为加强核心竞争力,兼并激光遥感系统供应商相干技术有限公司（Coherent Technologies）。

从技术发展趋势看,主要有三个方面的趋势:一是激光器技术开发向高功率、高光束质量、高可靠性、高智能化和低成本方向发展。二是激光器研究向固态化方向发展,半导体激光器、半导体泵浦固体激光器和光纤激光器成为激光器发展方向的代表。三是激光技术与众多新兴学科相结合,新应用领域不断开拓,特别是精密和微细加工领域的应用是激光加工的重点应用方向,在高度精密加工的场合得到进一步推广和应用,如电子、半导体、通讯、光存储、医疗仪器、微机械制造、生物、环境等行业。同时,激光技术与众多新兴学科相结合,更加贴近人们的日常生活。

(7)发展目标、重点领域与发展策略

1)发展目标

以激光器研发和生产为核心,积极推进以原始创新为核心的自主创新,建设国际领先水平的激光技术创新体系;进一步开拓激光材料加工、激光医疗、激光元器件以及相应的应用软件等激光应用市场,形成完整的激光产业链;支持华工科技、楚天激光等龙头企业做大做强,支持激光企业的并购、重组和国际合作,培育具有全球影响力的激光企业集团;建成国内规模最大、具备全球竞争力的激光产业基地。

2)发展重点

重点发展激光上游关键性材料、元部件和半导体激光器、半导体泵浦激光器和固体激光器等,大力发展激光加工工业系统、激光生物医学仪器及成套医疗设备、激光通信应用系统、激光测量仪器等;激光打标软件、激光切割软件、激光打孔软件、激光器设计软件、激光加工光路设计软件,激光电源、声光电源、电光电源、激光制冷系统,激光加工集成控制系统等。

积极发展 CMOS 图像传感器件、光电测距仪、非制冷焦平面热成像系统、远距离红外线监控系统、车船载取证系统、激光陀螺、光电瞄准器、激光雷达、工艺设备和测试仪器等产品。

大力开发卫星云图和气象图红外相机、各类夜视仪、家庭安全用红外移动探测器、工业辐射的实时测量、工业加工的在线控制及全球环境监测产品等。

3)发展策略

以激光器研发和生产为核心,以占领国际激光产业制高点为目标,重点促进激光产业的原始创新,积极加强技术消化吸引再创新,推动激光企业与下游企业的合作,促进下游行业应用产品发展;充分发挥激光行业学会/协会的作用,积极搭建产学研之间的技术创新与交流平台,促进企业、大学和院所之间积极开展技术交流、项目合作、市场开发等；积极支持企业之间的并购重组，或以产业联盟的方式，整合激光产业资源，培育优势龙头企业，通过龙头企业打造区域激光产业链，提升激光产业整体竞争力；推动激光产业国际化发展，引进一批国际高精尖水平的激光产业项目，加强与国外大企业的技术对接；依托价格优势，积极推动企业通过并购、设立分支机构等方式拓展国际市场，特别是东南亚、南亚和西亚等地市场。

5.4.3　移动通信

一般认为，现代移动通信的发展始于 20 世纪 20 年代，当时美国首先在短波几个频段上开发出专用移动通信系统，主要应用于公安、消防等特种部门，其代表是美国底特律市警察使用的车载无线电系统。二战以后，公用移动通信业务开始问世，1946 年摩托罗拉发明了汽车电话，移动通信网络开始由专用移动网向公用移动网发展。这些早期的移动通信技术主要在少数特殊人群中使用，且体积大，重量重（汽车电话在上个世纪 70 年代，重量仍然有 10 千克以上），携带不便，人们一直盼望有更小巧更方便适合大众使用的个人移动电话。

直到 1973 年，摩托罗拉公司的工程师马丁·库帕发明了手机，个人移动电话的梦想开始逐步变成现实。从 1973 年手机注册专利，一直到 1985 年，才诞生出第一台现代意义上的、真正可以移动的电话。它是将电源和天线放置在一个盒子中，重量达 3 公斤，携带不方便，使用者要像背包那样背着它行走，所以就被叫做"肩背电话"。与现在形状接近的手机，诞生于 1987 年。与"肩背电话"相比，它轻巧得多，容易携带。尽管如此，其重量仍有大约 750 克，与今天仅重 60 克左右的手机相比，像一块大砖头。

手机自 1985 年商用以来，技术进步迅速，除了当初最基本的通话功能外，现在还可以用来收发邮件和短消息，以及上网、玩游戏、播放音乐、拍照、看电影、看电视等等，目前的手机已经集成了移动消费电子产品的大多数功能。手机技术自产生以来，其发展经历了三代。第一代模拟手机就是靠频率的不同来区别不同用户的不同手机。第二代手机———GSM 系统则是靠极其微小的时差来区分用户。到了今天，频率资源已明显不足，手机用户也呈几何级数迅速增长。于是，更新的、靠编码的不同来区别不同手机的 3G 技术应运而生。应用这种技术的手机不但具有更高的通话质量和保密性,还能减少辐射,可称得上是"绿色手机"。截止 2008 年底,全球的手机用户数量达到 41 亿人,手机普及率达到 61.1%。

我国的移动通信产业起步于 20 世纪 80 年代。1987 年,我国第一个TACS 模拟蜂窝移动电话系统在广东省建成并投入商用,1989 年广东省珠江三角洲地区首先实现了移动电话自动漫游。在此之前的 1983 年,国内第一个寻呼台在上海诞生。1994 年,我国第一个省级数字移动通信网在广东省开通。2009 年,我国正式发放 3G 牌照,3G 正式进入商用。我国从 1987 年开通移动电话业务以来,移动通信行业经历了跳跃式前进,1997 年用户达到 1000万户;2009 年 1 月,我国的手机用户数量达到 6.27 亿,成为全球移动电话用户最多的国家。20 多年来,中国移动通信产业从无到有、从小到大,成为国民经济的基础产业和先导产业,为国家经济建设和社会发展提供了有力支撑。

(1)移动通信产业与产业链

移动通信是移动体之间的通信,或移动体与固定体之间的通信。移动通信系统由两部分组成:(1)空间系统;(2)地面系统。基于移动通信技术的一系列开发、生产、运营、营销和专业服务等环节构成了移动通信产业。

移动通信产业由移动通信系统、移动通信终端、移动数据产业、WLAN 通信产业等 4 个相对独立的产业链组成(见图 5-9)。

(2)移动通信产业特征

移动通信产业具有以下五个方面的特点:

一是市场广阔、产业规模巨大。移动通信除了能够提供便捷的通话服务外,还能够提供内容丰富的增值服务,满足客户的多方面的需求,市场广阔、产业规模巨大。

二是产业带动效应明显。移动通信产业不仅会极大的带动电信行业,还能带动其它各相关行业的发展。移动通信产业属于高度综合的产业门类,产业链条长,产业关联度大,产业带动效应明显。直接受益的行业有:手机制造、芯片制造、系统设备制造等。

三是大企业、运营商主导产业结构。移动通信产业是大企业、运营商主导的产业,产业的发展以龙头企业为主导。

四是技术、资金密集,高投入、高回报。技术创新移动通信产业发展中起

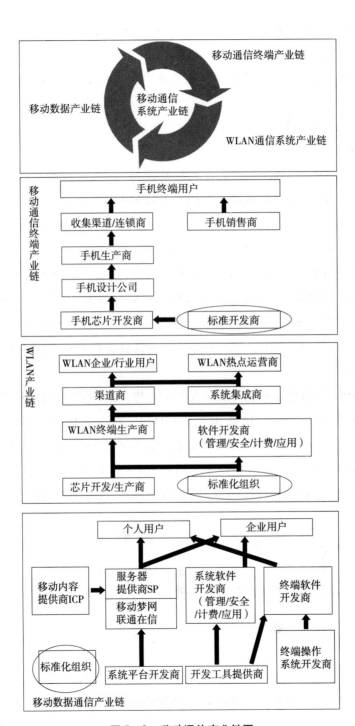

图 5－9　移动通信产业链图

着重要的推动作用,资金的投入也非常巨大。与其他高新技术产业相类似,移动通信产业也存在明显的高投入、高回报的特征。

五是移动通信产业的发展受国家政策影响巨大,国家在促进产业发展上可以发挥很关键的作用。

(3)国际移动通信设备技术现状与发展趋势

1)3G 技术

3G 是全球移动通信领域的主要发展趋势,三种标准(WCDMA、CDMA2000 和 TD—SCDMA)在技术上均有不同程度的突破,3G 产品逐渐成熟。EDGE(Enhanced Data rate for GSM Evolution,改进数据率 GSM 服务,也称2.75G 移动通信技术)也逐渐迈出商用化的步伐。

CDMA 2000 1x 在日本、韩国发展比较成功,这在一定程度上加速了 CDMA 网络由 CDMA2000 1x 向 CDMA 2000 1xEV—DO 和 1xEV—DV 演进的步伐。从两大移动通信标准体系竞争的角度来看,在 WCDMA 没有大规模商用的情况下,只有 EDGE 技术能够使 GSM 运营商具备和 CDMA 2000 1x 运营商抗衡的能力。

WCDMA 在数据业务速度上一直处于劣势,为了适应人们对移动数据业务快速增长的需求,WCDMA 推出了 HSDPA(High Speed Downlink Package Access,高速下行链路分组接入)技术,可使数据业务速率达到 13.9Mbit/s,与EDGE、CDMA20001x EV—DO 技术不同,HSDPA 技术还可以支持语音与数据业务的并发,成为当前业界最受关注的 3G 高端技术(见图 5‑10)。

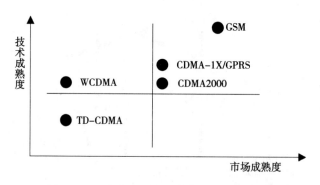

图 5‑10　移动通信技术发展阶段(2008 年)

由我国大唐电信提出的 TD—SCDMA 标准进一步成熟和完善。芯片和终端瓶颈取得突破,TD—SCDMA 产业联盟企业已经研发出从系统—终端—芯片—天线在内的全系统设备。

2）WLAN 技术

随着网络通信市场的成熟,无线技术获得了充分的发展空间。而在技术的逐渐成熟和应用领域进一步细分的基础上,各种无线技术将在自身优势基础上得到更好的发展。WiMax、WLAN 等主流无线技术得到各方面的重视。

基于 WLAN 的各类新应用如提供话音业务的 Wi—Fi 电话已走向市场,但目前产品价格还偏高。公众 WLAN 需要面临远比企业级和个人用户复杂得多的诸多问题,如安全问题、运营维护、可管理性、漫游等。安全问题在很大程度上会制约 WLAN 的应用和发展,802.11b 采用的安全协议 WEP 存在安全漏洞。具备移动性的 WLAN 标准 802.16e 也在制订中,下一步还会推出无线广域网 802.20 技术。

专栏 5—1 移动（无线）通信技术比较

Wi—Fi、WiMax 和 3G 三种技术,从技术标准角度来比较,它们有相似的,大部分是不同的,从技术参数和性能上对它们进行了比较。

技术名称	Wi—Fi	WiMax	3G （以 WCDMA 为例）
多址方式	MAC 地址识别	OFDM/FDD TDD	CDMA/FDD
通信机制	IP	IP	电路交换或 IP
数据速率	11Mbps	15Mbps	2Mbps
频宽	固定 20MHz	1.5M—5M	5M
语音能力	差	差	强
移动性	低速	中速 120km/h	高速 500km/h
QoS	不支持	固定和承诺带宽	4 类
终端	智能终端设备,PC 卡等	智能终端设备,PC 卡等	手机,PDA,PC 卡等
成熟度	较好	标准未定	很好

WiMax 对比 Wi—Fi

从网络架构上看,Wi—Fi 可以作为以太网在无线领域的延伸,其拓扑结构相对简单,有着"无线版本以太网"的美称。Wi—Fi 覆盖范围较小,决定了只能主要用于室内办公,而 WiMax 覆盖范围能够在室外进行大面积组网,达到室外空间的网络覆盖,可以为无线城域网使用。Wi—Fi 可以作为 WiMax 的网络补充,特别是已经建成的 Wi—Fi 仍然会得到很好的利用。

虽然 Wi—Fi 是 WiMax 的发展,但从建网费用看,Wi—Fi 建网费用低,而 WiMax 投入成本还相当的高,有专家估计如果建成覆盖全国的网络,每用户成本相当于 3000 美元。所以在相当长时期内,Wi—Fi 不会被 WiMax 取代。

由于 Wi—Fi 技术传播距离的局限性,它可能只是作为其它无线技术组网的补充,而且无法成为主导的无线组网技术,它在很多方面具备的优势还无法被其它技术完全替代,它在一定情况下还会长期使用。

WiMax 作为一种无线城域网技术,它可以将 Wi—Fi 热点连接到互联网,也可作为 DSL 等有线接入方式的无线扩展,实现最后一公里的宽带接入,但它的规模化应用仍存在很多难点问题有待解决,首先其标准尚未统一,不同厂家都有自己的一些特殊协议与接口。其次互联互通方面还有待解决,各个 WiMax 的源采取什么方式连接,是否采用蜂窝式结构等。

WiMax 对比 3G

3G 技术,相对前两种技术,提出更早,很多国内外厂家都已投入相当多的人力和技术,产品也达到了商用的标准。它和现有的 GSM、CDMA 网络有着很强的互操作性,目前,很多国内外设备制造商,都对该类技术进行相当多资金的投入,特别是由我国提出的 TD—SCDMA 技术,从研发到能够商用进行了很多人力物力的投资。

3G 的最高 2M 带宽可能会无法满足用户对带宽的更进一步要求,虽然其 HSDPA 技术可以提供到 10M 的速率,但是和 WiMax 的 70M 速率还是有差距的,所以在一些对带宽需求强烈的地区 WiMax 将得到更好的使用,在一些对带宽不敏感的地区,目前的 3G 已经能满足需求,就不需要建设 WiMax 网络了,以提高投资效益。

WiMax 使用频段在 10GHz 和 66GHz 范围内,3G 使用频段在 2000Hz 左右,由 ITU 制定的相应制式和标准。看出 WiMax 技术应用了 IEEE 的标准,而 3G 是 ITU 制定的标准,IEEE 从 IP 的角度来规范技术参数和应用,而 ITU 是从传统的电信技术角度来规范制式。从技术标准看,3G 从商业运营的角度,在已经成熟的 2G 技术基础上,而且考虑了 2G 的不足和短处,从技术上进行了很多创新和改进,提供了新的合理的和可操作的商业模式,为用户提供更周到的服务。WiMax 只是从技术角度考虑,还没有完善合理的可运营的商业模式,要让其成为无线技术的主角,还有待时日。

综上所述,Wi—Fi、WiMax 和 3G 这三种技术,确实有很多重叠的功能,但它们可能更多是一个互补的关系,因为它们分别针对的是局域网、城域网和广域网,具有不同的市场定位。尤其是 3G 已经取得了实质性的进展,运营商、设备制造商都进行了大量投入,不可能期望已经在 3G 进行大量投资的运营商会放弃 3G 技术。一种技术的成熟发展要受到很多因素的制约,以后的移动通信更可能是多种技术共存的局面,也更能为用户提供合理和先进的通信服务。

(4)国内外移动通信产业概况

1)全球电信制造业概况

a. 全球电信设备产业概况

2004 年以来,全球电信设备业走出了 2000 年的网络泡沫危机,进入稳定增长阶段。根据 Dell'Oro、Infonetics Research 等专业调查机构的调查,2008 年,受到中国、印度等市场的驱动,全球电信设备(包括数据通信网络设备)的市场规模达到 1960 亿美元,增长 4.5%;其中无线通信设备的市场规模约为 600 亿美元。受金融危机的影响,2009 年预计增长率在 1% 以下。

据全球主要电信设备制造商公布的年报等资料,2008 年,思科以 395 亿美元的销售收入居全球电信与数据通信网络设备业的龙头地位,市场份额约占全球市场的 20%,在全球的企业数据通信设备市场更是独占 46% 的份额,而在电信设备市场位居第四,市场份额为 8%。

爱立信以 255 亿美元的销售收入居全球第二。爱立信是全球电信设备市场的最大供应商,但是在企业数据通信领域缺乏建树,这将制约公司未来的发展潜力。

阿尔卡特—朗讯以 237 亿美元的收入居全球第三位,其中电信设备市场仅次于爱立信,居全球第二位;企业数据通信设备市场仅次于思科,但市场份额仅为 5%,居全球第二位。

诺基亚西门子以 195 亿美元的销售收入居全球第四位,其中电信市场设备居全球第三,基本上没有企业数据通信业务。

华为以 183.3 亿美元(1250 亿人民币)的销售收入居全球第五位,其中华为的光传输居全球第二,GSM/WCDMA、CDMA、ADSL 等领域已经进入行业前 5 位。2009 年,华为有可能超越诺基亚西门子。

已经申请破产的北电网络在 2008 年市场份额进一步下滑,但仍以 104 亿美元的销售收入居全球第六位。中国的中兴通讯以 64.9 亿美元(443 亿人民币)的收入居全球第七位;摩托罗拉排名第八,网络设备销售收入约为 50 亿美元。

2008 年,全球电信设备市场份额在 1%—2% 之间的企业数量近 10 家,收入多半在 15—50 亿美元,许多企业仅为本土或局部区域市场提供产品和业务,具有很明显的区域优势;相对而言,企业设备市场比电信设备市场更加分散,未来一段时间将在企业数据设备市场出现更多的兼并重组。

从未来发展趋势看,全球电信设备企业将进一步洗牌,我国的华为、中兴在全球的排名将进一步提升,进一步撼动世界电信制造业格局,欧美的电信设备巨头的竞争力将相对下降。

b. 全球移动终端(手机)市场概况

从全球看,根据调研机构 ABI Research 在 2009 年 1 月公布的最新统计结果,2008 年全球手机销量为 12.1 亿部,增长率为 5.4%,但相比上年同期 16% 的增长率,2008 年的手机市场并不理想。欧盟各国、美国、日韩等移动通信发达国家手机用户已趋于饱和,但印度、巴西、俄罗斯及非洲、拉美、东欧等多数国家的移动通信市场进入高速发展时期,这些新兴市场对照相、音乐、智能等功能丰富的 2G 手机需求强烈,新兴市场已经成为全球手机销售的新支柱。

从销售收入看,2008 年全球手机销售总收入约为 1500 亿美元。在 2008 年的全球的手机市场中,诺基亚继续保持了霸主地位,销售收入达到 707 亿美元,其市场份额也比前年有所增长,达到了 38.6%。三星是 2008 年手机市场最大的赢家,其市场份额上涨了2.7%达到16.2%,是仅次于诺基亚的第二大手机厂商,手机销售收入约为250亿美元。LG全球市场份额上升1.5%,与摩托罗拉持平,达到8.3%。而摩托罗拉在2008年手机市场损失最惨重的了,销售量大幅度下降,深入亏损泥潭,2008年全年,摩托罗拉总收入301.46亿美元,净亏损41.63亿美元(见表5-6)。

表5-6　2008年十大手机厂商排名

排名	公司名称	市场占有率
1	诺基亚	38.6%
2	三星	16.2%
3	LG	8.3%
4	摩托罗拉	8.3%
5	索尼爱立信	8.0%
6	RIM	1.9%
7	Kyocera	1.4%
8	苹果 iPhone	1.1%
9	宏达电	1.1%
10	夏普	1.0%
	其它	14.1%

资料来源:ABI Research,2009年1月。

目前,手机已经集成了越来越多的功能,如照相机、MP3/MP4播放器、蓝牙、存储卡等等,而随着半导体技术的不断进步,这种趋势在未来将愈演愈烈(见图5-11)。根据In—Stat等专业机构的预测,在今后五年,手机将集成三大新兴功能:手机电视、Wi—Fi和GPS。

手机电视在日本、韩国发展较好;在欧洲,由于受电视节目版权保护、能够支持基于广播网手机电视业务的终端少等多方面因素影响,手机电视发展并不顺利;在中国,受标准、终端、网络、内容、资费等因素的制约,运营商发展手机电视业务积极性较低。但从发展趋势看,手机电视可能成为今后的一个增长点。根据有关专业机构的分析,由于欧盟、日韩等高度重视手机电视、特别是基于广播网的手机电视的发展,预计到2011年全球手机电视市场将达到70—200亿欧元的市场规模,全球共产生2—5亿用户。

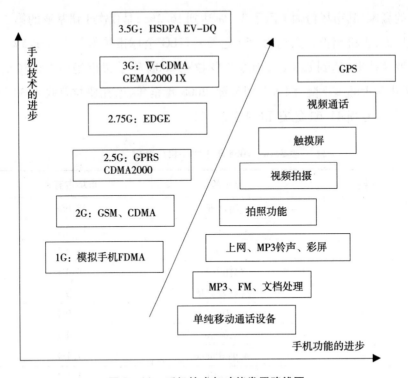

图 5-11 手机技术与功能发展路线图

Wi—Fi 技术则可能重新定义手机功用,使手机变成一个真正的互联网终端,从而允许将更多互联网应用带给手机用户。随着越来越多的主流厂商介入 Wi—Fi 手机市场,根据 In—Stat 分析,全球 Wi—Fi 手机市场在 2007 年出货量约为 1100 万台,今后 5 年将保持 20% 以上的速度增长。

GPS 技术通过与手机融合走向大众市场。通过集成 GPS 功能和地图软件,手机可以为用户提供基于位置的服务。手机和 GPS 的结合,会很快促进 GPS 功能的普及,使 GPS 走向大众化市场。In—Stat 预测到 2010 年将有超过 4 亿部手机带有 GPS 功能。

2)中国的移动通信市场概况

2008 年底,中国移动电话用户数大约为 6 亿户,通信设备制造业主营业务收入达到 6000 亿元。我国移动通信制造业的 90% 以上集中在深圳、环渤海、长三角地区,占全国的 90% 以上;中西部地区的移动通信制造业规模较小,占全国的份额不到 10%。

a. 移动通信设备

移动通信设备方面,2008 年中国市场规模达到 410 亿元。中国移动通信集团公司在 GSM 网络上的投资依然不减,全年设备采购额超过 200 亿元,全年新增载频数量超过 100 万部;中国联通集团公司加大 GSM 网络建设力度,全年 GSM 设备采购额超过 100 亿元;中国电信的 CDMA 设备全年采购额也超过了 100 亿元,其中 60 亿元用于采购 C 网主设备。

厂商竞争格局方面,GSM 领域依然是爱立信、华为、诺基亚—西门子、阿尔卡特—朗讯、中兴等五家最为强势,市场份额超过 90%。烽火科技、大唐电信等占据的份额较小,烽火科技主要提供光传输设备。在 CDMA 主设备市场,中兴继续独占鳌头,阿尔卡特—朗讯、华为紧随其后。纵观 2008 年的移动通信设备市场,市场格局没有大的变化,厂商的利润也仍维持在较低的水平,每载频均价在 2.2 ~ 2.3 万元之间。电信运营商适当增加了服务费和集成费用用来补偿厂商的利润损失。

b. 手机

2008 年中国的手机产量 5.8 亿部,占全球手机产量的半壁江山,但增长幅度比过去几年有放缓的趋势。其中内销占了 2 亿部,外销则占 3.8 亿部。整个手机产业的销售收入约为 5000 亿元,其中深圳、天津的手机产业销售收入均突破 1000 亿元。

2008 年,国内的手机产量 70% 以上集中在诺基亚、三星、摩托罗拉、LG 电子及索尼爱立信(Sony Ericsson)等 5 大手机品牌,其中三星、LG 与索尼爱立信都有明显增长,但摩托罗拉则出现衰退。国内品牌手机中,华为与中兴的产量大幅提升,尤其是华为增长了将近 5 倍,使得国际大厂所占比重反而减少了 7—8 个百分点。

国内的手机生产主要集中在深圳(产量约 2 亿部,其中 1 亿多部的产量为山寨机)、环渤海(诺基亚、三星、摩托罗拉等公司的生产基地主要在天津、北京)和长三角(包括杭州的摩托罗拉基地、宁波波导等)。

(5)3G 通信发展前景

目前,全球 3G 时代已经来临,正在带动除电信行业外的其它各相关行业高速发展。据工业和信息化部 2009 年初的预测,随着第三代移动通信(3G)技术的成熟和商用、手机智能化、网络化和增值服务水平的提高等,预计中国

3G 用户将在 2009 年下半年呈现快速增长,这也将带动 3G 手机销量的大幅提高。预测中国移动、中国联通、中国电信三大运营商 2009—2011 年 3G 投资分别为 1300 亿元、1000 亿元和 700 亿元,三年 3G 总投资额为 3000 亿元。但不排除各大运营商积极响应政府拉动内需的部署以及竞争的需要,2009 年投资步伐比预期的更快一些。这些都为手机业发展带来新的机遇。智能化、个人化、媒体化、宽带化将是中国手机未来一段时间的发展方向,其中,具有高像素、智能操作系统、触摸屏、GPS 等四项功能的手机有望成为"消费者新宠"。

我国在 TD—SCDMA 标准领域具有自主知识产权,形成了以大唐为龙头,众多国际厂商支持的 TD—SCDMA 标准联盟。TD—SCDMA 已成为业界公认的成长速度最快的国际 3G 标准,该标准受到各大主要电信设备厂商的重视,全球一半以上的设备厂商都宣布可以支持 TD—SCDMA 标准。如今,西门子、中兴、华为等厂商已组成了 TD—SCDMA 产业联盟(见图 5–12)。

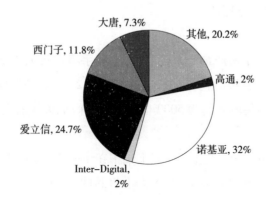

图 5–12　TD—SCDMA 标准专利分布

(6)WiMax 发展总体情况

WiMax(Worldwide Interoperability for Microwave Ac-cess,全球微波接入互操作性)是一项新兴的无线通信技术,能提供面向互联网的高速连接。目前 802.16 包括两个主流空中接口标准:802.16d 和 802.16e,分别为固定和移动设计。

WiMax 产业链已初具规模,包括芯片制造商、设备制造商、运营商、相关论坛以及研究组织等,从标准制定到核心网络构建、接入网设备研发以及终端芯片制造乃至测试仪器仪表等,各环节多厂商合作开发环境已初步形成。同时,WiMax 技术标准逐步成熟之后,作为 WiMax 应用基础的芯片的研发和生产也加快了步伐。目前主要的 WiMax 芯片制造商有 Intel、Fujitsu 微电子、Wavesat、Sequans 和 Beceem 等公司。Intel 和 Fujitsu 微电子等公司所开发的用于固定通信的 WiMax 芯片已经开始供货,面向移动用途的 WiMax 芯片组则由位于美国硅谷的 Beceem 公司开发成功,已向部分厂商供应样品。

WiMax 网络的投资和建设需要足够的资源,需要电信运营商或政府部门作为首要的网络建设和运营者。因此,用于大范围城域覆盖的 WiMax 系统将需要运营支撑系统与之配合使用。目前,加入 WiMax 论坛的电信运营商有100 多个,包括 AT&T、Sprint、英国电信、法国电信、德国电信、Varizon 等。在中国,暂时未有运营商加入 WiMax 论坛,但中国电信、中国移动、中国联通、中国网通几大运营商一直对 WiMax 保持着关注,并在不同程度组织了对WiMax802.16d 设备的测试和试商用,为 WiMax 在中国的市场应用打下了基础。

WiMax 技术实现了数据分组化、接入宽带化、终端移动化这三大发展方向的统一,因此自成立之初就在其技术定位上受到了极大的重视。基于802.16e 标准已逐步修改完善并成为主导趋势,同时 802.16j 技术架构标准(MMR,MobileMulti-hopRelay)的确立又大大增强了移动 WiMax 的网络布署优势,WiMax 逐渐向完全移动发展。

继固定 WiMax 正式商用之后,WiMax 整个行业的重点放在了移动 WiMax技术上,移动设备商的天平开始逐渐向移动 WiMax 倾斜。全球的大型电信设备厂家更加倾向于研发 802.16e 设备,尤其是中兴、华为等公司已经基本放弃了原来研发固定 WiMax 设备的计划,三星等在移动 WiMax 领域投入较早的设备商已经开始提供基于 802.16e 的系统和终端,摩托罗拉、北电等公司也开始大力投入在移动 WiMax 方面的研发力量。随着 WiMax 的频率资源得到解决、认证设备的范围继续扩大,其他国际设备商的力量将逐渐凸现出来。WiMax终端设备将从 PCMCIA 卡逐渐向笔记本、手机和 PDA 发展。

世界范围内掀起了一轮飞速发展和传播 WiMax 的热潮。而在中国市场,随着3G 牌照的发放,近几年 WiMax 在中国将可能很难有较大规模发展。

(7)发展目标、重点领域和发展策略

1)发展目标

抓住移动通信产业技术升级的机遇,以终端设备生产为基础,大力发展3G、移动 WiMax 等新兴技术与产业,打造较为完整的移动通信产业链,发展成为具有国际竞争力的移动通信产业基地。

2)发展重点

重点发展移动终端设备及电子元器件、电池、模具相关配套产品,手机设计、测试及相关软件,3G 通信系统设备及天馈系统、检测设备等配套产品,移动 WiMax 技术、系统及终端产品。

3)发展策略

鼓励行业企业进行开放式创新,促进企业成立或参加相关的产业和技术联盟,发挥联合技术攻关、联合实现产业化、联合开拓市场等方面的作用;依托产业联盟促进产业链融合,促进企业间交流与协作打造更为成熟和完整的产业链协调发展方向,减少同质竞争;针对移动通信是大企业主导的产业特点,以龙头企业、核心技术为核心,以技术研发的形式支持有实力的中小型企业积极进入龙头企业的产业链;支持龙头企业开展技术创新、参与制定行业标准,保持提升东湖高新区在我国移动通信产业的话语权,提高国际竞争力;鼓励龙头企业、大学、科研院所联合培养面向产业发展的技术人才。

5.4.4　集成电路

(1)集成电路概念、分类和产业链

集成电路产业是指芯片的设计、制造、封装测试以及相关的材料、设备等集成电路支撑业。集成电路产品可按照不同的标准分类。按照技术领域,集成电路产品可以分为存储器、微型组件、逻辑 IC 和模拟 IC 等四大类,每一类又可细分成若干小类,每一种产品都广泛应用在各种电子产品中(见图 5 - 13)。按照应用领域,集成电路产品可以分为计算机类、消费电子类、网络通信类、汽车电子类、IC 卡和工业控制等六大类(见图 5 - 14)。

集成电路产业链分为上、中和下三部分,上游指材料、设备、IP 供应等,中游包括设计、制造、封装和测试等,下游则指在各种电子产品中的应用(见图 5 - 15)。

(2)IC 产业特点与发展趋势

IC 产业发展主要有三个特点:一是集成电路产业发展呈现周期性波动,

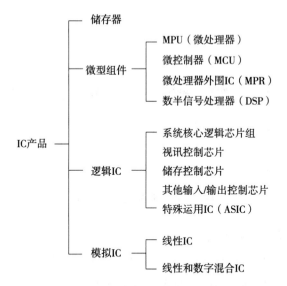

图5-13 IC产品分类（以技术分类）

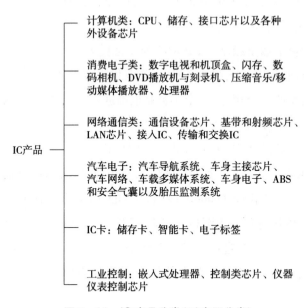

图5-14 IC产品分类（以应用分类）

由于IC技术和工艺更新速度很快,生产和需求不平稳,约4—6年会出现一次波动,产业界称之为"硅周期"。二是技术进步呈加速趋势,该产业40年多以来一直遵循摩尔定律,即平均每两年集成度翻一番,成本降低一半。集成电路是技术密集型产业,尤其是上游的设计环节,技术和工艺性要求很高,国际上

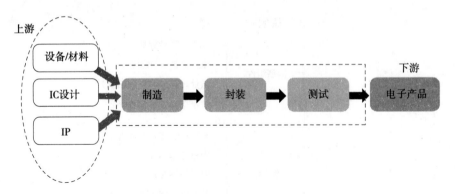

图 5 - 15　集成电路产业链

大的设计公司通常都拥有几千项专利,进入壁垒较高。封装测试业不仅具有技术密集、资金密集的特点,也是劳动密集型产业。三是大企业主导。从市场来看,世界十大半导体厂商的总收入约占全球半导体市场的一半;从产业价值链来看,大部分环节(如设备、芯片设计、制造、封装测试等)都有大型企业占据主导地位;集成电路制造、封装测试投入巨大,通常 6 英寸、8 英寸、12 英寸生产线投资规模呈数量级增长,分别约为 2 亿美元、10 亿美元和 20 亿美元。在技术研发方面,先进工艺和技术研发、产业化所需资金巨大,国际 IC 工艺和技术研发以大型跨国公司为主,中小企业很难进入。资金投入、规模经济和技术密集形成了集成电路产业的高进入壁垒。

全球集成电路产业中,IC 企业正由纵向模式向横向模式转变。传统的 IC 企业一直是 IDM 模式(整合型半导体厂),即企业从事设计、制造、封装、测试等各个环节。近年来由于 Foundry 线(代工)的兴起,垂直化分工的趋势日益明显,IC 设计、测试等环节逐渐独立出来,产生了大量的专业设计公司和测试公司,全球半导体产业普遍走向设计与制造分立的 Foundry(代工) + Fabless(无厂房设计)模式。目前只有少数传统巨头如 Intel、AMD 等仍采用 IDM 模式。

设计业成为世界集成电路产业的重要增长点,制造、封装测试等不断向发展中国家转移。从全球集成电路产业发展的方向和趋势来看,集成电路设计公司大量增加,设计业的比重在逐步加大,成为重要增长点,1990—2000 年的 10 年间,美国集成电路设计公司增加了将近 10 倍,总产值增加了 125 倍,营业收入的年增长率是整个集成电路产业增长率的 3 倍。发达国家不断把 6 英寸以下的生产线以及封装测试业向发展中国家转移。20 世纪 80 年代初从美国向日本转移,90 年代从日本向韩国转移,现在又加速向中国转移。

(3)IC 产业发展前景

IC 产业是电子信息产业的基础性行业,技术含量高,带动力强,具有良好的成长性和发展前景。首先,IC 是电子信息产业的核心环节,带动性强,1 美元的 IC 产出、带动 18 美元电子产品收入、产生 180 美元的 GDP。其次,IC 产业规模大,2011 年全球市场规模可达 3000 亿美元左右,国内市场可达到万亿元的规模。三是 IC 产业具有良好的成长性,过去 5 年,国内市场的产销量年均增速在 30% 以上,是全球增长速度的 3 倍左右,未来仍将保持 20% 的高速成长;下游的消费电子、网络通讯领域发展迅猛,计算机和工业设备需求平稳增长。

(4)全球 IC 产业概况

综合 Gartner、SIA 等机构调查,由于受金融危机的影响,芯片业市场从 2008 年第四季度开始出现负增长,2008 年全球的芯片市场营收约为 2750 亿美元,与 2007 年基本持平,2009 年销售收入预计同比下降 2%—5%,且不会在 2010 年之前出现反弹。

全球的集成电路产业集中在美国、日本、韩国、台湾等国家和地区。随着集成电路产业代工的转移,中国正成为全球的主要代工基地。据 IC Insights 发表的数据显示,2008 年全球 20 大半导体厂商中,有 7 家美国公司、7 家日本公司、2 家韩国公司、2 家台湾公司、2 家欧盟公司。全球主要集成电路厂商的排行、销售收入见表 5-7。

表 5-7　2008 年全球集成电路企业排行

单位:亿美元

排名	公司名称	IC 销售收入
1	英特尔	345
2	三星公司	203
3	德州仪器	111
4	台积电	106
5	东芝公司	104
6	意法半导体(ST)	103

排名	公司名称	IC 销售收入
7	瑞萨科技	70.2
8	高通公司	64.8
9	索尼公司	64.2
10	海力士	61.8
11	英飞凌	59
12	AMD	58.1
13	NEC	57.3
14	美光	56.7
15	NXP	53.2
16	飞斯卡尔	49.6
17	富士通	45.4
18	博通(Broadcom)	45.1
19	松下	42.2
20	nVidia	36.6

(5)我国 IC 产业发展和布局

1)中国的集成电路市场

中国是全球最大的 PC、彩电、手机、电信设备等电子信息产品生产国,是全球最大的 IC 市场需求。2000 年以来,中国 IC 市场增速是全球平均速度的 10 倍左右,中国 IC 市场占全球比例从 2000 年的 6% 增长到 2005 年的 21%,2008 年占全球市场需求的 32%。由于受金融危机的影响,2008 年全国市场销售额为 5973 亿元(包括进口,折合 870 亿美元),同比增长 6.2%,这是中国集成电路市场首次出现个位数增长。根据专业机构预测,2009 年中国的集成电路市场增幅将进一步下降,为 3.2%,市场规模为 6164 亿元;2010 年增速将提高,达到 9.6%,市场规模为 6756 亿元;2011 年增速为 10.8%,市场规模为 7485 亿元。但是,我国 IC 产品市场自给率较低,需要大量进口。

根据中国半导体行业协会 2009 年 2 月发布的报告,2008 年,中国集成电路市场上前 10 名的厂商没有改变。从份额来看,英特尔依然是份额最大的厂商,占有中国集成电路市场 18.1%;三星和现代两家韩国厂商受到存储器价格下滑的影响份额有所下滑,分别为 6.1%、4.0%,其中现代销售额出现明显下降;德州仪器公司(TI)则受行业不景气的影响发展缓慢,但仍然在中国市场实现正增长,份额为 3.9%;东芝虽然也受存储器价格下滑的影响,但是其它芯片销售尚可,2008 年在中国市场上仍然保持微弱增长,份额为 3.8%;其他厂商的占有率分别为:AMD 为 3.8%;ST 3.4%;NXP 3.0%;飞斯卡尔 2.7%。

2)中国的集成电路产业

2008 年,中国的 IC 消费量占全球 32%,而产量却不到全球的 10%,集成电路产品的净进口约为 600 亿美元。2008 年,国内集成电路产量达到 417 亿块,销售额达到 1246.8 亿元,分别是 2000 年产量和销售额的 7.1 倍和 6.7 倍,我国成为同期世界集成电路产业发展最快的地区之一。与此同时,IC 产业结构不断改善。近年来,集成电路设计业和芯片制造业发展迅速,占集成电路产业销售额的比例逐年上升。2008 年,设计业所占份额由 2000 年的不足 10% 上升至 18.9%,芯片制造业所占份额由 2000 年的不足 20% 上升至 31.5%,封装测试业所占份额则由超过 70% 下降至 49.6%。

我国集成电路产业投资额高速增长,2000—2008 年间,国内集成电路领域投资额累计超过 260 亿美元,相当于过去 20 年投资总额的 7 倍多。目前国内已建成投产 12 英寸生产线 4 条,8 英寸生产线 14 条,还有 10 多条 8—12 英寸生产线在建设中。4 条 12 英寸的生产线是:中芯国际在北京、上海分别有两条 12 英寸生产线外,中芯国际支持的武汉新芯的 12 英寸生产线,海力士在无锡的 12 英寸生产线。

长三角、珠三角和环渤海三大产业基地初步形成,中西部地区已经开始布局。长三角、京津、珠三角集成电路收入占全国的 95%。其中,长三角产业链最完整、产业实力最强、以国际企业为主,这里集聚了我国近 50% 的设计企业、55% 的制造企业、80% 的封装测试企业。京津地区自主设计能力较强,这里集中了全国 1/3 的设计企业,生产工艺先进,并有一批配套的半导体材料制造企业;但生产技术经济条件较差,淡水资源缺乏,生态与环境承载能力弱。珠三角主要集中在深圳和珠海,有设计、封装测试企业进驻。2007 年以来,成都、西安、武汉、重庆等中西部地区的集成电路产业发展较快并开始形成一定规模。

(6)IC 产业技术和发展趋势

世界集成电路产业技术发展方向有以下几个:器件的特征尺寸不断缩小,集中度持续提高,半导体产品从单一功能向系统集成方向发展,SOC(系统级芯片)成为世界集成电路设计发展的趋势;2008 年,全球半导体主流制造工艺实现了从 65 纳米向 45 纳米过渡,并正在研发 32 纳米的工艺;12 英寸芯片已经取代 8 英寸成为设计主流。

随着技术水平的提高,研发与生产线投资费用越来越高,为分担风险,分享利益,世界上各大公司共同组成国际行业协会,如美国的 SEMATECH(半导体工业协会),SIA(半导体制造协会),欧洲的 IMEC 等,颁发技术发展路线图,合作进行设备和工艺技术开发。

从集成电路技术发展路线图来看,我国与世界先进水平的差距不断缩小,有望在 3—5 年时间内达到世界集成电路制造工艺的先进水平。

专栏 5—2:光电子和微电子之间的关联性与融合发展

光电子产业与微电子产业之间的相关性,主要表现在以下几个方面:

◆ 理论研究方面:光电子技术和微电子技术的基础理论研究具有极大的相似性,如表面物理;光电子技术与微电子技术对科研基础设施条件的需求也具有极大的相似性,很多基础性研究机构可以为光电子产业和微电子产业同时提供相应的支撑。

◆ 生产工艺方面:与 IC 一样,LED 是半导体领域的重要领域之一,在技术上相似性很强;以 TFT—LCD 而言,其前段阵列制程在工艺上与 IC 产业有惊人的相似,不同的是它是将薄膜电路制作于玻璃上,而非晶圆上;以微光电子机械系统(MOEMS)为例,MOEMS 是将电子、光学和机械器件集成在一起的微型组件或系统,可采用集成电路(IC)工艺进行批量生产。

◆ 产业配套方面:驱动 IC 是 TFT—LCD/OLED 屏的重要组成,TFT—LCD/OLED 是 IC 产业链下游最大的链环之一;光电子产业的互动发展也将产生巨大的促进作用,如 LED 产业与 TFT—LCD 产业,LED 是 TFT—LCD 的理想背光源。东湖高新区的光电子的优势将有力促进园区微电子产业的发展。

◆ 人才需求方面:光电子(技术)产业与微电子(技术)产业之间极强的相关性为相关人才的集聚和培养创造了有利的客观条件。

专栏 5—3:光电子与微电子技术融合发展的趋势明显
——以 MOEMS 为例

技术特点:微光电子机械系统(MOEMS)是一种新兴技术,日前已成为全球最热门的技术之一。MOEMS 实现了光器件与电器件的无缝集成。简单地说,MOEMS 就是对系统级芯片的进一步集成。与大规模光机械器件相比,MOEMS 器件更小、更轻、更快速(有更高的谐振频率),并可采用批量制作技术。

发展前景:MOEMS 正受到研究单位和工业界的极大关注。美国 Sandia 国家实验室、科罗拉多大学及其他一些研究机构都相继开发出颇有价值的 MOEMS 器件,并在国际上掀起了开发 MOEMS 光开关等光电器件的热潮。MOEMS 器件将在光通信、光开关、光数据存储、光互连等领域广泛应用。例如商品化的 MOEMS 光学系统已用于最先进的数字投影仪,并开始在数字影院试运行。MOEMS 及其器件技术在未来的信息技术和光电子学领域的前途一片光明(见图 5-16)。

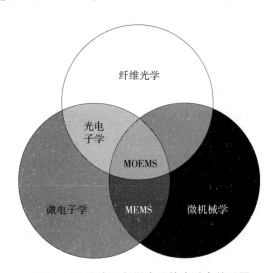

图 5-16　光电子与微电子技术融合关系图

(7)发展目标、重点领域和发展策略

1)发展目标

IC 产业要通过引进龙头企业发展 IC 制造,以此带动上游设计环节发展,培育 10 家产值超亿元的骨干企业,打造完整的产业链,成为我国重要的 IC 设计和生产基地之一。

2)发展重点

大力发展 IC 设计、IP 供应、EDA 服务平台、前沿技术和产品研发等环节;并根据区域电子产业需求发展消费电子类芯片产品,并积极发展高端电子产品设计,如高清晰度电视、光电显示驱动等技术和产品。

3)发展策略

重点推进武汉新芯项目,以此带动上下游产业发展;并迅速做大设计环节,提升产业价值环节,重点引进国际知名 IC 设计公司、国内外集成电路研发中心,着力培育本土独立芯片设计公司;加大发展 IC 制造、封装关键设备技术和新工艺、新器件以及专用材料的研究;围绕 IC 产业的系统应用环节,重点开发具有自主知识产权的产品和系统解决方案;积极发展高端电子应用市场,走向高端应用领域。

5.4.5 半导体照明

自 20 世纪 60 年代世界第一个半导体发光二极管诞生以来,半导体照明(LED)因具有寿命长、节能、色彩丰富、安全、环保等特性,被誉为继钻木取火、白炽灯之后,人类照明的第三次革命。

LED(Light Emitting Diode),又称发光二极管,是指在半导体 P—N 结通以正向电流时能发光的半导体显示器件。它利用化合物半导体(主要是Ⅲ—Ⅴ族化合物半导体)中电子由高能级至低能级与空穴复合时释放出电子,且能量(能量级差)大小不同,产生光的频率和波长也不同的原理,直接发出人眼可看到的红、橙、黄、绿、蓝等颜色的可见光及近红外的不可见光(见表 5-8)。其特点是色彩鲜亮夺目,显示信息量大,寿命长,耗电量小,重量轻,空间尺寸小,稳定性高,操作方便。LED 技术可用于显示和照明两大领域,在显示方面主要用于户外大屏幕显示。

(1)LED 产业链

LED 产业链分为外延片生长、芯片制备、封装、模组和产品应用等环节(见图 5-17)。其中,上游高质量的外延片和芯片是产业发展的关键环节。LED产业链从上中下游,再到应用,行业准入门槛逐步降低。上游的外延片

表 5 - 8　LED 分类及应用领域

一级分类	二级分类		应用领域
可见光	一般亮度		消费电子、通信产品的指示光源,室内显示等
	高亮度	红、橙、蓝、黄、绿光	户外大型看板、交通信号、背光源、汽车第三刹车灯
		白光	家用照明、市政路灯等
不可见光	红外 LED		红外无线通信模块、遥控器、开关
	光通信 LED/LD		光通信用光源(短距离光纤)、条形码读取头、CD 读取头

生长和中游的芯片制备是整个产业的核心,呈"双高"(高技术、高投资)特点,门槛最高;封装、模组等下游环节,对技术和投资相对低一些;而产品应用环节大多属于劳动密集型行业,技术含量不高,投资一般仅需百万余元。

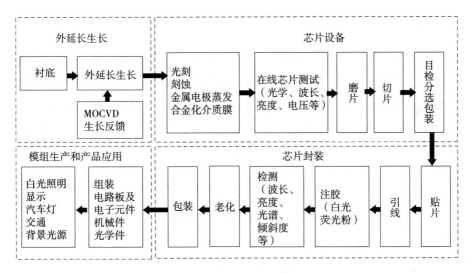

图 5 - 17　LED 产业链构成

(2)技术进展分析

LED 是未来照明发展方向,将成为绿色照明最重要的技术实现路线(见图 5 - 18)。

LED 光谱几乎全部集中于可见光频率,效率可以达到 80—90% 。光谱中没有紫外线和红外线,故没有热量,没有辐射,属于典型的绿色照明光源。

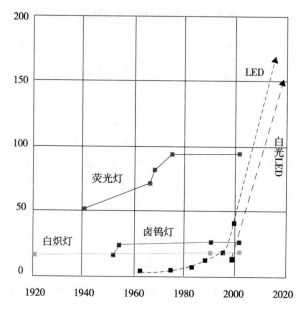

图5-18 绿色照明技术路线及发光效率变化(lm/w)比较

LED灯单体功率一般在0.05—1w,单位工作电压大致在1.5—5v之间,工作电流在20—70mA之间,安全省电。光通量衰减到70%的标准寿命是10万小时,非正常报废率很小,响应时间短,适应频繁开关以及高频运作的场合。废弃物可回收,没有污染,不像荧光灯一样含有汞成分(见表5-9)。而且LED光源可以平面封装,易开发成轻薄短小的产品,做成点、线、面各种形式的具体应用产品。

表5-9 三种主要照明技术实现路线比较

	白炽灯	荧光灯	LED 灯
技术 指标	• 发光效率 15—20lm/w • 能量转换效率5% • 平均使用寿命 1000h	• 发光效率 80lm/w • 能量转换效率:25% • 平均使用寿命:10000h	• 发光效率可达 200lm/w • 能量转换效率:50% • 平均使用寿命:10000h
应用 特点	• 显示性最好 • 发光效率低 • 寿命短 • 电压高 • 易碎	• 发光效率高 • 显色性差 • 易碎 • 频闪对人体有害 • 废弃物有汞污染	• 发热量低 • 色彩丰富可调 • 响应时间短 • 环保无污染 • 可平面封装 • 产品轻薄短小

资料来源:国家半导体照明工程研发及产业联盟。

高亮度化、全色化一直是国际上 LED 研究的前沿课题,技术正向更多种类、更高亮度、更大应用范围和更低成本方向发展,产业竞争焦点集中在白光 LED、蓝/紫光 LED 和大功率高亮度 LED 芯片。目前,半导体照明处于应用初期,但随着 LED 光通亮和发光效率提高,不久将进入普通室内照明、台灯、笔记本电脑背光源、大屏幕 LCD 显示器背光源等广阔市场。

技术突破带来巨大的市场潜力,世界主要公司(见表 5‐10)新产品开发已呈现出加快趋势。2006 年,LED 发光效率达 100 流明/瓦,已进入专用及特种 LED 照明领域。当发光效率达 150 流明/瓦时,就可逐步进入普通照明领域。美国 GE、荷兰 PHILIP、德国 OSRAM 等跨国照明生产商,均与上游半导体企业合作组建半导体照明公司。现有 LED 关键的核心技术专利均集中在上述几个主要 LED 企业。目前大部分专利纠纷是通过协商授权和付费授权解决。但部分核心技术专利,如 GaN 发光专利至 2010 年将会逐步失效。2010 年专利约束放开之后,半导体照明产业将会加快发展。预计 2012 年美国 LED 光效可达 150 流明/瓦。按照目前的技术水平和发展趋势,预计半导体灯普通市场启动时间,约在未来的 4—8 年内。

表 5‐10 全球 LED 领先企业

企业名称	生产情况	市场定位	销售情况
日本 Nichia 公司	最早研究成功并生产蓝光和白光 LED 的公司,在 AlInGaN 基蓝、绿光 LED 外延、芯片和封装方面一直处于领先地位	显示屏、白光 LED、蓝色激光器	2007 财年销售收入 20 多亿美元
美国 Cree 公司	多片型 MOCVD 设备生产 GaN—LED,蓝光、绿光、紫外光多种颜色外延片,各种功率的 LED 产品	外延片、芯片、照明应用	2007 年销售收入为 5 亿美元
美国 Lumileds 公司	主导了以 InGaAlP 为基本发光材料的长波长可见光 LED 制备技术的发展趋势	通用照明	2007 年销售收入约 3 亿美元
日本 Toyoda Gosei 公司	世界上最大的 GaN 基 LED 生产厂商之一,其大功率芯片技术也是太用倒装焊技术	手机光源	2007 年销售收入约 4 亿美元
德国 Osram 公司	沿用其自身发展的 InGaAlP 为基本发光材料的长波长段 LED 外延片和芯片,其技术一直处于世界领先地位	汽车照明	2007 年销售额 45 亿欧元

资料来源:根据《中国半导体照明产业发展报告(2005)》及有关企业的年报资料综合整理。

（3）全球市场发展状况

近几年，在全球石油危机的影响下，LED 成为资本市场的宠儿，越来越多的资本投往这个绿色节能产业，使得近几年 LED 产业发展速度惊人。2004—2007 年，全球 LED 市场呈现高速增长态势，到 2007 年全球 LED 市场规模约为 67 亿美元，LED 应用市场的规模接近 400 亿美元，年均增速保持在 15% 左右。高亮度 LED 是拉动产业增长的主要动力。2005 年，高亮度 LED 营业收入仅占全球 LED 产值比重 4%，预估到 2010 年可望贡献达到 33%。同时，LED 外延、芯片已经形成了以美国、欧洲和亚太三足鼎立的全球市场和产业分工格局，并呈现以美、日、德为产业代表，中国台湾、韩国紧随其后，中国、马来西亚等电子制造基础良好的国家积极介入的产业梯次分布状况（见图 5-19）。

图 5-19　全球 LED 产业竞争格局

2008 年，在全球金融危机的冲击下，LED 的应用市场，包括手机与笔记本电脑背光的市场所受影响较大，竞争更加激烈，龙头企业的销售价格大幅度下调,全年降价 30% 以上,企业盈利大幅度下降,LED 产业面临着产能过剩的压力,特别是 LED 上游外延片、芯片行业的开工率显著下降,整个行业的增长速度低于预期。综合 LED 行业一些专业机构的分析,受金融危机影响,2009 年全球 LED 需求增长率由 45% 降低到 30%。

尽管遭受金融危机冲击,世界各国并没有降低节能减排、发展低碳经济的热情。LED 作为解决全球排放问题和气候变暖的绿色产业,在受到短暂影响后,仍将保持高速增长。欧盟、加拿大、澳大利亚和美国等分别将从 2009、2010 和 2020 年开始禁用白炽灯泡。随着日本"21 世纪光计划"、美国"下一代照明计划"、欧盟"彩虹计划"、韩国"GaN 半导体发光计划"等国家计划的推进,LED 产业仍将保持快速发展。

据行业研究公司 NanoMarkets 和 CIR 联合发表的研究报告称,到 2010 年,全球高亮度 LED 和超亮度 LED 市场的销售收入将从 2005 的 57 亿美元增长到 108 亿美元,到 2013 年将增长到 174 亿美元,而整个 LED 应用市场的规模将为 LED 市场规模的 5 倍左右。LED 光源将可广泛应用在城市景观照明、道路和交通指示、室内外装饰照明等领域,手机和大屏幕显示背光源、汽车用灯为高亮度 LED 主要应用市场(见图 5-20),照明市场是未来长期最具发展潜力的领域。在通用照明领域,根据美国能源部的研究报告分析,到 2010 年美国将有 55% 的白炽灯和荧光灯被半导体灯替代,每年节约电费可达 350 亿美元,半导体灯有望形成 500 亿美元的大产业。

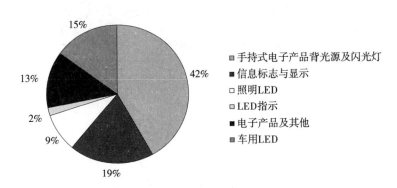

图 5-20　2006 年全球高亮度 LED 应用市场分布

资料来源:台湾工研院,PIDA。

(4)中国 LED 照明市场分析

　　2005 年以来,我国 LED 产业发展速度迅猛,在珠江三角洲、长江三角洲、东南地区、环渤海地区等四大区域建设了七个国家级半导体照明工程基地,初步形成较完整的产业链(见图 5 - 21)。

　　总体而言,我国的 LED 产业格局南方产业化程度较高,而北方依托众多高校和科研机构产品研发实力较强。在地域分布上,珠三角和长三角是国内 LED 产业最为集中的地区,上中下游产业链比较完整,集中了全国 80% 以上的相关企业,也是国内 LED 产业发展最快的区域,产业综合优势比较明显(见表 5 - 11)。与 LED 有关的设备及原材料供应商纷纷在这两个区域落户,与国际应用市场便捷的联系为 LED 产业的发展创造了良好的服务及市场环境,产业集群效应正在逐步显现。

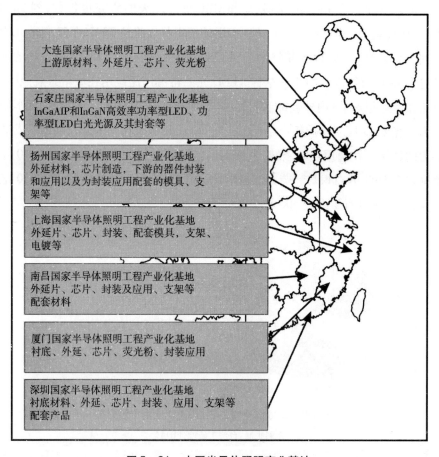

图 5 - 21　中国半导体照明产业基地

表 5-11 中国半导体照明产业链发育状况(2007 年)

设备		LPE(液相外延法)	5 台	
		VPE(气相外延法)	3 台	
		MOCVD(金属有机化学汽相沉积)	45 台	
上游外延	GaP	100K 片/月	江西联创	
	InGaAlP	100K 片/月	山东华光、河北汇能、厦门三安等	
	GaN	20K 片/月	深圳方大国科、厦门三安、上海蓝光、大连路美、上海蓝宝等	
	总计	220K 片/月		
中游芯片	GaP	30 亿只/年	南昌欣磊等	
	InGaAlP		上海金桥大晨、深圳奥伦德、河北立德等	
	GaN	36 亿只/年	深圳方大国科、厦门三安、上海蓝光、大连路美、上海蓝宝等	
	总计	66 亿只/年		
下游封装	总计	250 亿只/年	广州佛山光电、厦门华联、宁波爱米达、惠州华刚等	

2008 年,席卷全球的金融危机对我国 LED 行业产生了不小的负面影响,特别是对太阳能 LED、装饰照明产品的出口造成了严重冲击,尤其是在年底产业一度下滑,但全年仍保持了两位数的增长。2008 年我国半导体照明产业产值约 700 亿,增长率为 12%,较 2007 年的增长率低约 20 个百分点。由于 LED 应用非常广泛,且对于消费类产品依赖度较小,所以金融危机给 LED 行业虽也带来了负面影响,但其所受影响幅度相对较弱,并且由于 LED 在景观照明、路灯、大尺寸背光源、汽车车灯等领域具有巨大的发展潜力,其发展前景依旧良好(见表 5-12)。从 2009 年初开始,我国 LED 产业独立于其它很多继续低迷的产业,走出了逆势上扬的行情,产能迅速恢复。目前我国半导体照明相关企业约 3000 余家,到 2010 年,为 LCD 提供背光,将以 30% 的份额成为 LED 第一大应用领域。

深圳是我国 LED 产业规模最大、最集中的地区。深圳 LED 产业始于上个世纪 90 年代初,2008 产业规模约为 200 亿元,大约占全国产值的 30%;LED 企业已达 700 余家,约占全国 20%。2009 年 4 月,深圳市政府出台了《深圳市 LED 产业发展规划(2009—2015 年)》(简称《规划》)。根据该规划,深

表 5-12　中国 LED 市场按应用领域规模及预测（2008 年）

应用领域	主要应用产品	市场前景
信息显示	电子仪器、设备、家用电器等的信息指示、数码显示、显示器及 LED 显示屏（信息显示、广告、计分牌）	2008 年市场规模有 100 亿元左右，潜在市场有几百亿元
交通信号灯	城市交通、高速公路、铁路、机场、航海和江河的信号灯	2008 年市场规模有 20 亿元，潜在市场有上百亿
背光源	小于 10 英寸背光源，主要用于手机、MP3、MP4、PDA、数码相机和摄像机；中等面积背光源（10～20 英寸），主要用于计算机显示器及监视器	2008 年大尺寸背光源市场规模有几十亿美元，潜在市场有几百亿元
汽车用灯	汽车内外灯、前照灯、车内仪表照明显示	2008 年市场规模只有几亿元，但潜在市场上百亿元
特种照明	军用无红外辐射照明灯、医用无热辐射照明灯、治疗灯、杀菌灯、农作物专用照明灯、生物专用灯、与太阳能光伏电池结合的专用 LED 灯等	市场份额不大，但具有重要意义和性，而且有很好的市场前景
室外景观照明	护栏灯、投射灯、LED 灯带、LED 球泡	2008 年市场规模几亿元，潜在市场有上百亿元
室内装饰照明	壁灯、吊灯、嵌入式灯、墙角灯、平面发光板、格栅灯、筒灯、变换灯等	2008 年市场有几亿元，潜在市场有上百亿元
专用照明	便携式照明（手电筒、头灯）、低照度（廊灯、门牌灯、庭用灯）阅读灯、显微镜灯、投影灯、照相机闪光灯、路灯	2008 年市场 20 多亿元，潜在市场有几百亿元
安全照明	矿灯、防爆灯、安全指示灯、应急灯等	2008 年市场只有几亿元，潜在市场有几十亿元
普通照明	办公室、商店、酒店、家庭用的普通照明灯	预计在 2 年内会逐步进入普通照明领域，其潜在市场是 LED 应用中最大的，具有上千亿元

资料来源：国家光电实验室，http://wnlo. hust. edu. cn。

圳 LED 产业发展的目标是：到 2010 年 LED 产业规模达到 280 亿元以上，到 2015 年达到 1300 亿元。《规划》明确深圳市 LED 产业及技术发展重点将集中于衬底、外延及芯片，封装，应用产品，配套及设备四个领域。同时，深圳市将成立研究研发、资源共享、成果转化及产品交易四个平台，建设 LED 产业集聚园，制定 LED 照明产品推广财政补贴办法，鼓励单位和个人选用高效节能的 LED 产品，以推动 LED 产业及市场的共同成长。

　　从今后的发展趋势看，尽管遭遇金融危机的冲击，但我国半导体照明产业

及市场前景极为广阔:

一是各种应用方兴未艾。目前,国内 LED 较为成熟的应用领域为建筑景观、大屏幕显示、交通信号灯、家电数码显示与指示灯、汽车灯、特种照明灯、手机、数码相机、电脑、电视机的中小尺寸背光等领域,这些方兴未艾的应用均为 LED 产业的发展创造了良好的市场空间。

二是国家为应对金融危机,实施了"扩大内需、促进增长"的宏观调控政策,推进了一大批基础设施建设,加快建设保障性安居工程,加快农村基础设施建设,加快铁路、公路和机场等重大基础设施建设,加快地震灾区灾后重建等,国家的宏观调控政策以及大规模的基础设施建设,将增加对包括显示屏、特殊照明、普通照明、景观照明等在内的各种 LED 应用产品的需求。与此同时,国家科技部为应对金融危机,在全国范围内组织实施"十城万盏"工程,决定在天津市、河北省、辽宁省、黑龙江省、上海市、江苏省、浙江省、福建省、江西省、山东省、河南省、湖北省、广东省、四川省、重庆市、陕西省等 16 个省(直辖市)共计 21 个城市开展"十城万盏"半导体照明应用工程试点工作,力图通过试点工作,扩大半导体照明市场规模,拉动消费需求,推动节能减排,并进一步促进半导体照明核心技术研发与创新能力的提高,迅速提升我国半导体照明产业的整体竞争力。

三是广阔的技术发展空间为我国 LED 产业由大到强提供了良好机遇。半导体照明的发光效率还有很大的提升空间。2008 年,LED 的光效实验室最高指标仅为 161 流明/瓦,产业化水平则为 90—100 流明/瓦,与专家们预测的指标 300 流明/瓦还存在很大差距,产业发展远未达到技术成熟的高度,光效仍有很大的提升空间。此外,LED 技术路线也还存在新的突破方向,LED 产业链较长,从上游衬底材料、外延生长和芯片制备,到中游的芯片封装,各个产业链环节都有一些比较成熟的技术路线,但是就整个产业发展的技术点来说,从发光理论、材料体系、器件结构到应用范围都有可能找到新的方法,甚至全新的技术路线。随着技术的新突破,新的应用领域还有待继续开发,新的应用方向还将出现,例如航空航天、医疗、农业等领域的应用,国内外都刚开始萌芽,还有待继续研发。

四是资源优势为我国 LED 产业的长期发展提供稳固基础。发展 LED 的基础材料是镓、铟等稀有金属,我国具有丰富的有色金属资源,镓、铟储量丰富,占世界储量的80%。所有这些丰富的矿产资源都为我国LED产业的发展提供了非常稳固的原材料基础。

根据专家分析,到2010年,我国半导体照明市场总体规模将达到1000亿元左右,2010—2015年的年均复合增长率预计可达到40%,2015年产业规模达到5000亿元以上。

(6)东湖高新区半导体照明产业发展目标和策略

1)发展思路

抓住全球以及我国大力推进节能减排、武汉城市圈"两型社会"试验区建设和全球LED产业转移等重大历史机遇,围绕国家中长期科技发展规划、国家半导体照明工程、国家节能减排等重大规划的实施,充分发挥东湖高新区的科教优势,尤其是在光电子信息产业领域的综合优势、在高新技术产业领域的整体优势,以自主创新为基础,坚持扩大开放,制定产业发展规划,通过政府采购、市场培育等措施和手段,突破性地发展LED产业,把LED产业打造成为东湖高新区新的特色产业和具有全球竞争优势的支柱产业。

通过LED产业的发展,促进科技成果的转化,促进高新区半导体、显示、汽车电子、移动通信、消费电子、太阳能照明等相关产业的发展和价值链的提升,支撑武汉城市圈"两型社会"试验区建设。

2)发展目标

围绕LED产业发展的前沿领域和产业链的中上游,以应用市场开拓为导向,以自主创新为基础,以大功率、高亮度LED为核心,积极打造从外延片生产、芯片制备、封装到应用产品和工程为一体的产业链,汇聚国内外LED领域顶尖的技术、人才、研发与创业团队,建成具有国际竞争力的技术创新条件平台,成为我国具有自主知识产权的光电显示产业基地。

争取到2015年,建成以企业为主体,以武汉光电国家实验室和有关高校、研发机构为支撑的完善的技术创新体系,争取在关键核心技术上实现更多新突破,形成比较完整的高端产业链和创新链,建成具有国际水平的技术研发平台,掌握一批核心技术。培育一批具有国际竞争力的公司,争取培育出年销售收入过50亿元的企业1—2家,过10亿元的企业3—5家。建成我国半导体照明产业重要的科研开发、生产制造基地,技术水平、产业规模在全国具有重要影响力。

3）重点领域

重点发展 LED 衬底和外延片、大功率 LED、半导体白光光源、普通照明灯具、中大型 LED 背光源、手机和数码相机 LED 背光源、车用、交通和景观灯具等。

4）发展策略

以整个产业链为支持对象,鼓励企业联合进行技术攻关、申报项目和开拓市场,积极补充完善化学气体、荧光粉、测试、贴片等产业链配套环节;关注城市亮化工程和照明工程,加强本地政府采购,鼓励园区企业进入本地城市景观照明建设,建设 LED 景观示范工程;加强项目联动,以消费电子、显示等相关产业带动从小尺寸到中大尺寸背光源发展,快速形成产业规模;以企业为主体,依托武汉光电国家实验室和湖北省半导体照明工程技术研究中心等资源,发挥技术研发优势,积极参与 LED 产业相关技术标准的制订;申请国家级半导体照明产业化基地。

5.4.6　光应用服务

随着产业分工的不断细化,光电子产业领域出现了新的商业模式和衍生业态,光娱乐、光设计等服务业态将成为光电子产业发展空间的重要方向。光娱乐是指以主题公园或城市大型展演场所为载体,结合高科技声光电、影视特效,融科普、娱乐、休闲及参与性表演于一体,综合娱乐仿真、网络游戏、虚拟现实、多媒体卡通、三维立体游戏等多种新型娱乐项目。光娱乐的技术实现路线多为投影屏幕显示、灯箱图文显示、激光投射显示、触摸感应或生光感应控制的仿真道具、悬浮成像技术、配合电视录象等,用于舞台艺术、电影特技、激光表演、游园灯展、高级橱窗布置和城市夜景美化。

光设计是指通过改变光路方向,使倒像成为正像,或把白光分解为各种波长的单色光,实现各种光学仪器成像原理,外形尺寸计算方法,是显示技术、光通讯技术、生物医学、光学设备、家电用品,甚至钞票防伪技术等的基础(见图5－22)。光设计的主要技术领域包括以下几类:

镜头设计:主要应用于照摄成像设备;

照明设计:主要应用于家用照明、城市公共设施、汽车照明等领域;

薄膜设计:主要应用于太阳能薄膜电池、电子发光、有机 TFT 显示等

领域;

　　激光设计:应用于光通信、光学加工、雷达测距等领域;

　　红外设计:主要应用于医疗、军事和卫星通信等领域。

　　东湖高新区光应用服务业要依托园区光电子制造的基础优势,积极向相关的服务环节拓展,大力发展光设计、光娱乐(应用)等上下游环节,实现融合发展。延伸光电产业链,发展光娱乐和光设计,拓展光的相关服务环节,对东湖高新区光电子信息产业具有重要意义,具体表现为:第一,完善产业配套,将在产业链上下游对光电子信息制造业形成支撑和带动作用;第二,强化光谷品牌,进一步提升光谷在更大范围的影响力,塑造光电产业发展的良好氛围;第三,健全科技新城功能,在促进产业互动发展的同时实现城市功能的丰富。

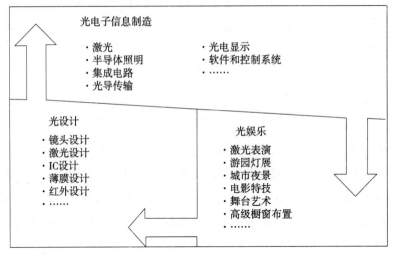

图5-22　光电子信息制造与光服务业的产业互动关系

第六章　生物产业

生物产业是关系国计民生的战略性高新技术产业。21 世纪生物产业革命将为解决人类社会发展面临的健康、资源、环境等重大问题提供强有力支撑。加速生物产业和生物经济发展对我国具有特殊战略意义。东湖高新区是武汉国家生物产业基地的核心区,发展生物产业,推动生物技术的自主创新和产业结构升级,对促进区域经济和社会发展具有十分重要的意义。

6.1　全球生物产业发展概况

6.1.1　生物产业的起源及主要内涵

(1)生物产业的起源

生物高技术产业的起源和发展与大学、研究机构关系密切。绝大多数生物新技术新发明,都是来源于一流的实验室和研发机构。20 世纪 70 年代中期,随着分子生物学兴起,一些学者逐渐从科研机构独立出来,创办自己的公司,专门从事相关科研成果的转化与规模生产,由此开启了现代生物技术产业发展的序幕。一般认为,1976 年 4 月,风险投资家和 DNA 重组领域奠基人、诺贝尔奖获得者 Boyer 教授成立的基因泰克公司(Genetech)、专门从事基因组的商业化,是现代生物技术产业发展的开端。

20 世纪 80 年代,随着大量现代生命科学及生物新兴技术的诞生,生命科学领域取得了新的突破,相继完成了干细胞技术与组织工程、克隆技术、生物芯片、基因治疗与细胞治疗等。在此期间,科研成果技术转让、大型传统制药企业合作研发、机械仪器快速更新等多种因素促进创新型重磅产品不断涌现,一大批生物技术公司不断涌现,这些公司通过上市、兼并等手段,企业规模迅速扩展,生物产业进入资本扩张和产业大规模运作的阶段。

20世纪90年代,随着人类基因组测序的开展以及2001年启动后基因组计划等,生命科学领域有了进一步的突破,启动了生物产业的又一次革命,生物技术产业进入了全球扩张阶段。

进入21世纪,以基因技术为核心的生命科学与生物技术已逐步成为高技术群体中最富有生命力的领域之一。生物技术涉及到多种学科,而且与信息技术、纳米技术、新材料等高技术结合,形成第四次科技革命的浪潮,其影响力远远超过前三次科技革命。现代生物技术是解决人类粮食、健康和环境三大基本问题的关键技术,是实现经济可持续发展的绿色产业。

(2)生物产业的内涵

目前,国际上关于生物技术、生物产业还没有统一的定义,不同的机构或部门对生物产业规模的调查结果差别较大。1982年,国际经济合作及发展组织(OECD)提出了当时能广泛接受的生物技术定义:生物技术是利用自然科学及工程学原理,依靠微生物、动物、植物体作为反应器将物料进行加工以提供产品来为社会服务的技术。这里所谓的生物反应器是指酶、整体细胞或生物体,一般也称生物催化剂。加拿大在1997年的生物技术应用与开发调查表中提出以下的定义:生物技术是指在自然或人工状态下,直接或间接地将科学和工程学方法应用于有机体的活体或部分组织,以实现对生产和服务过程进行创新或改进现状的目的。美国商务部认为:生物技术是用生物体或者他们的细胞、亚细胞或者分子成分来生产产品或者改良携带特定特征的植物、动物和微生物的技术。2007年,国家发改委在制定国家《生物产业发展"十一五"规划》时,对生物产业作了一个界定,认为生物产业是指将现代生物技术和生命科学应用于生产以及经济社会各相关领域,为社会提供商品和服务的统称,主要包括生物医药、生物农业、生物能源、生物制造、生物环保、生物服务外包(CRO)、生物信息以及和生物产业密切相关的医疗器械等新兴产业领域。全球诸多研究生物技术产业的机构,在调查生物产业的市场规模时,采用的口径也不尽相同,主要是生物技术应用的广泛渗透性。比如,生物农业技术,有的机构只统计基因农产品种子的规模,有的则统计整个基因农产品市场的规模,差别极大。统计口径存在着"广义"、"狭义"之分,往往造成统计结果存在几倍、甚至上十倍的区别。

　　我们在研究中,根据东湖高新区的实际情况,将医药产业也包含在整个生物产业的范畴内,即生物产业既包括生物制药、生物农业、生物能源等一般意义上的生物技术产业,也包含化学药和中药等一般意义上的医药产业。但在具体的分析中,重点分析一般意义上的生物产业;在东湖高新区的生物产业规划中,则涵盖了医药产业,包括医疗器械。

　　传统生物技术主要指发酵,现代生物技术则包括基因工程、细胞工程、酶工程、微生物工程、生化工程和被称为第二代基因工程的蛋白质工程(见图6-1)。现代生物技术与传统产业互相融合,促进了传统产业的发展,并产生了一批新兴产业。生物经济推动医学产业革命,产生了生物医药产业;推动了农业革命,形成了以转基因为代表的现代生物农业产业;生物技术极大推动工业发展变革,改变着传统产业。并且,生物技术在环保、能源、海洋、国家安全等领域也有着广阔的前景。

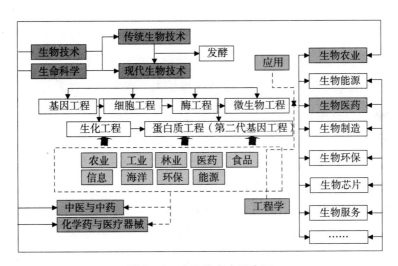

图6-1　生物技术主要内涵

6.1.2　全球生物产业发展概况

　　生物产业具有巨大的增长潜力和高成长效应,成为21世纪引领世界经济发展的新型主导产业。生物产业销售额每5年就翻一番,增长率是世界经济增长率的10倍左右;生物经济产品的销售额可望在30年内超过15万亿美元,将超过以信息为基础的信息经济,成为世界上最强大的经济力量。除此之外,生物产业具有很高的社会效益。以生物医药为代表,一种新生物药品开发成功,利润回报能高达10倍以上。生物技术为攻克人类遇到的各种慢性疑难疾病和癌症等提供了可能;生物技术将对人类生命质量的提高以及人类生存环境的改善产生巨大作用,具有更大的社会效益。

根据医药信息咨询机构艾美仕市场调研咨询公司(IMS)的分析,2008年全球医药市场的增长率约为5—6%,2008年全球医药市场销售规模约为7000亿美元。

根据全球的经济评估机构安永国际(Ernst&Young)2007年全球生物产业报告显示(安永国际对生物产业的统计一般采用"狭义"的生物技术口径),2006年全球生物产业实现收入734亿美元,比2005年增长14%;全球生物技术公司总数已达4275家,其中上市公司710家。2008年,全球生物产业的市场规模约为1100亿美元,主要应用于医药和农业。其中,生物医药的市场规模约为800亿美元,占全球医药市场规模的11%(2008年全球医药市场规模为7400亿美元);生物农业的市场规模约为150亿美元(主要是生物育种,转基因农产品,生物肥料、生物杀虫剂);生物技术在环保、食品、化工等行业的市场规模较小,但前景广阔,应用范围逐步扩大。在全球生物医药市场中,生物技术药物约占整个生物制药市场份额的90%。在美国、欧盟等主要的生物制药强国批准上市的500余种生物技术药物中,排名前10种产品的销售额占整个生物制药市场的50%以上。而在前50种产品中,动物细胞产品无论从数量上还是从销售额来看又都占了65%~70%左右。

从生物产业地域分布来看,全球生物技术公司主要集中在欧美国家,占全球总数的80.56%,其销售额约占全球生物技术公司销售总额的94%。

许多国家将生物产业作为本国的战略性产业,积极抢占21世纪国际经济技术制高点。

美国是全球生物产业的发源地、世界生物产业的龙头。经过30多年的发展,美国已经形成了包括硅谷、旧金山、波士顿、华盛顿、北卡和圣迭戈等为龙头的一批生物产业密集区,截至2006年底,美国全年生物产业销售总额约为555亿美元,占全球销售总额的76%;生物技术上市公司336家,占全球的47.3%。2008年,美国生物产业总收入达到760亿美元,生物技术企业1500家,其中上市公司370家。到2008年,美国生物产业投入的研发经费为230

亿美元。由于生物技术研发的高投入,到目前为止,整个生物产业一直处于亏损或低收益的状态,需要社会资本的不断投入。尽管金融危机导致一批生物技术企业因为融资困难而破产,但生物产业的发展前景依然非常乐观。

欧洲是全球生物产业的发展中心,正在全力保持生物产业的强势竞争力。2003 年,欧盟委员会制定《欧洲生命科学和生物产业发展战略》,并明确指出"生物技术是下一个技术革命,是知识经济和循环经济的支柱,欧洲必须采取积极主动的政策措施";英国 2000 年发布了《生物技术制胜——2005 年的预案和期望》,力争保持世界第二。目前,欧洲生物产业仅次于美国,2008 年,欧洲生物产业的规模约为 190 亿美元,占据世界 17% 市场份额,拥有生物技术上市公司约 170 家。

亚洲生物产业发展迅速,成为全球生物产业发展的新兴区域。日本、新加坡起步较早,在亚太地区占据领先地位,已形成了自主研发、临床试验和生产制造为一体的发展格局;中国、印度相对起步晚,实力较弱,以仿制药生产为主,但也正在大力推进研发和技术创新,近年来,在全球化的大趋势下,他们逐渐成为生物医药产业外包业务的主要承接国。按照安永国际会计公司(Ernst&Young)的统计口径,2006 年,亚洲地区生物产生销售收入达到 33 亿美元,生物产业公司 737 家;2008 年,亚洲地区的生物产业市场规模约为 42 亿美元。但是,根据不同国家(地区)自己的统计口径,亚洲地区的生物产业规模更大。例如,根据新加坡经发局的统计,2007 年新加坡生物医药总产值 169 亿美元,产业增加值达 94 亿美元。

6.2　中国生物产业发展概况

6.2.1　发展历程

中国生物产业从 20 世纪 80 年代末开始起步,当时主要借鉴国外发展模式,将实验室的小规模研究转化成工业化生产。1989 年,我国批准了第一个生物技术药物基因重组人干扰素 α1b,它是由中国预防医学科学院侯云德院士等研制,深圳科兴生物技术公司生产。该药的成功研制标志着我国生物制药产业正式拉开序幕。80 年代中期着手研制白介素 2、干扰素 α 等生物技术药物,这几种生物制品在 20 世纪 90 年代中期都获准上市,与欧洲同步,稍稍落后于美国。但由于技术落后、资金不足,中国生物技术制药产业以中小企业居多,抗风险能力差,具有很大的不确定性。

进入20世纪90年代后期,中国生物产业发展速度加快。1996年,上海市开始推进生物产业的发展,2003年,SARS极大的刺激了中国生物制药产业的发展。虽然生物制药在中国制药业所占比重不大,但发展速度和利润的增长速度都高于化学药和中药,并在某些生物制药领域取得了突破。例如,基因治疗、细菌性基因重组疫苗等研究开发领域已经走在前列。2004年,我国批准全球第一个基因治疗药品———深圳赛百诺生物技术公司生产的重组人p53腺病毒注射液(商品名:今又生Gendicine)。2005年,又批准第二种基因治疗产品——上海三维生物技术公司生产的H101(商品名:安柯瑞)用于头颈部治疗。此外,我国自主研发的基因工程痢疾疫苗和霍乱疫苗,也是全球同类产品中首批获准上市的生物药物。

"十一五"期间,是全球生物技术进入大规模产业化、产业国际分工格局逐步形成的重要时期。我国高度重视生物产业的发展,党中央和国务院明确要求"把生物科技作为未来高技术产业迎头赶上的重点",国家发改委发布了《生物产业发展"十一五"规划》,提出我国生物产业发展的指导思想以及发展目标,把生物科技作为未来高技术产业发展重点,加强生物科技在农业、工业、人口和健康等领域的应用,并出台专项产业政策,以促进我国生物产业的快速发展。

2009年,为加速生物经济发展,应对金融危机,国家出台了促进生物产业发展的若干政策,计划到2015年,生物产业总产值力争达到16000亿元;到2020年,生物产业总产值达到2—3万亿元,成为国民经济新的支柱产业。

6.2.2 产业规模

"十一五"期间,我国生物技术产业化与技术创新能力快速提升。以企业为主体、产学研结合的创新体系建设加快推进,重大疾病防治技术研发取得重要突破,一批高技术产业化示范工程项目通过验收。生物农业技术与产业化取得重要进展,一批生物农药新产品得到广泛应用。生物能源、生物基材料技术产业化示范快速推进。

根据国家发改委、科技部等部门的资料,2006年,我国"广义"的生物和医药产业总体规模达到 6000 亿元(按当时汇率,折合约 720 亿美元;统计口径包括转基因棉花等农产品的销售收入、燃料乙醇的销售收入等)。其中,生物制品制造业实现总产值 418 亿元,增长 21.7%;医疗设备及器械制造业产值 448 亿元,增长 27.4%。国家对生物农业支持力度进一步加大,转基因棉花、生物农药、畜禽疫苗等农业生物技术产品的应用范围不断扩大、经济效益和社会效益日趋显著;生物农药年生产总量达到 12 万吨;生物能源呈现迅猛发展的态势,成为投资以及国际合作的重点。根据国家发改委的资料,2008 年,我国生物产业实现产值 8666 亿元,同比增长 25.23%,比全国工业高 2.42 个百分点,生物经济已经成为我国重要的增长点。

6.2.3　产业分布

从行业分布看,中国生物技术产业主要集中在生物制药、生物农业、生物能源、生物制造、生物服务五大领域。其中生物制药占据主要地位,并且规模逐渐扩大。目前中国仍然以仿制药为主体,但随着科研能力的提升,自主研发也逐步成为发展的重点。中国还成为全球 CRO 的重要承接地,据 Frost&Sullivan 统计,截至 2007 年,中国 CRO 整体市场规模接近 10 亿美元,平均年增长速度为 25%,而全球 CRO 市场规模年均增长为 16.3%;生物农业发展迅速,在基因工程、作物育种、克隆技术等方面都拥有了世界领先的技术;生物能源产销平稳,目前全国生物柴油产能约 100 万吨;此外生物制造和生物服务也加快了发展的步伐。

从区域布局看,截至 2008 年,中国已先后形成了北京、上海、深圳、长春、广州、石家庄、武汉、重庆等 14 个国家生物产业基地,并且将进一步推进新的基地城市认证,形成产业链完善的生物产业集群。在这些生物产业基地中,北京、上海、深圳和长春处于领先地位。

生物产业是北京的新兴战略性产业,已连续 10 年取得高速增长,在化学制剂、数字化诊疗设备等方面居国内前列,诊断试剂和疫苗等领域的优势也很明显,2008 年,北京生物产业实现收入 200 亿元。上海张江集聚了葛兰素史克、罗氏、强生、礼来、杜邦等国际著名生物医药企业,综合研发机构数量不断扩大。深圳初步形成了以一大批大企业为龙头的高档医疗设备、生物制药、现代中药、检测仪器及诊断试剂产业链。广州科学城聚集了 115 家生物企业和一批国家级生物科研机构,初步形成了从生物技术研究、中试到产业化的链条。长春市作为全国生物医药的发源地之一,2008年,已有生物技术企业275家,生物产业实现产值542亿元,年增速连续5年保持30%以上。全国40多种疫苗长春市能生产26种,其中甲肝、流感、冻干水痘等疫苗占国内市场50%以上份额,生产技术水平、生产规模全国领先(见表6-1)。

表6-1　我国部分生物产业基地的产业发展领域和方向

城市	重点发展领域和方向
北京	基因工程药物、生物医学工程产品、现代中药产业、推进化学合成创新药物
上海	基因工程药物、现代中药、化学合成创新药物、生物医学工程
广州	基因工程药物、现代中药、化学合成创新药物、海洋药物生物农业、生物服务业(生物技术研发等)
长沙	生物医药研发、现代中药、生物农业
石家庄	生物制药、生物食品、生物能源、化学制药、现代中药
深圳	生物医药产业
长春	疫苗、基因工程药物、生物中药
重庆	现代中药、医疗器械、生物技术制药、化学原料药及制剂、生物制造、生物环保、生物技术服务、特色生物农业
青岛	海洋药物、海水养殖优质种苗、海洋功能食品和化妆品、海洋生物新材料、海洋生物酶
成都	现代中药、创新药物、生物医学工程、生物医药服务、生物农业、生物能源
昆明	生物农业、生物医药、生物资源和生态产业
武汉	生物农业、生物制药、化学合成药、现代中药、生物能源、生物材料

6.3　重点领域分析

6.3.1　生物制药

生物制药是制药业中发展最快、活力最强和技术含量最高的领域。从1982年第一个生物技术药物——基因重组人胰岛素的诞生,经过20多年的时间,已经形成了80多种生物制药品种(见表6-2)。生物制药的快速发展促进了医疗水平的提高,生物技术药物在治疗肾性贫血、白细胞减少、恶性肿瘤、器官移植排斥、类风湿关节炎、糖尿病、矮小症、心肌梗死、乙肝、丙肝、多发性硬化病、不孕症、黏多糖病等难以治疗的疾病中发挥了重要作用。同时,生物制药提升了"生物经济"在国民经济中的重要地位,是发展速度最快的高技术行业之一。

（1）全球产业规模

在生物技术领域,制药业是应用最为广泛的终端行业。生物技术已经广泛应用于医药、工业、农业、食品、医疗器械、生物信息、生物测试等行业,其中生物制药产品占据约70%的份额,在全球超过5000家从事生物技术的公司中,有大约2000家公司将主业集中在生物制药上。

综合 Frost & Sullivan、IMS、毕博等公司的分析,全球生物技术制药产业的规模从1998年的198亿美元增加到2007年的710亿美元,2008年为780亿美元,比1998年增长2.9倍;生物技术制药产业所占比重也日趋上升,全球生物技术制药产业成为全球发展最快的高技术产业之一。从区域分布来看,2008年,北美、欧洲、日本仍是全球最主要的药品市场,占市场总增长量中的86%,其余14%来自人均国民收入低于2万美元的国家,如中国、印度等亚洲国家。

（2）国内产业规模

过去20多年,我国生物制药行业实现了高速增长,形成了较大的产业规模。1996年,我国生物制药产值不足2亿元,2008年达到610多亿元,拥有生物制药企业500多家,其中取得基因工程药物生产文号的企业中有70多家大型企业。截至2004年底,我国已有25种基因工程药物和若干种疫苗批准上市,另有150余种生物药进入临床试验阶段,其中具有我国自主知识产权的生物技术产品,如肝细胞生长因子、人源性碱性成纤维细胞生长因子、治疗用单克隆抗体及人血代用品等一系列生物高科技产品占到1/3左右的比重。在世界上销售额排名前10位的基因工程药物和疫苗中,我国已能生产出8种。

但由于我国生物制药基础研究薄弱、源头创新少,中国制药产业化水平低,尤其是动物细胞大规模高效培养技术低,导致我国生物制药研发技术水平较低,自主创新的生物技术药物少。产品的自主创新如果按照从发现新基因、确定新基因蛋白质编码的功能,到研发以该蛋白质主要成分的蛋白药物或以该蛋白质为靶标的药物都是由一个单位完成来定义的话,中国还没有一个自主创新的药物,而国外在中国申请的专利数占87%。

生物制药产业的产业带动能力较强,能带动 CRO、化学制药、生物信息等相关产业的发展,也能提升区域自主创新能力、带动物流等配套服务产业的发展。

发展生物制药产业的关键要素在于研发和研发成果的商业化运作,所以主要以基础研究机构和企业为主导。政府主要通过提供平台、资源等方式推动其发展,而非主导。

表6-2　主要的生物技术制药分类

类别	生物学活性成分
激素	生殖激素
	人生长激素
	甲状腺刺激激素
	人胰岛素及其突变体
酶	代谢酶失常遗传性疾病的替代酶
	纤溶酶原激活剂
	脱氧核酸核酸酶
	凝血因子
细胞因子	集落刺激因子
	白介素
	干扰素
	促红细胞生成素(EPO)
	其他细胞因子
疫苗	病毒疫苗
	细菌疫苗
治疗性单克隆抗体或抗体样蛋白	鼠源抗体
	嵌合抗体
	人源化抗体
	人源抗体
	受体—Fc 融合蛋白
其他基因重组蛋白	
核酸	反义寡核苷酸
细胞治疗/组织工程产品	组织工程产品

6.3.2　中成药

中药是我国重要的文化遗产,在我国医药产业中占有重要的地位。但是由于其理论系统自成一体,无法用现代西方医学理论进行解释,不为国外业内人士所接受。直到 2003 年 FDA 网上颁布植物药研制指导原则,标志着中药在全世界范围内越来越受重视。2006 年,国务院颁布《中医药创新发展规划纲要》引导整个医药行业使用现代化的方法来发展我们的传统文化,立即得到了整个行业的积极响应。中药现代化成为近年来新药研发的一个热点。

(1)全球市场规模

2008 年,全球天然药(包括中药、植物药和各国传统药物)的市场规模达到 600 亿美元。欧洲天然药物市场日趋兴旺,其中意大利以天然植物为原料的药物制剂品种多达 2000 余种,每年消费的植物药品占药品总额的 23%;法国、德国、瑞士的植物药市场也占到 24%—38% 的份额。在亚洲,日本、韩国的植物药研究与开发的速度很快,其产品在国际市场上已进入品牌化阶段。WHO 统计,全球有超过 40 亿的人口使用中草药治病,占全世界人口的 70% 左右,全球有 130 个国家应用中医药,124 个国家建立有中医药研究机构。日本从事中医药的研发人员已达 5 万人,有 18 个中医药研究机构,汉方药厂 200 家。

(2)国内市场规模

中药是我国医药行业"十一五"规划的重点发展领域之一,近几年发展速度较快,产业规模逐渐扩大,用了 4 年的时间实现了产业规模翻番。2003 年,我国中成药的销售收入为 609 亿元。到 2007 年,我国中成药制造行业实现工业总产值 1450 亿元,比上年增长了 20.5%;累计实现产品销售收入 1300 亿元,比上年增长了 21.1%。我国中成药制造业的企业数和从业人员数占医药制造业的 1/4,企业数增长较快。销售额超亿元的中成药品种数增加,如银杏叶制剂、乌鸡制剂、生脉制剂、丹参制剂、三七皂苷制剂等。

6.3.3　化学制药

(1)全球产业概况

目前,全球药品依然以化学药为主,占所有药物的 80% 以上。2008 年,全球药物市场规模达到 7400 亿美元。北美、欧洲、日本仍是全球最主要的药品市场,占市场总量的 85%。

化学制药产业具有两条相互交织的价值链:研究价值链和生产价值链。现代制药产业的基础是药物知识产权保护,一种药物的专利保护由一系列专利组成,包括化学结构物专利、生产工艺专利、水分专利和剂型专利。制药产业中的创新厂商、基础医学研究机构、药物研究机构、临床实验机构、原料药厂商等就围绕这一专利链条分工合作。另一条价值链是生产价值链,是一个由基础化工、中间体、原料药和制剂药厂商组成的生产分工体系。

目前化学药的全球生产格局已定,全球化分工趋势明显。少数发达国家在全球医药市场中占有绝对比重,处于产业主导地位。在世界药品产业中,大的跨国公司主导了世界专利药市场,跨国企业在全球医药市场中的地位日益攀升,所占比重不断增长。发达国家和跨国公司开始在全球配置制药产业资源。医药生产的部分产业链环节向发展中国家转移,原料药工业的劳动密集型产业向发展中国家转移,并与制剂跨国公司形成层级供应关系。而发展中国家积极接受产业转移,在生产专利期内为跨国公司加工中间体,同时争取通过二次创新向高端市场发展。

各发达国家对制药产业的政策导向比较鲜明,行业管理比较严格,形成了一整套制药产业发展政策。美国和加拿大对药品政策限制少,是世界上最大的医药市场,而且保持较高的增长率;西欧和北欧福利国家严格限制医疗保健和保险支出,市场增长率下降;欧盟制定有中小型医药企业促进政策、技术转移促进政策等,欧洲各国也都有自己的产业政策;日本则强制每两年药品价格要有所下降,也抑制了医药产业的增长。

(2)国内产业概况

化学制药工业主要包括化学原料药业和化学制剂业两个子产业。中国是化学原料药生产大国,化学原料药一直是医药出口的支柱,具有国际比较优势。化学制剂业是化学原料的分解、合成技术与现代临床诊断医学相结合的制造工业,也是衡量一个国家制药能力和水平的主要标志之一。

在化学药品原药制造方面,2008 年,我国实现工业产值 1686 亿元,同比增长 25%;实现产品销售收入 1605 亿元,同比增长 24.5%。在化学药品制剂制造方面,2008 年我国实现工业总产值 2106 亿元,同比增长 23.4%;实现产品销售收入 1947 亿元,同比增长 25.4%。

6.3.4　生物农业

生物农业是指运用基因工程、发酵工程、酶工程以及分子育种等生物技术,培育动植物新品种,生产生物农药、兽药与疫苗,以及生物肥料、生物农用材料等所形成的产业。20 世纪 90 年代生物技术在农业的应用是现代生物技术产业发展的第二个浪潮,美国、中国等国家的生物农业已经形成了较大的规模,有效地推动了全球农业的发展。

(1)全球产业概况

2006 年全球作物育种、动物疫苗、生物饲料和生物农药市场总量大约为259 亿美元。2007 年世界生物农业市场规模达到 300 多亿美元,增长率为10%,该行业回报周期长,资金投入较大,技术要求高,专利保护要求高。

目前,全球农业生物技术产业发展态势良好。根据设在美国的国际农业生物技术探索服务公司(ISAAA)2009 年 2 月公布的报告,2008 年全球转基因农作物种植面积从 2007 年的 1.143 亿公顷增至 1.25 亿公顷;转基因种子产值达到 76 亿美元。其中,种植面积排名前三位的国家分别为,美国(6250 万公顷)、阿根廷(2100 万公顷)和巴西(1580 万公顷)。中国全国生物技术作物种植面积达 380 万公顷,在全球生物技术作物种植面积超过 100 万公顷的八个国家中排名第六。同时,转基因作物的品种也不断增加。大多数国家转基因作物以大豆、棉花、玉米为主。根据 ISAAA 的研究,2007 年全球四大转基因作物大豆、玉米、棉花、油菜共增产 3200 万公吨,在不种植转基因作物的情况下实现这一增产量需要增加 1000 万公顷的土地。

(2)国内产业概况

2006 年,我国作物育种、动物疫苗、生物饲料和生物农药市场总量大约为445 亿元人民币,2007 年达到 515 亿元。

自改革开放以来,中国农业科技实力不断增强,生物农业技术相关的基础研究和高技术研究也取得了一批创新性成果。如我国科学家独立完成了水稻的全基因组测序,成为少数几个能独立完成大作物测序工作的国家之一;我国首创了花粉管通道转基因方法,并利用此种方法研制出了具有自主知识产权的转基因抗虫棉花;我国先后成功研制出克隆羊和克隆牛等动物,成为世界上少数几个掌握大型动物成年体细胞克隆技术的国家之一。

生物农业在目前全球粮食紧张的整体背景下,将会得到世界各国进一步重视,将会迅速发展。中国作为农业大国,一定要把握机会,充分促进生物农业的发展,增加农民的收入,推进三农问题的有效解决。要围绕提高农产品品质和效益,促进农业产业结构调整,积极推进超级稻、优质高产小麦、杂交玉米、转基因棉花等农业良种产业化;开展生物农药、生物肥料、绿色植物生长调节剂等绿色农用产品应用的示范试点和宣传普及,切实推动生物农业的发展。

6.3.5　医疗器械

20世纪中叶开始,大量的新技术、新材料应用于医疗器械产业,以光学、电子、超声、磁、同位素、计算机为基础,包括人工材料、人工脏器、生物力学、监测仪器、诊断设备、影像技术、信息处理、图像重建等多方面内容,在医学各领域得到了广泛应用。医疗器械是指单独或者组合使用于人体的仪器、设备、器具、材料或者其他物品,包括所需要的软件。医疗器械行业是一个多学科交叉、知识密集、资金密集型的高技术产业,涉及信息、材料、精密机械和生命科学等多个技术领域,属于资本和技术密集型产业。医疗设备是综合应用自然科学和现代工程技术的原理和方法,在分子、细胞、组织、器官和人体系统上多层次地研究人体的结构、功能和其他生命现象,用于防病、治病、人体功能辅助及卫生保健的人工材料、制品、装置和系统技术的总称。

目前全球生产的医疗器械共有8000多个品种,我国生产的也有6000多种、12000余个规格,按照不同的分类方法,可以将众多医疗器械产品进行分类。以学科基础为主要分类依据和以医院临床科目为主要分类依据的医疗器械产品分类分别见表6-3、表6-4。

(1)全球市场及产业概况

综合美国医疗卫生工业制造商协会(HIMA)等机构的分析资料,2008年,全球医疗器械行业市场规模超过3000亿美元,增长率为6%左右。

在全球市场中,美国也是全球最大的市场,占有全球市场份额的40%,处于领先地位;欧洲大约占有全球市场份额30%,居全球第二;亚洲市场居全球第三,大约占有全球20%的市场,亚洲的主要市场在日本和中国。

目前,全球高新技术医疗设备市场主要被美、日、德等少数国家的少数跨

表6-3　以学科基础为主要分类依据的分类

序号	类型	工作原理设计的主要学科或技术	品名举例
1	医用电子设备	电子学	电子脉冲治疗仪、B超机、心电监护仪、磁治疗机以及各种监护仪等
2	医用射线/核素设备	放射学、核物理	X线机、CT机、医用加速器、γ刀、PET等
3	医用光电设备	光学、电子学	显微镜、电子内窥镜、纤维镜、生化分析仪、分光光度计、无影灯等
4	医用机械器具与设备	机械	普通外科手术器械、牙科手术器械、口腔手术器械、普通病床等
5	医用机电设备	机械、电气	人工心肺机、血透机、呼吸/麻醉机、消毒器等
6	医用材料	材料学	医用缝合材料、卫生材料等
7	其它	计算机、生物学	医用软件、人工组织、器官等

表6-4　以医院临床科目为主要分类依据的分类

序号	类型	对应临床科室	品名举例
1	检验科器械	检验科	生化分析仪、血细胞分析仪、全自动酶标仪、血气分析仪、电解质分析仪等
2	特诊科器械	特诊科	B超机、心电图机、电子内窥镜、脑地形图仪等
3	放射科器械	放射科	CT机、X线机、MRI机、医用电子加速器、钴—60治疗机等
4	内科器械	内科	呼吸机、除颤监护仪、血透机、心电图机、支气管镜、肺功能仪等
5	外科器械（手术器械）	外科	手术床、无影灯、监护仪、高频电刀、呼吸/麻醉机、牵引床、手术显微镜、外科手术器械等
6	妇产科器械	妇产科	妇科检查床、多普勒胎动仪、胎儿监护仪等
7	儿科器械	儿科	婴儿恒温箱、小儿抢救治疗床、小儿呼吸机等
8	五官科器械	五官科	裂隙灯、眼压计、纤维喉镜、手术显微镜等
9	口腔科器械	口腔科	口腔综合治疗椅、牙钻机、洁牙机等

国大公司所垄断,包括美国的 GE(通用电气)、皮克公司、惠普公司,德国西门子公司,日本的东芝、岛津、日立公司和荷兰飞利浦公司等。从产业的区域分布看,美国是医疗器械生产第一大国,美国的医疗设备产业规模巨大,产品多样化,全球近1/2的医疗设备产品出自美国。其次是欧洲和日本,分别占有全

球产业规模的 30% 和 14%。

(2)国内市场及产业概况

2005 年,中国医疗器械市场已成为继美国、欧洲和日本之后世界第四大市场,医疗器械年销售额达到 325 亿元,并且年增长率在 15% 左右,高端医疗设备销售更是达到 20% 以上的增长速度;2008 年,中国医疗器械市场的规模达到 480 亿元。

总体来看,我国医疗器械生产水平只相当于发达国家 15 年前的水平。中国高端医疗设备的市场大多是飞利浦、通用电气和西门子 3 家巨头的产品;2005 年,在国内医疗器械行业销售收入排名前 10 位的企业中,外资、合资企业就有 7 家;前 50 名企业中,合资、外资企业的销售收入和利润总额都在 50% 以上,远远高于化学药、中药等行业的对应比例,外资和合资企业成为国内医疗器械市场的主力军。

尽管我国医疗器械行业同发达国家相比虽然存在差距,但是中国医疗器械的发展速度令世界都为之侧目。未来 5 年内,中国将超过日本,成为全球第二大医疗设备市场。

中国医疗器械产品进出口保持快速增长。2006 年,中国医疗器械进出口总值为 105.5 亿美元,同比增长 17.6%,其中出口 68.7 亿美元(加工贸易出口 29 亿美元),进口 36.8 亿美元。2008 年,中国医疗器械进出口总额达 162.8 亿美元,同比增长 28.2%,其中出口额为 110.7 亿美元,同比增长 31.5%;进口额为 52.2 亿美元,同比增长 21.8%。

从产业布局看,长三角、珠三角和环渤海地区是我国三大医疗器械集聚区。国家科技部门在广州、成都、北京、沈阳、深圳先后建立了五个国家级专业医疗器械领域的工程技术研究中心。国家科研院所、高等院校建立的医疗器械科研机构已达 60 多个,其中,中国科学院及其所属单位建立的医疗器械科研机构有 10 个。我国已经研究或开发出一批具有局部的或完全自主知识产权的医疗器械产品,如深圳迈瑞的病人监护仪、汕头市超声仪器研究所的 B 超、深圳安科的核磁共振成像(MRI)、北京万东的中型 X 射线诊断机、苏州医疗的裂隙灯显微镜、武汉长峰的呼吸麻醉机等,这些产品成为受用户欢迎的产品。

6.3.6　生物技术服务外包（CRO）

CRO 是 Contract Research Organization 的缩写，即合同研究组织。该组织通过合同的形式向制药企业提供新药临床研究服务。CRO 比起大型医药企业，规模要小得多，所以管理费用低；同时，CRO 面向众多医药公司提供服务，其科研设备的使用效率更高。在研究开发某一种新药时，往往会碰到需要某些特殊科研设备的问题，如果自行购置，不仅一次性投入增加，还要培训使用人员。而当该新药的研制工作完成之后，这些设备常常在很长一段时间都无人使用。倘若跟 CRO 合作，则不会发生上述问题。更为重要的是，由于在提供服务的市场中有众多 CRO 相互竞争，为了能在竞争中取胜，各 CRO 不得不在提高技术水平和服务质量的同时，降低成本，以便使自己的服务更具竞争力，这样，作为 CRO 用户的有关医药企业就可以享受到高效、低价的服务。

（1）全球产业概况

由于新药研发的投入越来越大，周期越来越长，这一趋势促进了 CRO 产业的出现与发展。有资料显示，由 CRO 承担项目的时间与企业自身承担的项目所需要的时间相比，大约可以节省 25% ~ 35%。因此，越来越多的制药企业选择了与 CRO 公司合作，共同完成新药研发，以达到节约成本缩短时间，控制风险的目的，CRO 已与新药研发的各个环节有机的结合在一起。

ACRO（世界临床研究组织协会）指出，2006 年全球 CRO 市场规模超过 140 亿美元，预计在 2010 年以前将会以 14 ~ 16% 的年平均增长率增长至 230 亿美元。生物制药企业投入在 CRO 企业的花费近年来一直保持两位数的增长速度。CRO 企业的发展主要源于制药企业对增强竞争力、控制不断上升的研发成本的需求，其主要影响因素还包括全球临床实验活动的数量、规模和复杂性不断增加，开展临床研究的小型企业数量不断增加，以及持续增加的行业规范要求。

全球 CRO 市场主要集中在美国、欧洲、中国、印度和拉丁美洲，其中美国占统治地位，欧洲居次，中国和印度是全球最具发展潜力的 CRO 市场。美国是世界上最大的 CRO 市场，2006 年市场规模达到 74 亿美元，估计 2006 年到 2010 年的年均增长率将达到 14%。欧洲 CRO 市场是世界第二大市场，但市场规模增长趋缓，主要原因是欧洲研发费用在过去 3 年里不断下降，顶尖的技术研究机构从欧洲流向美国。2006年,拉丁美洲临床实验例数增长了20—30%,墨西哥成为其中增长最快的国家,其后是巴西和阿根廷。印度和中国是未来外包业务的首选。2004年,中国是最具吸引力的研发离岸市场,印度排在美国和中国之后。2006年,中国药品研发外包市场价值达59亿美元,到2011年有望达到123亿美元。而印度2006年只有37亿美元,至2011年将达到75亿美元。

全球CRO企业数量和规模快速增长。根据TUFTS对药品研发情况的调查,2006年全球1100家CRO公司拥有员工100,000人,其中约有100家公司的业务是完全的本国化运营,10家公司大规模的开展国外业务,在全球各国家建立分公司,实现了真正意义上的全球化经营。美国、欧洲约有900家CRO公司,占全球总数的82%。CRO正加速全球化的进程,开展美国、欧洲之外的公司业务。

(2)我国发展概况

中国的CRO产业尚处于起步阶段,但发展势头良好。2006年,中国医药研发外包市场规模为59亿美元,包括临床前和临床业务。其中,2006年临床前实验市场规模25亿美元,临床实验市场34亿美元。预计2011年中国临床外包市场总规模将增至123亿美元,复合增长率分别达到15.7%和15.8%。中国CRO市场将成为世界下一轮转移地。2006年,中国制药市场约为134亿美元,居全球第八大药品市场,并以13%速度增长,拥有巨大的CRO市场需求,据估计,今后2~3年内,国内医药产业用于研发的投入将有30%支付给CRO,5年后,这个投入比例将超过50%。另一方面,由于中国拥有巨大的病源市场、低廉的成本、周期缩短的临床实验和集中的医院群,因此吸引了大量国际生物制药公司来华建立离岸业务。目前,全球大型制药企业中的诺华、阿斯利康等少数几家已经抢先在中国建立研发中心。可以预计,未来中国CRO离岸业务市场需求将保持高增长态势,这些都给中国的CRO提供了极好的机遇。

北京、上海、天津等多个城市都把医药研发外包服务列入当地发展生产性服务业的重要内容,将其确定为新的经济增长点。目前国内前三大医药研发外包企业为药明康德、睿智化学和康龙化成;一些小型的CRO企业,则自发结合,共同对外承接接单。如2005年9月,在北京汇龙森企业孵化园,7家生物医药企业成立了中国生物技术外包服务联盟,共同应对国际生物医药外包服务市场。

6.3.7　生物能源

生物能源主要指利用淀粉质生物,例如粮食、薯类、作物秸秆等,加工成乙醇、丁醇、生物柴油等,直接作为动力来源。现在使用最广泛的生物能源为从植物油中提取的生物柴油和从糖类中提炼的生物乙醇。乙醇作为全球使用最广泛的生物能源,各国的提取源各有不同,在美国主要从谷物中提取,在欧洲主要来源于甜菜,而在巴西提取于甘蔗。生物柴油主要从植物油或菜籽、大豆中提取。

目前生物乙醇是使用最广泛的生物能源,生物柴油是普通汽油、柴油最高效的替代品。同时需指出,生物乙醇和生物柴油仅为第一代生物能源,第二代产品纤维质乙醇、生物天然气、生物丁醇等已在研发当中。第二代产品虽然具有广阔的市场应用前景,但仍处于实验室研究前期阶段。

（1）国际国内燃料乙醇发展概况

全球燃料乙醇的生产和消费主要集中在美国和巴西,中国、欧盟近几年也迅速发展。美国、巴西燃料乙醇产量占据全球约90%的份额,处于绝对领先地位。根据分析机构 F. O. Licht 的调查,2008 年全球燃料乙醇产量为 6560 万立方米,比上年的 4960 万立方米增长 32.3%。其中,2008 年美国乙醇燃料产量为 3400 万立方米,比上年的 2450 万立方米增长 38.8%。巴西的产量为 2450 万立方米,比上年的 2000 万立方米增长 22.5%。欧盟的乙醇产量为 280 万立方米,比上年的 180 万立方米增长 55.6%。F. O. Licht 预计,2009 年全球燃料乙醇产量将达到 7870 万立方米。

我国生物乙醇大规模产业化生产起于 2004 年,已经在河南、安徽、吉林和黑龙江建设了以陈化粮为原料的四家燃料乙醇生产厂,年产能达 102 万吨,在 9 个省开展车用乙醇汽油销售。截至 2006 年 12 月底,全国 4 个生产企业共生产销售燃料乙醇 243 万吨,2006 年全国共销售乙醇汽油 1300 万吨,占全国汽油消费量的 23.3%,我国已经成为全球第三大燃料乙醇生产国,仅次于巴西和美国。

（2）国际国内生物柴油发展概况

　　在生物柴油方面,生物柴油在全球柴油产量中的比重将进一步上升。根据 Emerging Market Online 的最新研究,全球生物柴油于 2005 年达到 380 万吨的产量,2006 年为 500 万吨。由于受到高油价的刺激,全球生物柴油发展迅速,2009 年预计产量达到 1600 万吨,2010 年预计为 2400 万吨。美国 2005 年的生物柴油产量仅占全部能源消耗的 2%,该数值有望在 2010 年达到 6%。全球的生物柴油生产主要集中在欧美,这些地区发展生物柴油主要利用大豆、油料作原料,这样,生物柴油的发展会拉动粮价长期攀升。

　　我国生物柴油产业已经进入起步阶段,发展尚存在一定问题。2006 年,我国生物柴油生产能力 50 万吨/年,主要原料是废油、木本油料和麻疯树,生产公司分布河北、山东、福建、四川、海南等地。总体而言,我国生物柴油的发展现处于基地设备投建阶段,由于概念热和建设热,导致原油价格不断上涨,加上国际植物油价格上涨,导致利润倒挂,造成很多企业不能按期完成生产任务,甚至不能连续生产,2007 年 1~5 月实际产能仅不到 10 万吨,发展基础仍较薄弱。

6.3.8　生物信息

　　生物信息是新兴的交叉学科,是对蛋白质和基因组的数据进行管理的科学,是信息技术在生物领域中的应用。生物信息在过去的几年里得到了飞速发展。为了加快药物研发过程,医药和生物技术公司借助技术来获取研究数据并且对得到的信息进行比较、确认、存储和分析;政府强有力的支持如中国和印度将生物信息视作优先发展的行业,推动了信息技术产业的发展;信息技术行业和因特网的发展为生物产业的发展提供了技术支持;生物信息在新兴领域内的广泛运用,例如基因治疗、废物处理、作物改善、病虫害防治以及兽医学等,推动了生物信息产业的发展。

　　自 21 世纪初期生物信息产业井喷式发展至今其市场迅速发展。2001 年 2 月,人类基因组工程测序的完成使生物信息学走向了一个高潮。2002 年,全球生物信息市场规模约为 8 亿美元,2006 年达到 16.3 亿美元,2008 年约为 22 亿美元。预计到 2010 年,将达到 30 亿美元。

　　从地区分布来说,美国是生物信息全球最大的市场,2007 年其生物信息工具和服务市场在全球排名第一,占全球生物信息市场的 40%。欧洲居于次位,占全球24%的市场。亚洲市场位列第三,其中日本是最大的市场,但中国和印度已显示出强劲的增长态势,拥有大量的信息技术和生物技术的专家,是生物信息工具和服务最具发展潜力的市场,其外包业务将在这些国家的市场中充当重要角色。

2001—2005年,中国政府设立了折合3375万美元的基金来发展生物信息数据库和数据分析工具,提高数据共享,开发高性能计算机处理网。上海市政府已经为中国科学院上海生命学院投资了超过1000万元,整合生物信息的研究。目前,生物信息已经形成了一定的产业集聚。全球众多知名公司已进入该行业,并凭借先入优势占有一定的市场地位。

6.3.9　生物制造

生物制造工程是近年来制造技术发展的新方向,美国在2020年制造技术的挑战中将其列为11个主要方向之一。其研究主要包括利用生物的机能进行制造(基因复制、生物去除或生物生长)及制造类生物或生物体,将生命科学,材料科学及生物技术的知识融入制造技术之中,为人类的健康、环境保护和可持续发展提供关键技术。

生物基材料和微生物制造是我国"十一五"规划中的重点关注产业。生物基材料主要是指运用发酵工程与生物质技术进行生物质的加工与转化,利用生物质原料生产得到的生物材料、精细化学制品、医药中间体和各种清洁能源等。其中,生物材料主要包括生物聚合物及其单体,如聚乳酸(PLA)和聚羟基脂肪酸(PHA);精细化学制品品种繁多,包括生物乙烯、丙酮、酶制剂、氨基酸、食品和饲料添加剂等;清洁能源除了生物柴油、生物乙醇之外,还包括新型的替代能源,如生物丁醇和甲醇等。微生物制造是指以可再生生物质资源为原料,采用微生物细胞或酶的生物催化功能,开发新产品的制造路线,大规模的物质加工与转化的先进生产方式。其产品主要包括工业酶制剂、氨基酸、有机酸、食品及磁疗添加剂、生物色素及香料等。

(1)生物基材料市场规模

从20世纪90年代中期至今,生物基材料的生产能力大幅度提升。2006年,全球的生产能力已达到36万吨,2008年全球生产能力达到60万吨,其中淀粉和聚乳酸(PLA)占有大约85%的量,其他生物可降解材料为15%。国外成立了许多大小不一的生物可降解材料公司,许多跨国公司也进入这个领域,如汽车制造商宝马、丰田、福特、马自达以及轮胎制造商固特异等。截至 2007年底,中国可降解生物塑料总产量约 6—8 万吨,主要是羟基烷酸酯(PHA)、聚羟基丁酸酯(PHB)和聚乳酸(PLA),还有部分的淀粉基聚合物。生物基化学品发展最为迅速的是乙醇和生物柴油的下游和共生化工产品。环氧树脂年用量已由 10 年前的 2—3 吨发展到现在的 50 多万吨。碳质吸附材料亦达到30 万吨的规模,其中出口 18 万吨以上。木塑复合材料年总产量接近 10 万吨。预计到 2020 年,生物基材料将替代 10%—20% 的化学材料。

(2)微生物制造市场规模

截至 2006 年,全球微生物制造市场规模达到 400 多亿美元,其中酶制剂产值为 20 多亿美元,食品添加剂达 200 多亿美元。

据统计,若中国 20% 的化学品和医药品生产过程采用微生物制造工艺,化学品微生物制造产业直接产值可达 2000—3000 亿元,具有巨大的发展潜力和市场前景。同时微生物制造涉及化工、医药、食品、造纸、皮革、纺织等许多重要的工业领域,相关产值高达 4 万多亿元,其中化学品 9000 多亿元,医药3000 多亿元,涉的部分食品 3000 多亿元,纺织、造纸、制革等约 25000—30000 亿元。

截至 2007 年,中国有从事微生物制造的企业 5000 余家,主要产品包括通过微生物制造生产的抗生素、各类食品添加剂以及丙烯酰胺等,整个行业工业产值达千亿元。

6.4　东湖高新区生物产业发展现状分析

6.4.1　发展概况

武汉市生物、医药产业历史悠久,在全国曾一度处于领先地位:解放初成立的武汉生物制品所是全国六大生物制品所之一;马应龙等著名医药品牌有着悠久的历史;武汉健民、红桃 K 等企业无不名动一时。同时,武汉是华中地区的科技、文化和教育中心,具有巨大的人才优势。对于生物技术产业这样一个知识先导型产业来讲,武汉深厚的知识沉淀和人才积累为生物技术产业的发展奠定了重要的基础。

2007 年 6 月,武汉市被认定为国家级生物产业基地。东湖高新区作为武汉市现有生物产业的核心区,是武汉国家生物产业基地的主要载体,肩负着发展生物产业的重任。

近几年,东湖高新区生物产业的发展步入快车道,2005 年,东湖高新区的生物产业销售收入 41 亿元;到 2008 年,东湖高新区生物产业总收入首次突破 100 亿元,达到 133 亿元,3 年时间增长 2 倍多。东湖高新区生物产业主要集中在疫苗及诊断试剂、化学药、中药、农业良种育种、绿色农用制品和生物制造等几大产业板块,生物产业的收入比重见表 6 - 5。区内聚集生物产业企业 200 多家,规模以上企业 53 家。

表 6 - 5　2008 年东湖高新区生物产业各领域收入一览表

行业	总收入(亿元)	比重
疫苗及诊断试剂	6.8	5.1%
化学药	37.2	27.9%
中药	15.6	11.7%
农业良种育种	9	6.7%
绿色农用制品	49.8	37.4%
生物制造	14.4	10.8%
合计	133	100%

6.4.2　发展基础和优势

一是产业基础良好,东湖高新区已逐步成为生物产业重要的聚集地。经过多年的培育,东湖高新区生物产业取得了长足的发展,企业数量从 1991 年的 6 家上升到 2008 年的 200 多家。产业总收入从 1991 年的 397 万元上升到 2008 年的 133 亿元。其中年收入过亿元的企业 21 家,如人福科技、红桃 K、嘉吉烯王、马应龙、科益、生物所等;有四家上市公司(人福科技、维奥、马应龙、国药控股),这些企业构成了东湖高新区发展生物产业的中坚力量。

二是创新资源丰富,创新能力突出。武汉市拥有各类高等学校 59 所,在校大学生 100 余万人,每年相关专业的大学毕业生达到 1 万人。聚集了生物技术领域的两院院士 11 名,从业人员 2 万 9 千余人,研发人员达到了 2500

人。在生物技术领域,武汉市拥有武汉大学、华中科技大学、华中农业大学、湖北中医学院等知名院校和中科院武汉病毒所、水生所、植物所,以及武汉生物制品研究所等国内外一流研究开发机构 30 多家,在动植物功能基因、杂交瘤及单克隆抗体、高致病性病原微生物、转基因植物、人畜用生物制剂等方面的研究已进入国内乃至国际前列。依托这些机构建有生物技术国家重点实验室和国家部委开放实验室 15 个、重点学科 15 个、国家工程技术(研究)中心 4 个和博士后流动站 8 个、国家临床试验中心 7 个,国家 GLP 实验室 2 个。目前,中国科学院与武汉市政府正在武汉联合共建生物安全四级(P4)实验室,这将成为中国唯一,全球仅有的 8 个 P4 实验室之一。

三是产业特色逐渐凸显。经过多年的发展,东湖高新区在生物产业领域已形成明显特色。在生物制药领域,在生物制剂、诊断试剂及芯片等方面具有突出优势,生物疫苗位居全国第五位,在全国具有较强的竞争力;在生物药品方面,目前已有多个生物药品在研发中,有的已经上市,如口服胰岛素、干扰素新剂型、血液制品、单克隆抗体等。在化学合成药方面,湖北丽益医药有限公司在抗病毒药研究方面有很强的实力,先后开发了系列抗病毒新药,已成为我国抗病毒药品研究和产业化的重要基地,抗老年病药品也得到了发展。目前,高新区已初步形成了抗感染药、抗老年性疾病新药及计划生育用药三大类特色产品。在中药现代化方面,目前已开发的药品有中药二类新药生血宁、二类新药痉痛定胶囊、金开郁胶囊等一批新产品,华工纳米药业公司承担的纳米中药技术已列入国家 863 计划。在医疗器械方面,激光医疗器械占有全国同类产品市场份额达到了 60%,数字化诊断设备及医疗成像设备的研发也取得了可喜的成绩。在生物农业方面,生物农药处于国内领先地位。目前武汉科诺公司及湖北农科院生物农药发展中心联合开发和生产的 Bt 生物农药不仅占有全国 50% 的市场份额,还出口美国、日本、欧洲等国家和地区。在兽用疫苗方面,武汉中博生化公司的猪蓝耳朵病疫苗是农业部指定产品。在动植物新品种培育方面,目前已经有 50 多个重要成果进入产业化阶段,并形成了武汉联农种业、武汉中油、湖北种子集团等一批骨干企业。

四是产业集群逐步形成。随着东湖高新区生物产业的不断发展,东湖高新区在化学药、中药、绿色农用制品、生物制造和农业良种育种等优势领域呈现了企业聚集发展的趋势。在化学药制造方面,形成了人福科技、远大、科益、丽益、长联生化、李时珍等 23 家企业为核心的企业集群。在中药方面,形成了以红桃 K、马应龙、健民、联合药业、虎泉药业等 18 家企业为核心的企业集群。在绿色农用制品方面,形成了以新华杨、科诺农药、中博生化、科前动物、中化东方等 39 家企业为核心的企业集群。在农业良种育种方面,形成了以凯瑞百谷、省种子集团、国英种业、武大天源、惠民农业、植丰种苗、惠华三农、维尔福等 39 家企业为核心的企业集群。在生物制造方面,形成了以嘉吉烯王、武大弘远、龙人集团等 28 家企业为核心的企业集群。

五是建立了全国最大的种质资源中心。东湖高新区基地在微生物、动植物种质资源、实验标本等自然科技资源的建设方面居国内领先地位,是我国重要的种质资源中心。

在微生物种质(菌种、病毒、藻类)资源方面,武汉大学典型培养物保藏中心是我国唯一专利微生物保藏机构,保藏国内各类专利微生物菌种 1800 余株。中国科学院武汉病毒所是中国普通病毒保藏中心,是我国唯一从事病毒保藏与分类鉴定的专业机构,拥有亚洲最大的病毒资源保藏库。中国科学院水生所是我国最大的藻类保藏中心。在植物种质资源方面,全省建有国家级农作物种质资源保藏机构 4 家,品种有农作物、果树、园艺作物、水生蔬菜、油料作物、花生和马铃薯六种,共收藏各类农作物种质资源 3 万余种,16 万余份。

在具备上述优势的同时,东湖高新区生物产业发展还面临一些突出问题,主要有:企业规模普遍偏小,很多企业处于初级发展阶段;企业产品大多为仿制药、保健品、原料药等,这些产品本身缺乏竞争力,缺少效益突出的重磅产品;武汉生物产业相关的科研力量具有明显的优势,基础研究很强,但是可产业化的科研产品并不多,不能直接为生物产业的发展做出贡献;产业发展机制不够完善,制约产业发展速度。

6.5　东湖高新区生物产业发展规划

6.5.1　产业发展定位

经过 5—10 年的努力,将东湖高新区打造成为全国领先、亚洲一流、世界知名的创新中心和产业基地。基地将优先发展生物服务外包、生物制药为主的新兴产业,大力培育中药现代化和生物农业为主的优势产业,做大做强以医疗器械和化学药制剂为主的规模产业,超前布局以生物信息及生物能源为主的国际前沿先导产业,到2020年实现产业规模突破千亿,成为新的特色支柱产业。

6.5.2 发展目标

(1)近期发展目标(2010年)

努力打造完备的产业环境,加速产业成型,初步形成生物产业的特色,一些细分产业在全国初步形成优势(见表6-6)。实现生物产业收入超过200亿元;生物企业300家,规模以上企业80家,引进大型跨国企业5家;实现收入过30亿元企业1—2家,过10亿元企业3—5家,过亿元企业15家,创业型企业150家;引进海归创业人员和企业骨干、学科带头人超过300人,从业者超过3万人。

(2)中期发展目标(2015年)

树立核心领域的产业优势,并促进优势产业提升,逐步实现中国领先(见表6-6)。实现生物产业收入超过600亿元;生物企业400家,其中包括CRO企业200家,规模以上企业120家,引进大型跨国企业20家;实现收入50亿元以上企业1—2家,30亿元以上企业3—5家,10亿元以上企业15家,1亿元以上企业30家,创业型企业300家;引进海归创业人员和企业骨干、学科带头人超过600人,从业者超过4万人;形成完善的商业环境。

表6-6 东湖高新区生物产业发展目标

	总收入 (亿元)	企业数	大型跨国 企业数	规模以上 企业数
近期目标(到2010年)	200	300	5	80
中期目标(到2015年)	600	400	20	120
远期目标(到2020年)	1300	700	30	200

6.5.3 产业布局

(1)生物制药领域

武汉国家生物产业基地在单克隆抗体、疫苗、诊断试剂方面有较好的基础,并拥有华中地区最大的同济医院、协和医院以及其他大小医院数百家,医疗机构在华中地区首屈一指。生物制药是武汉国家生物产业基地发展潜力所在。重点依托武汉生物制品所、武汉三鹰生物技术有限公司等骨干企业,重点开发生物疫苗、基因工程药物、生物制品、诊断试剂等主导产品,努力打造中部最大的生物制药产业基地。

(2)中药现代化领域

依托湖北地区独特的中药资源,重点依托红桃k、武汉联合药业、武汉李时珍药业、武汉马应龙药业的研发和生产能力,将现代制剂技术应用于传统中药剂型的改进,发展控释、缓释、靶向等制剂;采用各种先进的提取、分离技术提高中药生产的现代化水平;发展具有特殊生物活性、参与细胞调节等功效成分的各类保健食品;建立中药和天然药物的质量标准体系。

(3)化学制药领域

依托区域研发和产业基础,主要是科益药业、人福、武汉大学、华中科技大学等,重点开发缓释、控释、靶向等现代给药技术,针对抗病毒、抗细菌感染物、心血管病药物、老年病药物及抗癌药物等多发疑难病症开发、引进具有国际先进水平的新品种和新剂型,打造华中地区新药创制中心、新制剂研究和生产中心。

(4)生物农业领域

依托区域动植物生物技术研发优势和产业基础,加快农业生物技术成果的产业化过程,重点发展动植物新品种培育、微生物农药、农用抗生素、禽畜疫苗、饲料添加剂等。重点支持武汉科诺生物农药公司的 Bt 农药原料和新制剂、武汉中博的兽用疫苗、武汉科前生物制品公司的禽畜疫苗和诊断试剂、武汉新华杨公司的食料添加剂等重大产业化项目。

(5)医疗器械

发挥高新区激光、电子信息和生物传感器技术优势,做大做强激光医疗设备、数字医疗设备、医疗保健网络产品等,使东湖高新区成为我国激光医疗设备、数字医疗设备的主要研发和生产基地。重点扶持武汉奇致激光和武汉华中激光的激光治疗仪、光子嫩肤仪、激光美容仪、大功率 CO_2 激光治疗仪,武汉一海数字医疗仪器公司的数字红外乳腺检查系统、数字医学影像工作站、数字式脑血氧监测系统,武汉兰丁肿瘤定量病理细胞学早期诊断试剂及设备等重大产业化项目。

(6)生物外包

武汉临床试验中心资源丰富,武汉市是华中地区 GCP 资源高地,拥有7家国家认证的临床试验中心(GCP),为其临床试验发展提供了有利条件。东湖高新区将依托医院和科教人力资源,在立足国内外市场的基础上,积极发展临床前和临床试验服务外包业务。

(7)生物能源和生物环保领域

围绕湖北省木本生物质能源林基地建设,依托凯迪公司等龙头企业,重点发展生物质合成液体燃料、生物质燃烧发电、微生物水处理、生物膜净化等领域。积极打造全国领先的能源产业创新中心和生物能源产业基地,推动湖北省武汉市生物能源产业快速发展,抢占全球生物能源技术和商业应用的制高点。

第七章　新能源产业

　　能源是社会生产的原动力,人类社会每一次重大技术进步都是在能源产业革命的推动下实现的。同时,能源也是改写国际经济、政治版图的重要因素,每一次能源革命,都伴随着全球政治、经济格局调整,伴随着国际体系中新一代主角的登场。第一次工业革命时期,煤炭在历史舞台上发挥了巨大作用,促进了蒸汽机和纺织机的推广应用,促进了资本主义工业的高速发展。同时,作为第一代能源的煤炭,帮助英国完成了产业革命,使其一跃成为最早的资本主义发达国家。从19世纪六、七十年代开始的第二次工业革命,以电力、内燃机的发明而引发的电力、石油等能源的大规模应用为主要特征,产生了一批影响全球经济发展的电力、电气、石油巨头。作为第二代能源的电力、石油,则推动美国、德国等新兴国家在第二次工业革命中异军突起,实现了对英、法等老牌资本主义国家的赶超。

　　进入21世纪,随着石油危机的发生和后石油经济时代的到来,能源问题日益成为全球突出的政治问题,并将长期影响世界政治、经济的发展,进而改变世界政治、经济格局。目前,全球能源消耗的87%依靠化石能源。面对石油危机、高油价以及化石能源使用带来的气候和环境问题,人类300年来的传统工业化发展模式已经难以为继。各国都在寻求能有效解决有限的化石能源供应与无限的社会需求之间矛盾的对策。经历数十年的探索实践和选择,以清洁、高效、低排放(甚至零排放)、可持续、可再生等为特征的新能源已经成为解决全球发展问题的重要突破口。美国、日本、欧盟把突破性发展新能源作为挽救经济的最重要筹码之一,实行被称为"绿色新政"的新能源扶持政策,大力投资新能源产业,推广和应用新能源技术,希望通过新能源产业带领全球经济走出危机。我国也在2009年出台了《国家新能源产业振兴规划》,将新能源产业作为国家的战略产业,启动了一大批重大新能源投资项目,努力把新能源产业培育成为国家新的经济增长点,新能源产业革命正在我国迅速推进。发展新能源产业,是我国在未来的国际竞争体系中争取主动权的重要举措。

东湖高新区在太阳能、风能、先进能源技术及装备、核能、生物质能和氢能等领域具有良好的发展条件和产业基础。抓住全球新能源技术革命的历史机遇,加快发展新能源产业,是东湖高新区在新的发展阶段的正确选择。燃料乙醇、生物柴油等生物能源既属于生物技术的范畴,也属于新能源的范畴,我们在前面的生物技术产业中进行了重点分析,在本章只讨论生物质能发电的问题。

7.1 国内外新能源产业概况

新能源又称非常规能源,是传统能源之外的各种能源,泛指刚开始开发利用或正在积极研究、有待推广的能源,如太阳能、风能、地热能、海洋能、生物质能和核能等。相对于传统能源的不可再生性和高污染性,新能源多为可再生的清洁能源。新能源产业除了上述新能源的开发外,还包括相关生产设备的研发、制造和能源技术服务。

2008 年,在全球能源生产构成中,可再生能源约占全球能源组成的 12%。以可再生能源为主的新能源在全球能源生产中所占的比例逐年增大,其发展应用的潜力巨大。

7.1.1 太阳能光伏

太阳能是最经济、最清洁、最环保的可持续能源,它与常规能源相比有三大特点:第一,它是人类可以利用的最丰富的能源,相对于人类的发展历史而言,可以说取之不尽,用之不竭。从我国可开发的可再生能源的资源蕴含量来看,生物质能为 1 亿千瓦,水电为 3.78 亿千瓦,风电为 2.53 亿千瓦,而太阳能是 2.1 万亿千瓦,只需开发 1% 即达到 210 亿千瓦。第二,地球上,无论何处都有太阳能,可以就地开发利用,不存在运输问题,尤其对交通不发达的农村、海岛和边远地区更具有利用的价值。第三,太阳能是一种洁净的能源。如果不计算上游环节的碳排放,从目前各种发电方式的碳排放来看:煤电为 275

克/KWh,油发电为 204 克/KWh,天然气发电为 181 克/kwh,而太阳能光伏发电则接近零排放。并且,在发电过程中没有废渣、废料、废水、废气排出,没有噪音,不产生对人体有害的物质,不会污染环境。

当然,当前太阳能利用中还存在一些问题,主要是太阳能的能量密度较低,日照较好时,地面上 1 平方米的面积所接受的能量只有 1 千瓦左右,往往需要相当大的采光集热面才能满足使用要求,从而使装置占地面积大、用料多,成本增加;此外,太阳能的利用还受天气影响较大,受地区、气候、季节和昼夜变化等因素影响,时强时弱,时有时无,给使用带来不少困难。

(1)太阳能光伏产业的特性

目前,太阳能发电是太阳能利用的主要途径之一(见图 7-1)。太阳能发电主要由太阳能光伏、太阳能热发电和太阳能光热复合发电等三种方式。其中,太阳能光伏是现阶段太阳能发电最重要的实现方式。太阳能热发电技术尚在不断完善和发展之中,目前处于商业化示范应用阶段。美欧正积极推动热发电计划,预计 2020 年前将在发达国家开始实现商业化,并逐步向发展中国家扩展。太阳能光热复合发电系统同时利用可见光和红外线两种光源,发电效率高于现行太阳能发电 2 倍,其光电和光热综合利用率达到了 65% 以上。目前,该技术已经进入耐久性试验阶段,鉴于其良好的能源利用效率,预

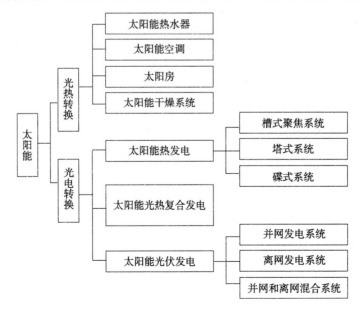

图 7-1　太阳能利用方式示意图

计在未来将会成为太阳能利用的另一主要方式。

太阳能光伏发电是根据光生伏特效应原理,利用太阳能电池将太阳光能直接转化为电能(见图7-2)。光伏发电系统主要由太阳能电池板(组件)、控制器和逆变器三大部分组成,它们主要由电子元器件构成,不涉及机械部件,所以光伏发电设备极为精炼,可靠稳定、寿命长、安装维护简便。

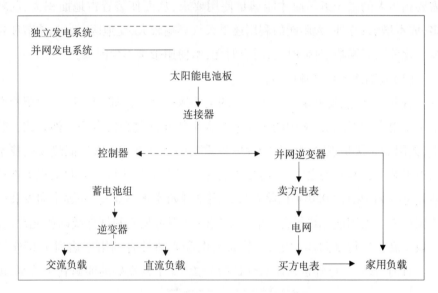

图7-2　太阳能光伏发电系统示意图

目前,光伏发电产品主要用于三大方面:一是为无电场合提供电源,主要为广大无电地区居民生活生产提供电力,还有微波中继电源、通讯电源、移动电源和备用电源等;二是太阳能日用电子产品,如各类太阳能充电器、太阳能路灯和太阳能草坪灯等;三是并网发电,包括太阳能光伏建筑一体化、戈壁电站等,是太阳能光伏发电最重要的技术实现路线。

世界光伏发电行业发展趋势为:一是通过扩大生产规模,改进生产装备,降低生产工艺成本;二是光伏发电向替代能源过渡,年产200兆瓦～1000兆瓦的大型企业成为主流,大型10兆瓦以上并网电站将成为主要产品;三是光伏组件与建筑集成化成为趋势;四是研究降低太阳电池材料成本;五是建筑一体化,包括光热、光伏等能源综合供给系统的概念将成为主流;六是新型适合人类应用的低成本高效率太阳能产品不断出现和应用。

（2）太阳能光伏产业技术进展

晶体硅光伏电池仍然主导光伏发电市场,开发低成本、适合大面积、大规模生产的薄膜太阳能电池生产技术是重要方向。

当前国际上最新的研发热点主要集中在低成本、高效率、高稳定性的光伏器件和光伏建筑集成应用系统等方面。在光伏器件及制造技术方面,晶体硅自光伏电池问世以来就作为基本的电池材料一直保持着主导地位,是目前国际光伏市场上的主流产品。薄膜电池是在廉价衬底上采用低温制备技术沉积半导体薄膜的光伏器件,材料与器件制备同时完成,工艺技术简单,便于大面积连续化生产。太阳能电池实现薄膜化,大大节省了昂贵的半导体材料,具有大幅度降低成本的潜力,是当前国际上研究开发的主要方向。目前已实现产业化和正在实现产业化的有多晶化合物半导体薄膜电池(碲化镉、硒铟铜)、非晶硅薄膜电池,具有广阔发展前景。薄膜电池的生产成本可以随着其生产规模的扩大而降低,一旦技术上有重大突破,其成本可以降到 1 美元/WP 以下。英国、美国和德国都在着手建设 100MW 规模的薄膜太阳能电池生产线。估计到 2020 年薄膜太阳能电池的市场份额在整个市场中的比例将超过50%。

从各种太阳能电池材料来看,2008 年,晶体硅太阳能电池占据了90%以上的份额,预计今后十年内晶体硅电池材料仍将占主导地位,多晶硅电池将逐步取代单晶硅电池(见图 7 - 3)。多晶硅薄膜电池成本低,无效率衰退问题,

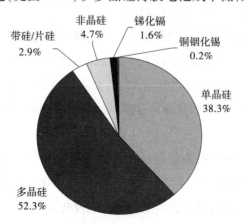

图 7 - 3　各种技术类型太阳能电池市场份额
数据来源:中国可再生能源发展项目办公室。

而非晶硅薄膜电池的稳定性不高,直接影响实际应用,多晶硅薄膜电池将会逐步扩大份额。多元化合物薄膜太阳能电池中,GaAs 是很理想的电池材料,而镉有剧毒,铟和硒是较稀有的元素,因此砷化镓将受到普遍重视。纳米晶 TiO_2 和有机聚合物太阳能电池尚处于研发起步阶段。因此,从转换效率和材料来源角度讲,今后发展的重点是多晶硅电池、多晶硅薄膜电池,并关注砷化镓薄膜电池(见表7-1)。

表7-1　太阳能电池主要应用材料及技术指标

种类	材料		实验室效率
晶体硅太阳能电池	单晶硅		24.70%
	多晶硅		20.30%
薄膜硅系太阳能电池	非晶硅		14%
	多晶硅		16.40%
薄膜化合物系太阳能电池	III—V 族	砷化镓 GaAs	38%
		InP	18%
	II—IV 族	碲化镉 CdTe	16.40%
	I—III—VI 族	铜铟硒 CIS	19.50%
		铜铟镓硒 CIGS	19.20%
其它	染料敏化 TiO_2 电池		4—10.5%
	聚合物多层修饰电极型太阳能电池		—

(3)太阳能光伏产业价值链分析

太阳能电池最上游原料为石英砂。从石英砂到最终可以使用的太阳能发电系统,中间包括以下步骤:硅料生产→硅料→硅片→电池→组件→工程安装→成品。按照从硅料到电池的产业划分,太阳能光伏发电的产业结构呈现明显的双金字塔结构,厂商数量是从硅料到组件逐层增加,产业利润分配则呈逐层递减(见图7-4)。

高居塔尖的是太阳能多晶硅制造企业。多晶硅生产企业受下游半导体行业影响,是明显的周期性行业,目前太阳能电池市场爆发使得多晶硅价格暴涨,盈利能力相当可观,但其盈利能力的周期性较强。

第二层是硅片制造企业。硅片生产环节主要流程包括铸锭(或单晶生长)、切方滚磨、多线切割机切片和化学腐蚀抛光等,其中铸锭环节能耗较高,切割机的投资规模也相对较大,设备投资约占初期总投资的60%以上。一般来说,硅片生产企业毛利率最高,其成本根据使用单晶硅还是多晶硅有所不同。

第三层是太阳能电池制造企业。一般来讲,太阳能电池制造企业毛利率比硅片制造企业低,但要高于电池组件生产企业。

第四层是组件制造企业。组件的生产主要是将制作好的电池封装,技术含量相对较低,进入门槛不高,属于劳动密集型产业,毛利率较低。

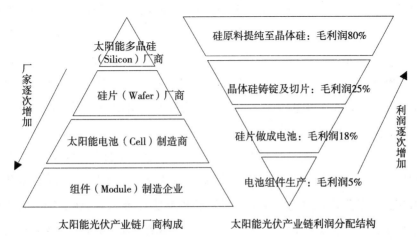

图7-4　太阳能光伏产业"双金字塔"结构图

(4)全球光伏产业概况

1)主要国家光伏产业发展概况

太阳能光伏是典型的政策驱动产业,受惠于德、美、日等国家相继出台的相关可再生能源规划和政策,全球光伏电池产量快速增长,发电成本不断下降。

自上个世纪九十年开始,美国、欧洲及日本相继制定了庞大的光伏发电发展计划。自2007年全球石油价格暴涨以来,尤其是2008年金融危机以来,美国、日本以及欧盟又制定了力度更强、规模更庞大的太阳能利用计划。在各种太阳能利用计划的推动下,国际光伏市场开始由边远农村和特殊应用向并网发电和与建筑结合供电的方向发展,光伏发电已由补充能源向替代能源过渡。

尽管新能源产业受到金融危机的冲击,但全球新能源产业发展前景十分光明。由于世界各国,尤其是美国、欧盟、日本对能源安全感到担忧,以及随着全球气候变暖的加剧,各国都认识到,要应对气候变化,就必须压缩温室气体的排放量,这也使对石油和煤炭等传统能源的进一步使用受到限制,发展太阳能光伏产业成为重要的出路。

德国在 1990 年年底宣布实施"1000 屋顶光伏发电计划",即计划在 3 年内在居民屋顶安装 1～5 千瓦功率级的光伏发电系统 1000 套,用以考察光伏并网发电系统的经济性、技术可行性和实用性。1991 年将计划调整到 2500 个屋顶,最终又调整到 5000 套屋顶光伏,到 1997 年实际完成了近万套。1998 年,德国政府提出开始实施 10 万屋顶计划,争取从这些屋顶上取得 300 兆瓦太阳能电。德国政府规定,太阳能电站在公共电网中每发 1kwh 的电,由政府补贴 0.574 欧元,而居民屋顶发电将比太阳能电站发电的价格还要高。德国电价是 0.1 欧元/kwh,而电力公司回购太阳能发电的价格是 0.5 欧元/kwh,差价调动了居民的积极性。此外,德国政府还对太阳能发电装置提供 10 年无息信贷,还提供 37.5% 的补贴。

美国作为世界上最大的能源消费国,为减少能耗和温室气体排放、调整能源结构,早在 1997 年就提出了"百万太阳能屋顶计划",其目标是到 2010 年将在 100 万个屋顶或建筑物其它可能的部位安装太阳能系统,使美国的太阳能应用技术得到了极大的提高。2009 年,新一任总统奥巴马将能源战略作为新政府引领美国走出经济困境的重要举措,在美国政府 2009 年 2 月出台的刺激经济计划中,要求能源部为新能源项目提供 600 亿美元的贷款担保。

日本早在 1974 年开始执行"阳光计划",投资 5 亿美元,一跃成为世界太阳能电池的生产大国,1994 年又提"新阳光计划"七年计划,计划到 2000 年推广 16.2 万套太阳能光伏屋顶,已完成。1997 年,日本政府又宣布 7 万光伏屋顶计划,到 2010 年将安装 7600MW 太阳能电池。在全球能源资源价格飙升和温室气体减排压力不断增大的形势下,作为可再生能源的太阳能电池的市场需求将进一步增加。2008 年,日本政府相继制定了《建设低碳社会行动计划》、《为扩大导入太阳光发电的行动计划》等,这些计划提出,到 2020 年将太阳能发电量提高到 2008 年的 10 倍,到 2030 年提高到 2008 年的 40 倍。为实施这些计划,日本政府对太阳能发电的技术开发和推广提供资金支持,力争在 3—5 年内将家庭太阳能发电系统的价格降到现在的一半水平。

瑞士、法国、意大利、西班牙、芬兰等国,也纷纷制定了光伏发展计划。

在各种计划的推动下,自20世纪90年代以来,太阳能光伏产业得到了迅速发展。1995—2008年间,全球太阳能电池产量从78MW增长到5500MW,增长了70多倍。

2)装机容量

自1997年—2008年间,全球光伏产业连续十年保持了40%以上的增幅。2008年,全球光伏产量比2007年增长46%,太阳能光伏发电新安装量550万千瓦,全球光伏产品销售收入约200亿美元,到2008年底,全球累计已安装了约1400万千瓦。欧盟、日本和美国是全球太阳能光伏的最大应用市场,并网发电和光伏建筑集成占据绝大部分市场份额。据权威机构预测,尽管受到金融危机的冲击,2009年,全球光伏产业仍将保持增长,而2010年开始又将恢复高速增长。

3)全球太阳能电池主要厂商

2008年,太阳能总安装量达550万千瓦,前10名业者产出总量已占了65%。根据2009年5月的太阳能专业杂志《Photon International》列出的2008年全球前10大太阳能电池厂商排行榜(见表7-2),前3名为德国Q—Cells,美国FirstSolar及大陆无锡尚德,河北晶澳、河北英利排名第五、第七位,台湾茂迪居第八。在前10位的厂商中,大陆有3家,台湾有1家。

表7-2 2008年太阳能电池十大厂商

排名	厂商	产量(万千瓦)
1	Q—Cell(德国)	58.16
2	First Solar(美国)	50.4
3	无锡尚德(大陆)	49.75
4	夏普(日本)	47.3
5	河北晶澳(大陆)	30.0
6	京瓷(日本)	29.0
7	河北英利(大陆)	28.2
8	台湾茂迪(台湾)	27.2
9	Sunpower(美国)	23.7
10	三洋(日本)	21.5

4)全球多晶硅生产情况及主要厂商

　　最近 10 年来,太阳能光伏产业上游的原材料多晶硅的需求量以每年 40% 以上的速度急速增长。在供不应求的市场条件下,多晶硅现货价格一路攀升,从 2003 年开始一路上涨,到 2007 年达到 400 美元/公斤,2008 年上半年更高达 480 美元/公斤的历史最高峰,5 年内上涨了 5 倍多,高峰时利润率超过 800%。受到暴利驱动,世界各地的多晶硅项目纷纷上马,从 2008 年开始,这些项目纷纷进入投产阶段,全球的产能大幅度提升(见表 7-3)。随着市场供需形势的逆转,多晶硅价格开始回复理性。有些专业机构认为,2009 年后,全球多晶硅可能面临过剩的风险。根据有关公司公布的多晶硅投资计划,到 2010 年底,全球多晶硅需求量预计在 8 万吨左右,全球的产能约为 20 万吨,其中中国的产能将达到 14 万吨左右。

表 7-3　2008 年全球主要多晶硅厂商排名

公司名称	2008 年实际产能(吨)	2009 年规划产能(吨)
美国黑姆洛克(Hemlock)	14500	19000
德国瓦克	14000	18000
江西赛维 LDK	7000	—
日本德山	6200	9200
挪威 REC	7000	15000
美国 MEMC	8000	—
日本三菱	4000	5000
日本住友	1400	1400

　　(5)我国太阳能光伏产业概况

　　1)发展历程及现状

　　我国于 1958 年开始研究光伏电池,1971 年,光伏电池首次成功应用于我国发射的东方红二号卫星上,从此开始了我国太阳能电池在空间的应用历史。同一年,太阳能电池首次在海港浮标灯上应用,开始了我国太阳能电池地面应用的历史。我国的光伏工业在 80 年代以前尚处于雏形,太阳能电池的年产量一直徘徊在 10KW 以下,价格也很昂贵,除了作为卫星电源,在地面上主要应用于航标灯、铁路信号系统、高山气象站等领域。

　　20 世纪 80 年代后期,国家开始对光伏产业予以支持,并从国外引进了多条太阳能电池生产线,光伏产业迅速形成了规模,光伏产品开始广泛应用于微波中继站、部队通信系统、水闸和石油管道的阴极保护系统、农村载波电话系统、小型户用系统和村庄供电系统等。1995 年,我国光伏电池/组件总生产能力达到 4.5MW,比 10 年以前 10KW 的生产能力增加了 400 多倍。

进入 20 世纪 90 年代后,我国光伏产业进入快速发展期,涌现出了天合光能、无锡尚德、宁波中意和保定英利等一批龙头企业,到 2003 年我国太阳电池/组件的实际生产量达到 13MW,是 1995 年产能的 3 倍。

自 2004 年以来,我国太阳能光伏产业进入了发展新阶段,在全球太阳能光伏产业中占有了一席之地。2008 年,我国太阳能光伏产业的销售收入达到 1000 亿元,在太阳能电池、多晶硅生产等光伏产业的两个重要领域,都取得了重大突破。

在太阳能电池方面,2002 年以前长期徘徊在全球产量的 1% 左右,自 2004 年以来,在国际光伏市场尤其是德国、日本市场强大需求的拉动下,我国光伏产业发展迅速。2006 年,中国太阳能电池产量达到世界份额的 10% 以上,仅次于日本、欧洲,居世界第三位;到 2008 年,中国太阳能电池产量达 1.78GW,占全球总量的 26%,排名全球第一(如果将欧盟作为一个整体,则欧盟占有 27% 的全球份额,略高于中国,排名第一,我国排名第二)。

在多晶硅方面,前几年我国所需多晶硅主要依赖进口。近几年,我国多晶硅产业发展迅速。2006—2008 年,中国企业在多晶硅项目上的投资达到 440 亿元,到 2008 年年底,随着国内多个多晶硅项目陆续投产,已形成 1 万吨以上的多晶硅生产能力,实现产量达 4500 吨,大大缓解了制约光伏产业发展的多晶硅原料供应短缺问题,同时也推动了中国市场多晶硅价格的下降。

据中国电子材料行业协会等机构的数据显示,2009 年,中国在建的硅料项目约 33 个,总投资近千亿元。在 2009 年第 1 季度,我国多晶硅生产企业已经超过 10 家。预计到 2009 年年底,我国将可形成 3 万吨左右的产能,产量突破 1 万吨,到 2010 年,在建项目总规划产能将达到 14 万吨左右。

由于行情急剧变化,许多公司对投资计划进行了重大调整,如无锡尚德暂停了一批扩产项目,原计划在 2015 年实现销售收入 1000 亿元也进行了重大调整;常州天合光能有限公司终止了在江苏省连云港 10 亿美元的项目。

2)主要生产环节的龙头企业

太阳能光伏产业链主要分成三大产业环节—多晶硅料、硅棒/硅片和电池/组件。经过几年的发展,中国太阳能光伏制造产业链业已成熟。

硅料生产:在硅料提纯和生产,位于前六位的企业是:洛阳中硅、四川峨眉、新光硅业、大全集团、无锡中彩和徐州中能。与此同时,这些企业还进行多晶硅的生产。

多晶硅和单晶硅生产:多晶硅生产的龙头企业有江西赛维 LDK、河北晶龙、扬州顺大、隆基硅、无锡海润和镇江环太。江西赛维 LDK 在 2006 年成为国内最大的多晶硅硅片提供商,2007 年成为亚洲最大的多晶硅硅片提供商,2008 年成为世界最大的多晶硅硅片提供商。2006 年—2008 年,该公司销售收入分别为 9.5 亿元、40 亿元、100 亿元。受金融危机影响,江西赛维 LDK 在 2008 年第四季度亏损 1.3 亿美元。我国生产单晶硅的主要企业是锦州阳光,锦州阳光是中国第二大、东北地区最大的太阳能硅片提供商。2007 年的产能为 1000 吨硅棒及 1700 万硅片,预计在 2009 年产能达到 2000 吨硅棒及 5600 万硅片。公司的主要客户为日本的夏普和三洋、中国的尚德等品牌太阳能电池客户。

太阳能电池:太阳能电池生产企业,以无锡尚德为龙头,还有江苏 CSI 阿特斯、江苏林洋、河北晶澳、天威英利和中电光伏。其中,无锡尚德的销售收入从 2005 年 17 亿元(2.26 亿美元)增长到 2007 年 100 亿元(13.48 亿美元)。2008 年,受金融危机影响,无锡尚德销售收入略有下降,特别是在第四季度,亏损 6590 万美元。此外,林洋新能源在第四季度亏损在 1 亿美元左右。

7.1.2 风电装备

风能是指太阳辐射造成地球各部分受热不均匀,引起各地温差和气压不同,导致空气运动而产生能量,利用风力发电机可以将风能转换为电能。全球风能资源蕴藏量巨大,约达 2.74 亿万千瓦,其中可利用的风能为 200 亿千瓦,比地球上可开发利用的水能总量还要大 10 倍。

中国是风能资源丰富的国家。根据中国气象科学研究院的计算:我国 10m 高度层的风能理论可开发总量为 32.26 亿 KW,实际可开发总量为 2.53 亿 KW。中国近海(水深小于 15m)的风能资源,估计为陆路上的 3 倍,即约为 7.5 亿 KW。这样,陆上和近海 10m 高度层可开发风能资源总量约为 10 亿

KW。现代大型风力发电机组的高度已经超过 50m,50m 高度的风能密度是 10m 高度的 2 倍,因此,中国技术可开发的风能资源的总量可达 20 亿 KW。

(1)全球风电产业概况

人类使用风力发电已有 100 多年的历史。1887 年,美国人 Charles F. Brush 建造了世界第一台风力发电机组。在 20 世纪前期,小型风力发电机在美国、欧洲的一些电力匮缺的地区得到了快速的发展。二战后初期,由于中东地区一些大油田的发现,化石能源的价格一路低迷,风能利用在经济上毫无意义。上世纪 70 年代连续出现了两次能源危机(1973 年和 1979 年),世界范围内能源价格一路上涨,在美国、丹麦、德国、英国、瑞典等国家政府项目的推动下,风电发展迎来了高潮,小型风力发电机组广泛应用,同时大型风力发电机组也发展成熟起来。

据全球风能理事会(GWEC)统计,由于受石油价格猛涨和温室气体排放等因素的影响,2003 年以来,世界风能市场每年都以 40% 的速度增长,预计未来 20—25 年内,世界风能市场每年将递增 25%。2007 年全球新增风电装机容量为 2 万 MW,增长 32.1%,新增装机容量排名前十位的国家是:美国(5244MW)、西班牙(3522MW)、中国(3449MW)、印度(1730MW)、德国(1667MW)、法国(888MW)、意大利(603MW)、葡萄牙(434MW)、英国(427MW)、加拿大(386MW)。

截至 2007 年底,全球风力发电的累计装机容量已达 9.41 万 MW,比 2006 年的 7.41 万 MW 增加 27%。累计装机容量排名前十位的国家是:德国(22247MW)、美国(16818MW)、西班牙(15145MW)、印度(8000MW)、中国(6050MW)、丹麦(3125MW)、意大利(2726MW)、法国(2454MW)、英国(2389MW)、葡萄牙(2150MW)。

预计到 2012 年,全球风力发电的累计装机容量将达 24.03 万 MW,风力发电已成为世界各国和地区新建发电厂的主流选择之一。

据 GWEC 统计,2007 年,全球风电装备的市场规模超过 370 亿美元,而 2006 年为 140 亿美元,2007 年比 2006 年增长 164%。预计 2020 年,全球风电装备的市场规模将达到 1200 亿美元。

随着技术进步,风电技术呈现出如下趋势:一是单机容量持续增大。世界上主流机型的容量已经从 2000 年的 500～1000KW 增加到 2007 年的 2MW～

5MW。预计 2010 年前欧洲将开发出 10MW 的风电机组,15MW 机组也已开始概念设计。大型机组的叶轮直径从 80m 相继提高到 100m、110m、114m、116m,2007 年达到 126m。二是风电机组型式多样化,逐步从失速型向变速变桨恒频(双馈式和直驱式)型发展。

长期来看,风电设备市场是进入门槛较高、学习曲线较长、集中度较高的市场。2007 年,全球十大风电设备制造商累计占有全球市场 96% 的份额,而前 4 家最大风电设备制造商就掌控了全球市场 75% 的份额。我国的金风科技的全球市场占有率达到了 3%。叶片等零部件市场的集中度也比较高,其中,丹麦 LM 公司一家就占据了全球近 30% 的叶片市场份额。我国的金风科技在 2007 年成为全球第 8 大风电整机制造商,华锐风电也首次进入前 10 名。

2007 年,全球风电装备市场前五位的风电机组供应商及市场份额见表 7－4。

表 7－4　2007 年全球风电装备市场上前五位的全球风电机组供应商

位次	公司名称	市场占有率
1	丹麦 VESTAS	33.7%
2	德国 ENERCON	14.8%
3	西班牙 GAMESA	13.8%
4	美国 GE 风能	13.0%
5	德国西门子	7.5%

目前,全球的五大电力装备巨头美国通用电气(GE)、德国西门子、法国阿尔斯通、瑞士 ABB 和日本三菱重工均已进入风电装备领域。

(2)中国的风电产业概况

我国风力发电和风电装备的发展起步较晚。1986—1990 年,我国开展了并网风电项目的探索和示范,在此期间共建立了 4 个风电场,安装风电机组 32 台,最大单机容量为 200KW,总装机容量为 4.2 万千瓦。1990 年—2004 年间,我国风电开始逐步推广,但总体发展步伐不够快,2004 年底累计装机容量仅有 76 万千瓦。2005 年以来,在国家政策的扶持下,风电高速发展,新增装机容量平均每年保持 100% 以上的高速度。2008 年,我国新增风电装机容量就达到 624.6 万千瓦,增长速度 89%,装机总容量突破 1200 万千瓦。

2008 年,我国风电装备的市场规模约为 230 亿元。根据国家最新的新能源发展规划(草案),到 2020 年,中国新能源总投资预计将达 3 万亿到 4.5 万亿元,拉动全社会总投资 9 万亿元。其中,到 2020 年的风电总装机容量将提高到 1.5 亿千瓦(原先的规划是 3000 万千瓦,是原规划的 5 倍)。今后 10 年,风电装备的市场需求合计为 1 万亿元。根据专业机构分析,我国风电机组整机到 2010 年市场规模为 300 亿元,2020 年可以达到 1800 亿元。

风电机组可以分为齿轮箱、叶片、轴承和变频器四部分。目前,我国少数企业已掌握了 1.5MW 及以下容量的风电机组整机和零部件的设计制造技术并实现了批量生产,但大部分风电装备制造企业目前还停留在中低端设备的设计与制造水平,国产兆级变速恒频机组正在研制并有部分机组投入运行,兆瓦级叶片、齿轮箱和发电机也相继完成研制并投入小批量生产。但总的来看,整机总体设计和关键零部件设计制造技术仍是制约中国风机制造业发展的最大瓶颈。目前,国内叶片制造与销售的工厂主要是天津 LM 和无锡中航惠腾。根据中国风能协会的统计,2007 年国产风机市场占有率由 2006 年的 41% 大幅提升至 56%。到 2009 年,国产 1.5—2MW 兆瓦级风机产能将陆续开发出,国产设备市场占有率将进一步提升,国外厂商将向 2.5MW 以上或大型海上风机市场发展。

截至 2008 年初,国内风电机组制造商共有 60 多家,包括国有、国有控股公司 30 多家,民营制造企业近 20 家,合资企业、外商独资企业 10 多家。其中,国内的 50 多家公司,大多是 2005 年以后开始涉足风机整机制造。2008 年,外资、本土和合资企业的市场份额分别为 40%、55% 和 5%。到 2008 年底,国内涉及到风电装备制造的企业估计超过 100 家。2008 年,国内形成了 400 万千瓦的风机生产能力。

目前,我国主要的风电整机制造企业有:新疆金风科技股份有限公司、大连重工起重机有限公司、浙江运达风力发电工程有限公司等(见表 7-5)。在火电设备技术已经逐步走向衰落的趋势下,国内上海电气集团、东方电气集团和哈尔滨电站设备集团等三大电力设备集团均把风电设备制造看作未来业务增长点,大举进入风电设备制造业。大连重工起重机有限公司利用它在重型装备中的优势,成立华锐风电科技有限公司,高起点引进 1.5MW 风电机组制造技术。金风科技是我国最大的风电整机生产企业,借助于行业的快速发展,

表 7-5　中国主要的风电机组制造商情况表

制造企业名称	企业性质及其行业	主要技术参数（额定功率）	技术来源	风机/样机安装（单位：台）
华锐风电科技有限公司	国有控股，重工业	1500KW	技术许可证/德国弗兰德	300（2007 年前共500）
		3000KW	购买设计/奥地利 Windtec	样机，2008 年底
		5000KW	购买设计/奥地利 Windtec	样机，2009 年底
东方汽轮机有限公司	国有，发电厂技术	1500KW	技术许可证/德国 Repower	100
		2500KW	购买设计/德国 Aerodyn	—
新疆金风科技股份有限公司	国有控股	600KW	技术许可证/Jacobs/Repower	587
		750（800）KW	技术许可证/德国 Repower	950
		1500KW	技术许可证/Vensys	15（至 2007 年 6 月）
		2500KW	技术许可证/Vensys	—
浙江运达风力发电工程有限公司	国有	750KW	技术许可证/德国 Repower	50
		800KW	自主设计	—
		1500KW	自主设计（英国 Garrad Hassan 公司校核）	—
保定惠德风电工程有限公司	国有，航空工程	1000KW	技术许可证/德国弗兰德	1（2006 年）
		2000KW	购买设计	
沈阳华创风能有限责任公司	民营	1000KW	自主研发（沈工大）	1 样机，2004 年
		1500KW	自主研发（沈工大）	2（2007 年 3 月）
江苏新誉风力发电设备有限公司	民营，铁路工程	1500KW	国内技术转让（沈工大）	10（2007 年）
		2000KW	自主研发	
华仪电气集团	民营，上市公司	1500KW	购买设计/德国 Aerodyn	
		780KW	自主研发	—

制造企业名称	企业性质及其行业	主要技术参数（额定功率）	技术来源	风机/样机安装（单位:台）
上海电气风电设备有限公司	国有,上市企业,电厂零件供应商	1250KW	技术许可证/Dewind/EU Energy	2(2007年6月)
		2000KW	购买设计/德国 Aerodyn	—
哈尔滨风电设备股份有限公司	国有,电厂零件供应商	1200KW	自主研发	1(样机,2006年)
广东明洋风电技术有限公司	民营	1500KW	购买设计/德国 Aerodyn	4（2007年;样机,2007年9月）
		3000KW	购买设计	—
		5000KW	购买设计	—
北京北重汽轮电机有限责任公司	国有	2000KW	技术许可证/Dewind/EU Energy	—
中国南车集团株洲电力机车研究所	国有,铁路工程	1650KW	购买设计/奥地利Windtec	样机,2007年底/2008年开始运行
中船重工(重庆)海装风电设备有限公司	国有,造船业	850KW	技术许可证/Frisia	—
		2000KW	购买设计/德国 Aerodyn	—
武汉国测科技股份有限公司	国有	1000KW	技术许可证/瑞典Delta	—
艾万迪斯能源咨询有限公司	民营	2000—3000KW	购买设计/德国 RSBConsult	样机,2008年6月

数据来源:中国风能协会。

金风科技的销售收入已经实现了连续九年翻番,2008年销售收入达到65亿元,同比增长108%。

风电叶片:国内企业主要有保定惠腾能够生产1.5MW变桨距叶片,上海玻璃钢研究所从德国引进1.5MW叶片;外资厂商不断在我国设立叶片工厂,如挪威Vestas在天津,丹麦LM在新疆分别设立叶片工厂。

发电机、齿轮箱:厂商多数是大型设备制造商。发电机和齿轮箱通常由国内大型发电机厂商和齿轮箱厂商生产,发电机厂商包括北车集团永济厂、兰州电机、株洲南车电机等企业,其中永济厂曾经占有风力发电机约80%的市场份额。齿轮箱厂商主要包括南京高精齿轮集团、杭州前进齿轮箱集团等,其中南京高精齿轮集团占有 90% 的市场份额。

控制系统:国外进口较多。控制系统多数由整机生产公司开发,其控制系统较为复杂,在 MW 级风机制造中,国内厂商通常采用进口,或是与外商合作逐步实现国产化。金风公司基本完成了 1.5MW 直驱永磁风电机组的控制系统的开发,该型风机已经于 2007 年 3 月开始投入运营。

金属部件:轴承技术要求较高,其他金属部件技术门槛较低。轴承是直驱式风电机最关键的机械部件,国产轴承目前还不能满足大型风力发电机的需要,需要引进国外技术。风电设备的其他零部件的技术门槛较低,厂商也较多,例如塔架通常在组装厂附近就近生产。

(3)国内风电产业投资概况

根据中国风能协会等机构的资料,2009 年国内在建的风电装备项目投资规模在 1000 亿元以上,主要投资项目有:

——河北保定风电产业园,主要依托中航集团所属企业建设,龙头企业有保定惠腾风电公司、保定中能风电等。

——唐山曹妃甸新能源装备研发及成套制造基地,总投资 40 亿元,生产风电装备。

——辽宁丹东东港经济开发区的丰能公司的风电基地,投资在 20 亿元以上。

——吉林省通榆县总投资达 100 亿元的三一通榆风电产业园,由吉林省通榆县人民政府、吉林省投资(集团)有限公司和三一电气有限责任公司共同出资建设。

——重庆正在投资 166 亿元,建风电装备生产基地,该基地由中船重工(重庆)海装风电设备有限公司建设,现已正式投产,已批量生产风电设备。

——南京市投资 100 多亿元的南京风力发电装备产业园,已于 2008 年 6 月动工。南京风力发电装备产业园由中国目前规模最大的风电整机生产企业金风科技、南京高精齿轮集团和南京汽轮电机集团等龙头企业联合投资建设,形成了风电总装、整机生产、风电传动系统、发电机、控制系统及风电叶片材料等关键部件的聚集,产业链已初步成型。2008 年,南京市风电装备制造业实现产值 40 亿元,2009 年预计实现产值 70 亿元,2010 年达到 150 亿元。

——国电连云港风电装备基地,总投资 10 亿元,由国电联合动力技术

(连云港)有限公司建设,已经投产,规划年产1.5兆瓦风力发电机组整机600台,包括海上及陆地风机、叶片及其配件生产、风力发电机组总装等。基地还将设立风电技术研发中心开展研发业务。预计年产值40亿元。此外,连云港还有中复连众风电叶片、韩国重山风电塔架项目等重大项目。

——大连风电装备基地,由大连瓦轴集团公司与国电联合动力技术有限公司合作建设,将建成全国规模最大的风力发电轴承生产基地,6大系列风电轴承实现了同步开发,已开始为多家世界知名的风电企业和国内多家用户批量供货,实现了全方位为风力发电主机配套。

——河北张家口风电装备基地,由三一重工集团负责建设,计划用五年时间形成100亿元风电装备生产规模。国家发改委已经批准在张家口建设百万千瓦级风力发电基地,未来将建设千万千瓦级风电基地。

——河南正在投资100多亿元,依托许继电器等龙头企业,计划在新乡、焦作、许昌等地,建设风电设备研究与制造基地,生产规模计划为500亿元。

——中国北车集团,投资30亿元建设山东济南风电装备生产基地,预计产值100亿元;投资70亿元,建设西安风电装备和轨道交通装备基地。

——中国南车集团株洲电力机车有限公司投资约21亿元扩建株洲风电产业基地。

——金风科技,依托乌鲁木齐经济技术开发区达坂城区合作区,建设"中国风谷"。

7.1.3 其他新能源产业

(1)核能

核能发电为利用核反应堆中核裂变所释放出的热能进行发电,它与火力发电极其相似,只是以核反应堆及蒸汽发生器来代替火力发电的锅炉,以核裂变能代替矿物燃料的化学能。在结构上,核电站由核岛(主要包括反应堆、蒸汽发生器)、常规岛(主要包括汽轮机、发电机)和配套设施组成。核能发电具有不排放温室气体、燃料运输方便、燃料成本比重低的优势。

核能发电始于20世纪50年代。1954年,前苏联建造的世界首座核电站开始发电,标志着核电时代的到来。经过半个世纪的发展,核电已成为主要工业国能源结构的重要组成部分。到2007年,全球正在运行的核动力堆总数达到 443 个,总装机容量为 3.69 亿千瓦,分布在 31 个国家和地区。这些核电站采用的技术路线分别为:压水堆占 60%,沸水堆占 21%,重水堆占 9%,石墨堆等其它堆型占 10%。核电年发电量占世界发电总量的 17%,核电发电量超过 20% 的国家和地区共 16 个,其中包括美国(20%)、法国(77.6%)、德国(28.1%)、日本(25%)、英国(23.7%)等发达国家。各国核电装机容量的多少,很大程度上反映了各国经济、工业和科技的综合实力和水平。核电与水电、火电一起构成世界能源的三大支柱,在世界能源结构中有着重要的地位。

我国自 1991 年第一座核电站——秦山一期并网发电以来,截至 2008 年末,有 6 座核电站共 11 台机组 910 万千瓦投入商业运行,核电装机容量约占电力总装机容量的 1.3%。根据中央"积极发展核电"的方针和我国最新的能源振兴规划,预计 2020 年核电装机容量将达到 8600 万千瓦。

我国是世界上少数几个拥有完整核工业体系的国家之一。在工程设计方面,我国已经具备了 30、60 万千瓦级压水堆核电站自主设计的能力,部分掌握了百万千瓦级压水堆核电站的设计能力。在设备制造方面,目前可以生产具有自主知识产权的 30 万千瓦级压水堆核电机组成套设备,国产化率超过80%;基本具备成套生产 60 万千瓦级压水堆核电站机组的能力,自主知识产权份额超过 70%;基本具备国内加工、制造百万千瓦级压水堆核电机组的大部分核岛设备和常规岛主设备的条件。在核燃料循环方面,目前已建立了较为完整的供应保障体系,为核电站安全稳定运行提供了可靠的保障,可以满足目前已投运核电站的燃料需求。在核安全法规及核应急体系建设方面,结合国内核电的实际情况,我国目前已经初步建立了与国际接轨的核安全法规体系;制订了核设施监管和放射性物质排放等管理条例,建立了中央、地方、企业三级核电厂的内、外应急体系。

(2)生物质能与生物质发电

从能源的消费结构看,生物质能是仅次于煤炭、石油和天然气的世界第四大能源。根据生物学家估算,地球陆地每年生产 1000~1250 亿吨生物质,海洋年生产 500 亿吨生物质。目前,全球大约 1% 的生物质用作能源,但它已为全球提供了 14% 的能源。生物质能利用主要包括生物质能发电和生物燃料两个方面。生物质能发电方面,主要是直接燃烧发电和利用先进的小型燃气轮机联合循环发电。生物燃料是指通过生物资源生产的石油替代能源,包括生物乙醇、生物柴油、ETBE（乙基叔丁基醚）、生物气体、生物甲醇与生物二甲醚。

现代生物质能的发展方向是高效清洁利用，将生物质转换为优质能源，包括电力、燃气、液体燃料和固体成型燃料等。生物质发电包括农林生物质发电、垃圾发电和沼气发电等。2006 年，全世界生物质发电总装机容量约为5000 万千瓦，主要集中在北欧和美国。沼气已是成熟的生物质能利用技术，在欧洲、中国和印度等地已建设了大量沼气工程和分散的户用沼气池。

自 1990 年以来，生物质发电在欧美许多国家开始大发展。截至 2004 年，世界生物质发电装机已达 3900 万千瓦，年发电量约 2000 亿千瓦时，可替代7000 万吨标准煤。目前，国外的生物质能技术和装置多已实现了规模化产业经营。美国、瑞典和奥地利生物质转化为高品位能源利用方面已具有相当可观的规模，分别占该国一次能源消耗量的 4%、16% 和 10%。

我国拥有丰富的生物质能资源，每年我国理论上有生物质能资源 50 亿吨左右，其中农作物残留物占一半多。据初步估算，在我国，仅农作物秸秆技术可开发量就有 6 亿吨，其中除部分用于农村炊事取暖等生活用能、满足养殖业、秸秆还田和造纸需要之外，我国每年废弃的农作物秸秆约有 1 亿吨，折合标准煤 5000 万吨。照此计算，预计到 2020 年，全国每年秸秆废弃量将达 2 亿吨以上，折合标准煤 1 亿吨，相当于煤炭大省河南一年的产煤量。

近年来，我国在生物质发电领域取得了重大进展。截至 2007 年底，国家和各省发改委已核准项目 87 个，总装机规模 220 万千瓦。全国已建成投产的生物质直燃发电项目超过 15 个，在建项目 30 多个。同时，我国农村沼气发电和城市垃圾发电也取得很大进展。预计 2010 年，我国的沼气发电容量为 80万千瓦，2020 年达到 150 万千瓦；2010 年垃圾焚烧发电装机将达到 50 万千瓦，2020 年焚烧发电的垃圾处理量达到总量的 30%，垃圾焚烧发电总装机将达到 200 万千瓦以上。

7.2 东湖高新区新能源产业发展现状与优势

7.2.1 东湖高新区新能源产业发展现状

东湖高新区发展新能源产业具有较强的技术开发能力和较好的产业基

础,区内一大批国内顶尖级的高等院校和科研院所都在新能源技术领域开展了相关研究,武汉大学、华中科技大学、武汉理工大学、华中农业大学等高校在风能、太阳能、核能、生物质能、氢能等领域都有较好的研究基础。2008年,东湖高新区新能源产业总产值达到68.86亿元,占全区产值的3.9%。

(1)太阳能产业

1)产业链初现端倪,技术具有优势

高新区依托日新科技、珈伟太阳能、迪源光电、银泰科技等企业,初步构建起了晶体硅/非晶硅—太阳能光伏电池—太阳能光伏电池组件—太阳能光伏构件—系统集成—工程应用的相对完整的太阳能产业链。

在太阳能电池组件、光电建筑产品以及太阳能半导体照明技术领域,高新区的日新科技、珈伟太阳能具有多年研发经验,处于国内领先水平。

2)产业发展十分迅速,规模不断扩大

在热利用方面,武汉市场规模较大,目前已成为国内太阳能热水器销售的第二大城市,仅次于济南。2008年底,太阳能产业产值达到20多亿元,比2007年增长1倍多。其中光伏行业更是出现了超常规发展态势,仅珈伟公司就实现了产值近400%的增长。

3)应用示范成效显著,社会反响热烈

东湖高新区推进了太阳能照明、风光互补、太阳能并网发电等新能源示范工程。其中,太阳能照明示范包括国家康居示范工程、武汉市建筑节能试点示范小区——绿景苑小区、汉阳江滩大禹神话园照明工程。风光互补示范包括有节能率达到100%的武汉汉口江滩四季花坛太阳能示范工程、中科院武汉植物所太阳能与风能互补照明示范工程。太阳能并网发电示范包括科技部太阳能建筑一体化并网发电示范项目——武汉科技学院太阳能光伏发电系统、建设部和财政部资助的目前国内最大的太阳能光伏建筑一体化(BIPV)并网发电综合示范园区和产业化基地——武汉日新科技光伏工业园、台北路中侨官邸并网发电系统示范工程等。这些示范工程产生了热烈的社会反响,并受到了党和国家领导人的关注。

4)积极出台政策,大力扶持产业发展

2008年1月21日,武汉市建委率先出台节能新规——《在新建建筑工程中推广使用太阳能热水系统的指导意见》,推广应用太阳能。要求从4月1日起,12 层以下有条件的新建楼房必须安装太阳能热水系统,并鼓励超过 12 层的住宅建筑和其它公共建筑使用太阳能。2009 年,武汉市科技局确定将着力打造八条高新技术产业链,其中一个就是要推动太阳能产业的发展,促进武汉"两型社会"建设和产业转型。武汉市提出了实施"十城万盏"半导体照明工作方案,建立示范样板区和核心区;启动实施"百镇千村"计划;推进 BIPV 室内 LED 照明,形成将 BIPV 与室内 LED 半导体照明相结合的新的光电建筑应用形式。

(2)风能产业

高新区在风能产业链的各环节,均有技术基础较好的企业。

整机:武汉国测诺德新能源有限公司引进瑞典 Deltawind AB 公司 1.0 兆瓦两叶片风机设计制造技术,并已开始批量化生产。2008 年 12 月首批风机产品在客户风场正式并网发电,目前公司研发团队致力于现有技术升级和 3兆瓦及更大功率两叶片机型研发。

电控系统:凌久高科已形成具有自主知识产权的风电机组电控系统技术,2008 年交付风电机组电控系统产值达 3000 多万元。目前,凌久高科作为电控系统的责任单位,参加国家科技部支撑计划项目 5 兆瓦双馈式近海风电机组研制。

齿轮箱:2007 年底,三三〇三工厂进入风力发电齿轮箱产品领域的研发、设计和试制。其产品领域主要为生产 1 兆瓦及以上功率风力发电机齿轮增速箱,立足于为武汉本地整机企业国测公司提供配套并进一步开拓国内市场。

其他零配件:长航电机厂已经开始生产风力发电机,武汉汽轮发电机厂也有意进入风力发电机领域;军工企业四六一、四七一厂已开始生产主轴;武昌造船厂、六八零三厂已承接塔筒、连接件制造。

(3)先进能源技术开发及装备制造业

武汉地区集中了华中科技大学电气与电子工程学院高电压系、华中科技大学能源与电力学院、武汉大学动力机械学院、中南电力设计院、国家电网武汉高压研究所、国家电网湖北电力勘测设计院等大专院校和科研设计单位。在特高压交流直流输电技术、设计和装备制造领域具有很强的实力。武汉地区还分布了不少电力系统(国网和华中电网)的设计、工程总承包和装备制造企业。

（4）核能产业

1）核电理论研究和技术研发实力雄厚

中核武汉核电运行技术股份有限公司是主要从事核动力在役检查技术开发与技术服务领域的国内龙头企业。华中科技大学能源学院（前动力系）和电气学院（前电力系）、武汉大学物理科学与技术学院、华中师范大学物理系在核电综合理论研究和科研方面均具有传统优势。

2）核电设备和构件制造具有较强竞争力

在核电站核岛堆内构件和容器制造方面,东方电气（武汉）核设备有限公司具有一定实力;中船四七一厂在核电站核岛关键零部件管道制造方面实力雄厚;武昌造船厂在各类压力容器制造、建筑钢结构和水工金属结构、市场营销等各方面竞争力很强;武汉重型机床厂拥有研发和制造大型专用数控单柱移动立式车铣复合机床的能力。

（5）生物质能产业

高新区企业在生物质能装备制造方面具有较好的基础,同时在垃圾焚烧发电、垃圾焚烧锅炉及配套调节阀、循环流化床锅炉制造、生物柴油、乙醇汽车等方面有相当的技术优势。

（6）氢能产业

武汉地区在氢燃料电池、电化学和电动汽车等领域具有一定技术实力。武钢炼钢过程中的副产品——焦炉煤气是氢气制备的理想原料,发展氢能产业基础较好。

7.2.2 东湖高新区新能源产业发展优势

（1）研发实力雄厚,有利于引领新能源产业自主创新

在新能源技术研究方面,武汉大学、华中科技大学、武汉理工大学、华中农业大学、华中师范大学等都具有相当的研发实力,在光伏电池新品研发及效率提高、质子交换膜燃料电池技术、生物质发电设备（锅炉、内燃机、发电机、汽轮机）研发、油菜籽直接转化生物柴油等方面已经取得大量成果,拥有处于国内前列水平的技术优势。

（2）装备制造业优势突出,有利于增强新能源产业配套能力

在风电方面,武昌造船厂、三江集团、武汉重工等企业与现在国内从事整

机生产的龙头企业（华锐、东汽、海装）等在生产技术、企业素质、以及规模上相当,甚至在某些方面还处于优势。在齿轮箱、发电机、电控系统领域,武汉本地均已有企业投资进入,并且技术水平和可靠性正不断得到完善和提高。另外,其它的关键零部件如主轴、塔筒等,武汉也有企业生产制造。武汉的风电产业链配套能力优势国内无出其右。

在生物质能方面,武汉锅炉公司、长江动力集团、武汉天元锅炉有限责任公司等一大批在国内居于领先地位的发电设备生产企业,具有开发、研制、生产各种以生物质为燃料的不同容量发电设备的能力。另外,武汉凯迪电力股份有限公司、武汉都市环保公司在生物质发电厂的设计、施工方面具有较强的技术优势和产业基础。

（3）领导重视,政策倾斜,有利于促进新能源产业超常规发展

湖北省针对自身缺煤、少油、乏气,能源自给度低的实际状况,十分重视大力发展新能源,通过财政补贴水能、生物质能、风能和太阳能等可再生能源产业,并陆续出台了扶持新能源产业发展的倾斜政策。湖北早已实施"追风计划",在咸宁九宫山等"风水宝地"陆续建设风力发电场,内陆首座核电站——咸宁大畈核电站、宜昌太阳能多晶硅生产基地、枝江迅达可再生能源产业科技园、湖北林业400万亩生物质能基地等重点工程相继启动或完成。

武汉市、东湖高新区抓紧推进武汉风电产业园的规划建设,为发展风电提供了坚实平台。目前,武汉风电产业园已经完成前期规划和可行性研究,一系列促进风电产业发展的相关政策（如实行减免税政策、施行优惠的土地政策、申请科研补助及列入"十二五"发展规划目录等）即将出台。

（4）资源储量丰富,有利于实现新能源产业降低成本、提高效率

武汉地区太阳热能资源非常丰富,可以充分利用;湖北省硅石资源储量达11亿吨,且品位较高（大多为99.9%以上）;生物质能方面,湖北省是我国重要的农产品生产基地,黄连木、油桐、油茶等高能量的木本油料植物分布广泛,为发展生物质能产业提供了丰富的资源;武钢在炼钢过程中产生的大量焦炉煤气,是武汉发展氢能产业得天独厚的资源。

（5）诸多优势结合,有利于推动新能源产业走向全国

武汉市历史上就是九省通衢,随着2012年前湖北多条高速铁路建成,地理位置将更为优越。高新区基础设施完善,交通发达,人力成本相对较低,能

够更加有效配置资源,发挥人力、科技、产业和区位有机结合的优势,有利于推动新能源产业走向全国。

7.3　面临的市场与产业发展机会

7.3.1　太阳能产业的发展重点是瞄准光电建筑一体化和硅材料两大市场

2020 年,世界光伏发电将占总电力的 1%,到 2040 年光伏发电将占全球发电量的 20%,未来数十年,全球光伏产业的年增长率将高达 25%—30%。在我国 2009 年发布的新能源发展规划中,太阳能发电装机规模计划到 2011 年达到 200 万 KW,2020 年达到 2000 万 KW,光伏应用市场发展空间十分巨大。

(1)光电建筑一体化(BIPV)是未来的发展重点

目前我国在建筑节能方面制定了两个目标:一是到 2010 年,所有城镇建筑节能要达到 50% 的节能率,特大城市和部分城市率先达到 65%;二是到 2020 年,城镇建筑节能全部要达到 65%。太阳能光电建筑预计于 2010 年在全国全面推广,2020 年以前光伏建筑一体化(BIPV)项目的累计装机容量占光伏发电的市场份额约 30%。光电建筑一体化将成为我国大力推动的发展领域。

与国内其他光伏企业相比,东湖高新区在该领域具有先发的优势。日新科技公司拥有多年光电建筑一体化的研发和光电建筑产品生产方面的经验,并且是光伏建筑一体化国家标准的参与制定者。以日新科技为龙头,抓住国家大力推动光伏应用的难得机遇,高新区太阳能产业将可以实现跨越式发展。

(2)低成本太阳能级硅材料已实现重大突破

多晶硅原料的提纯属于敏感技术,目前主流的多晶硅制备方法是西门子法,其关键的技术和生产设备基本垄断在西方国家手中,它们联合起来对我国进行技术封锁。我国企业由于起步较晚、生产量小,资金缺乏等原因,难以突破较高的技术和资金壁垒。珈伟太阳能近三年一直立足于自主创新,另辟蹊径,着力于低成本太阳能级硅材料的研发,其冶金法制取多晶硅的硅纯度已达商业化生产的要求,由此制作的太阳能电池转换效率≥14%,多晶硅技术生产成本降低 50% 左右,达到世界领先水平。这一重大突破,为硅材料产业快速发展奠下了坚实基础。

（3）薄膜电池产业发展潜力巨大

晶体硅太阳电池的研究发展方向是高效率化、薄片化和大面积化。目前全球非晶硅薄膜电池的产能扩张计划较大，其发展速度远远超过太阳能光伏市场的增速，是未来太阳能电池的重要发展方向。2007 年，薄膜电池已经占据太阳能发电总装机量约 11.6%，预计至 2010 年，薄膜电池市场份额将扩大到 20%。光伏市场年装机容量将达到 610 万千瓦，薄膜电池市场容量将达到 120 万千瓦。

日新科技一直与华中科技大学、武汉大学、武汉理工大学等合作，在薄膜电池领域进行了长期深入的研究，已经取得了重大的科研成果。并于 2008 年与德国 Ersol 集团签定了为期 3 年的供货合同，此次合作标志着日新科技将重点开发太阳能薄膜电池组件和光伏建筑一体化产业。日新科技在该领域将成为世界先进、中国最早一批从事高效太阳能薄膜电池的生产企业之一。

（4）电池和组件生产以降低成本为突破口，积极扩大市场份额

由于进入门槛相对较低，前期多晶硅市场的持续火热以及价格的非理性等原因，太阳能电池片和电池组件的生产扩张迅速，出现产能过剩。目前受到金融危机的影响，许多大的太阳能企业都存在一定程度的开工不足，许多小企业纷纷倒闭。

东湖高新区的太阳能企业将着力点放在提高技术研发能力和降低生产成本上，以此来寻求市场机会，扩大市场份额。如美国 ESLR 已经与珈伟太阳能公司合作，在光谷建设直拉带状多晶硅片工厂，生产 500 兆瓦直拉带状硅太阳能电池及组件项目。

7.3.2　风电产业面临市场突进良机

2008 年，我国风电装机容量约为 1200 万 KW，2020 年计划达到 1.5 亿 KW，风电市场的快速扩容为已经进入和准备进入的企业提供了广阔的市场空间。

风电整机企业数量的增加，研发进程的加快，对发电机、叶片、齿轮箱，电控系统等零部件的需求急剧增加，新增产能势在必行。随着国产零部件质量和性能的不断提高，整个零部件国际市场空间更为广阔。从技术、市场和产业

基础分析,东湖高新区除叶片之外,其它方面均具有较大的机会。

(1)发展整机可后来居上

虽然从事风电整机生产的企业数量众多,市场竞争激烈,但形成成熟产品生产能力的企业数量不多。目前已经进入和准备进入的企业还有后来居上的可能。

(2)电控系统研制与开发存在重要机会

风电机组的控制系统是国内风电设备制造业中目前唯一没有实现批量国产化的部件,基本依赖进口。武汉市在电控系统研制上具有很好的基础和优势,凌久高科已经研发出具有自主知识产权的风电机组控制系统技术,且已批量生产,还参加了国家科技部支撑计划项目5兆瓦双馈式近海风电机组电控系统的研制,有可能成为风电机组电控系统的龙头企业。

(3)发电机市场有进入空间

发电机制造的工业基础良好,制造企业较多。国内为大型风力发电机组配套生产发电机的企业就有近10家。北车集团永济厂、兰州电机、株洲南车电机、湘潭电机等企业已实现1.5兆瓦及以下发电机批量生产。风力发电机相对来说技术门槛较低,面对巨大的市场需求,武汉汽轮发电机厂和长航电机厂均有较大进入机会。

(4)齿轮箱面临为本地整机企业配套的重要机遇

我国风电齿轮箱生产企业都是从国家大型齿轮箱企业延伸出来的,如南京高速齿轮制造有限公司、重庆齿轮箱有限责任公司和杭州前进齿轮箱公司,其中前两者占国产化齿轮箱市场份额的80%~90%以上。三三〇三工厂进入齿轮生产领域较晚,研发和技术实力还较弱,近阶段应主要立足于为本地整机企业做好配套。叶片可通过引进完善配套。目前,国内能够进行叶片制造或正在进行研发试制的企业有20多家,其中中航惠腾目前在我国风电叶片领域处于领先水平,占有国产化风机叶片80%以上的市场份额。另外,国际著名的风电叶片制造企业丹麦艾尔姆(LM)公司已在天津和新疆建立两家叶片制造工厂,为国内众多生产厂家提供风机叶片。据统计,2008年,全国风电叶片产能总计约为7600副(940万千瓦),略有过剩。目前叶片已经形成垄断,武汉在这方面没有任何基础和优势。可引进1—2家叶片企业,以完善本地产业链,做好配套。

7.3.3　特高压输变电工程为先进能源技术及装备产业提供巨大商机

国家正依托特高压输变电等重点工程,推进装备自主化。根据研究机构估算,到2020年,我国在特高压电网上的投入可能达到约4060亿元,相当于两个三峡工程的投资。可见,特高压技术及设备制造市场巨大。

武汉电缆集团公司研发生产的特高压导线已于2009年1月成功进入国家特高压输变电大电网,并在国内率先研制成功±800kV特高压直流线路钢芯铝绞线(JL/G3A—900/40—72/7)。另外,武汉在特高压交直流输电技术、设计和装备制造领域有很强的实力。高新区正紧紧抓住巨大市场机遇,大力发展先进能源技术及装备产业。

7.3.4　核电运行服务和装备制造业迎来前所未有的机遇

由于我国政府将核电发展方针由"适度发展"调整为"大力发展",核电建设将进入新的高速发展期。至2020年,全国核电投运装机容量目标为8600万千瓦。

(1)核动力运行技术服务业是主导发展领域

核电运行技术服务市场容量很大,保守估计2015年市场总额超过200亿元。中核武汉核电运行公司是目前国内规模最大、实力最强的核动力运行技术服务专业化公司,其核电无损检测技术、核电仿真技术、核蒸汽发生器设计实验与维修技术等技术能力处于国际领先地位,未来的发展非常有竞争力。

高新区发展核电产业将凭借已有核动力运行技术服务的先入和技术优势,抢先占领市场,努力提高自身技术水平和服务范围,确立核动力运行技术服务为主导领域,大力支持中核武汉核电运行公司高速发展。

(2)核电设备和构件研发制造业是关键发展领域

据推算,2015年前国内核电设备制造企业将分享超过2000亿元的市场份额。在核电站关键设备和部件中,根据经验成本比例测算,核岛内核心部件(压力壳、管道、堆内构件和控制杆)成本占核电设备比为24%左右,其市场总量将超过480亿元。

东方电气(武汉)核设备、中船471厂、武昌造船厂、武汉重型机床厂等具有为秦山和大亚湾核电站服务的业绩,武汉发展核电设备和构件制造业具有良好的基础。

7.3.5 生物质能领域发展重点是生物质发电、非粮生物燃料

我国《可再生能源中长期发展规划》(1986 年)对今后 15 年我国生物质能发展确定的主要发展目标是:到 2010 年和 2020 年,生物质发电分别达到 550 万千瓦和 3000 万千瓦,生物液体燃料分别达到 200 万吨和 1000 万吨,沼气年利用量分别达到 190 亿立方米和 400 亿立方米,生物固体成型燃料分别达到 100 万吨和 5000 万吨,生物质能年利用量占到一次能源消费量的 1% 和 4%。实际发展速度要大大高于规划,未来生物质能的大规模生产和应用为生物质能装备制造业、工程施工带来了极大的市场空间,巨大的商业利益将会大大刺激相关企业和科研院所的研发和生产热情。以生物质发电为例,2007 年以前,国内仅垃圾焚烧发电投资即达 200 亿元,未来随着现有生物质发电项目的建成投产以及后期和新项目陆续上马,对各类发电主、辅机设备及燃料收储运设备有着巨大的需求。东湖高新区生物质能产业有较大的发展机会。

(1)生物质发电商机巨大,优势明显

湖北省将在 2015 年前建成 9 个垃圾焚烧发电工程,这将为东湖高新区垃圾焚烧发电等相关设备制造、工程企业带来巨大商机。高新区在生物质发电相关设备制造、工程设计及施工等方面实力较强。武锅、长江动力、天元锅炉、凯迪电力、都市环保等企业提供了有力的产业支撑。华中科技大学、武汉大学、华中农业大学、武汉理工大学提供了强大的技术支撑。

(2)非粮生物燃料技术瓶颈面临突破

专家对培育微细藻类和纤维素发酵寄予厚望。美国微藻生物柴油技术处于国际领先水平。壳牌石油、雪佛龙(Chevron)、PetroSun Drilling 等大公司提出了积极的微藻生物柴油计划。国内微藻生物柴油技术近期完成小试研究,预计 2015 年前后实现户外中试装置研发;远期将建设万吨级工业示范装置。武汉植物园在工程微藻制取生物柴油方面研究较深入。总的来说,微藻柴油属于前瞻性领域,商业化还有待规模和成本两大瓶颈问题的解决。

纤维素乙醇是第二代生物燃料的重要代表,美、日等国都在大力开发,在美国由能源部和国家可再生能源实验室主导,目标是 2015 年将纤维素乙醇的价格降至 0.16 美元/升以下。华中农业大学在上游生物能源植物的选育,以

及从根本上解决农作物秸秆和树木薪材中纤维素降解的难题,大大提高下游的转化效率等领域,具有国内领先水平。据专家分析预测,纤维素乙醇未来5年左右可能会突破技术瓶颈,实现商业化生产。

7.3.6　氢燃料电池电动车重在示范和技术储备

(1)氢燃料电池汽车未来五年左右仍将处在推广示范阶段

目前,国家将制氢技术、氢气储存及加氢站技术和氢燃料电池技术等列为探索导向类先进能源技术的研究攻关课题,氢能汽车实现真正商业化的时间须拭目以待。

(2)氢燃料电池备用电源商业化条件具备,市场前景可观

燃料电池在移动通信基站备用电源方面的商业化应用可能会提前到来。氢燃料电池虽然仍处在起步阶段,价格与耐久性的问题尚未完全解决,但在备用电源领域已可以与传统电源相比拟,初步实现商业化。目前,武汉银泰公司已于2009年建成5000台2KW基站的备用电源,2012年将增至50,000台。此外,Ida,Plug Power,Altergy,Cellcraft等燃料电池备用电源制造公司均有自己的5年规划,预计5年之内将会实现至少20万台基站备用电源的销量。因此,燃料电池作为一种新的能源替代方式在备用电源市场已初具规模且潜力巨大。这些备用电源的重大需求给上游产品MEA提供了巨大市场。如果全世界以燃料电池作为备用电源的通信基站以每年20万座的数量递增,届时对MEA的需求将会达到每年2000万件,这相对于现有的年产12万件的产能是远远不够的。此外,随着中国电信、中国移动的3G网络建设全面展开,移动通信基站备用电源的需求将会大幅增长。

7.4　发展思路、产业定位与发展目标

7.4.1　发展思路

紧紧抓住新能源发展的重大市场和政策机遇,形成太阳能、风能、核能、生物质能等多点支撑、共同发展的产业格局。加大招商引资力度,扶持本土龙头企业做大做强,以工程建设带动产业发展,实施新能源装备制造、技术服务和工程总承包"三箭齐发"的市场攻略,打造国家基地品牌,使新能源产业成为

武汉"两型社会"综合配套改革试验区的标志性产业。

7.4.2　产业定位

新能源产业是未来东湖高新区战略性的支柱产业。新能源产业是高新技术领域竞争的战略制高点,发展新能源产业将给东湖高新区注入新的竞争活力,还将孕育出新的经济增长点。

新能源产业各领域的产业定位:第一,太阳能是新能源的主导性产业领域,以予大力发展;第二,风电技术及装备和核电是新能源的支柱性产业领域,以予重点扶持;第三,生物质能是新能源的基础性产业领域,以予积极培育;第四,超前部署氢能领域的技术储备。

7.4.3　发展目标

引进、扶持和培育一批具有核心竞争力、在国内具有影响力的新能源企业,形成一批具有自主知识产权和国际市场竞争能力的新能源产品和工程项目,研制和集成一批行业共性技术和关键技术,建设一批新能源领域的工程技术中心,积极引入和发展能源技术咨询服务新业态和新的商业模式,初步形成新能源产业技术创新体系;整合优势资源,建设国内一流、特色显著、辐射全国的东湖高新区新能源产业园(产业基地);抓住武汉城市圈建设"两型社会"综合配套改革试验区的机遇,优化高新区新能源产业发展政策环境,吸引国内外新能源领域顶尖企业来高新区设立研发中心或总部,逐步建立新能源产业发展经济激励政策体系和行业管理体系。

争取到2015年,将东湖高新区建设成为引领中部、辐射全国的新能源技术研发服务中心和我国重要的新能源产业装备制造、工程建设基地。保持新能源产业高速增长,2010年实现收入130亿元;2013年,实现收入400亿元,2015年总收入超过550亿元。

7.5　重点领域

7.5.1　大力推进光伏产业发展

抓紧建设珈伟公司与美国 Evergreen 公司合作的直拉多晶硅片、电池片及组件项目,形成技术和市场突破,切入国际市场竞争;抢抓国家推行光电建筑一体化的机遇,大力实施太阳能屋顶示范推广,推动光伏产业取得新跨越;积极培育珈伟太阳能、日新科技成为具有行业整合力的龙头企业。充分把握国家推行"十城万盏"的时机,积极出台政策,支持光伏行业取得突破性发展。强化企业自主创新和引进吸收再创新,加强薄膜电池技术的研发与产业化,抢占产业制高点。

7.5.2　全力打造风电产业链

发挥工业基础优势,实行快速培育和重点引进并举,全力打造风电产业链。促进国测科技等整机生产企业后来居上;支持凌久高科风电电控系统的开发与产业化,力争成为这一关键风电部件的国产化核心企业。发挥工业基础优势,大力支持支持3303厂、武船重工等企业发展风电齿轮箱、结构件等项目。积极引进国际知名风电企业建设全球风能研发设计中心和生产基地,关注风电大型化等发展趋势,积极进行技术储备和市场拓展。

7.5.3　促进生物质能和氢能产业发展

坚持政策激励与市场机制相结合,支持凯迪控股、都市环保等企业建设秸秆、稻壳等生物质发电和各类生物质能冷热电联供项目,鼓励企业参与国家相关示范工程的建设,形成良好的示范和带动效应。抓住国家推进"十城千辆"计划的机会,积极发展新能源汽车电池;抓住3G市场发展带来的移动通信基站、氢燃料电池发展契机,加强技术研发和产业化。

7.5.4　打造中国核动力运行技术研究和服务基地

抓住国家大力发展核电的机遇,支持以中核武汉核电运行技术公司为核心,重点发展核动力运行技术开发、支持服务和人才培养,建设我国核动力运行技术研究和服务基地。支持武船、武锅、武重等企业形成核电装备配套能力。积极引进各类核能技术研发、服务及核能项目,力争成为湖北省核能产业总部及服务基地。

7.5.5 加快发展先进能源技术及装备产业

抓住国家建设特高压电网工程的重大市场机遇,加速现有特高压成套输变电设备技术成果的产业化进程,鼓励企业积极参与国家特高压项目的建设,抢占国家特高压输变电重点工程的市场份额,做好有关智能电网、超导电网等先进能源技术的储备工作。

7.5.6 积极发展新能源技术咨询服务业

充分利用武汉地区人才资源丰富和科研、设计机构众多的优势,重点支持新能源技术研发、工艺和产品设计、咨询服务等高附加值创新活动,通过高技术含量、高附加值的研发、技术集成、成套装备和关键零部件开发,积极发展以清洁发展机制(CDM)项目咨询、能源合同管理、能源审计、减排项目投资等为代表的新兴能源技术咨询服务业。

第八章　环保产业

　　环保产业是促进经济社会可持续发展的新兴产业,是保护生态环境、提高人民生活质量的重要物质基础和技术保障。随着我国经济社会的高速发展,环境污染问题日益严峻,环保产业将成为未来经济发展中最具有潜力的新增长点之一。

　　2000 年以来,武汉东湖高新区的环保产业得到了迅猛发展,年平均增长率达 52%,产业发展势头强劲。在大气污染防治、水污染防治、环境监测、环保材料产品等领域初步形成了产业特色和优势,拥有一批国内知名的环保龙头企业。

　　武汉城市圈"两型社会"综合配套改革试验区的建设给东湖高新区的环保产业带来了难得的历史发展机遇。进一步加快环保产业发展,对于落实科学发展观,有效节约资源、减少环境污染,推动东湖高新区产业结构优化升级,促进高新区经济和社会可持续发展,实现东湖高新区经济和社会发展的战略目标具有十分重要的意义。

8.1　国内外环保产业发展概况及趋势

8.1.1　国外环保产业的发展概况

　　环保产业兴起于上世纪 70 年代,最早在发达国家诞生,并且在发达国家蓬勃成长。经过数十年的发展,环保产业开始进入技术成熟期,在各国国民经济中所占的份额不断上升,正逐步成为全球支柱产业。发展环保产业已成为许多国家调整经济结构、促进经济增长的重大战略举措。

　　面对资源逐步枯竭、生态环境不断恶化的严峻挑战,全球出现了资源利用合理化、废物产生减量化、对环境无污染和少污染的发展潮流。各行各业都加强了节能防污的设计研发工作,环保信息、环保咨询等一批新兴产业也应运而生。1992 年全球的环保产业市场规模为 2500 亿美元,1993 年为 3560 亿美元,1996 年为 4522 亿美元,2000 年猛增至 6000 亿美元,年均增长率超过 11.50%,其规模已超过软件、旅游等其它朝阳产业。预计 2010 年后国际环保产业的市场需求可超过 18000 亿美元,具有巨大的发展前景。

当前发达国家主要是通过加强环保立法执法,制定国家层次的宏观战略、支持政府机构的研究与开发活动、密切其与工业界的合作伙伴关系、提供财政支持以及为企业提供培训和信息服务等措施促进环保产业的发展。主要发达国家都加大了对环保技术投入,推动环保产业技术创新并开辟多元化社会融资渠道,支撑环保产业发展。

8.1.2 我国环保产业的发展概况

(1)产业概况

我国的环保产业萌生于 1973 年第一次全国环境保护工作会议,经历了 80 年代的起步阶段,90 年代的初步发展阶段,特别是 1996 年环保产业被正式列入国家计划以后,我国环保产业进入了快速发展时期。经过近 30 年的发展,我国环保产业总体规模迅速扩大,运行质量和效益进一步提高,已成为国民经济的重要组成部分。

我国的环保产业从"六五"期间开始,就一直得到中央财政的支持,国家于"六五"至"十五"期间先后对环保投入了 150 亿元、400 亿元、1300 亿元、3000 亿元和 7000 亿元。"十一五"期间,中央财政正在以每年 18% 的增长幅度投入环境保护,对环保的投入将达到 14000 亿元。在这 14000 亿的投资中,基础设施建设 6000 亿、防治工业污染 2000 亿、项目建设 3500 亿、生态保护 1100 亿、防核辐射 100 亿和监督管理 300 亿,其它 1000 亿。据国家环保部的测算,"十一五"期间,我国环保产业可望保持年均 15% ~17% 的增长速度。1999 年,我国环保产业的年产值为 520 亿;2002 年,上升到 2200 亿;2008 年,我国环保产业产值已达到 8000 亿元,预计到 2010 年,我国环保产业年产值将达到 1.1 万亿元,其中资源综合利用产值 7500 亿元,环保装备产值 1500 亿元,环境服务产值 2000 亿元。从 2008 年开始,环保支出科目被正式纳入国家财政预算。不难看出,中国对环保的投入力度超过历史上任何时期,这是摆在环保节能产业面前的巨大市场机遇。

由于环保涉及到社会生产、生活的每一个环节,涵盖面广,环保产业目前已经成为拥有环保产品生产、资源综合利用、环境保护服务、洁净产品生产、生态产业等领域的一个综合性产业。按领域划分,环保产业主要包括:环保机械设备(水泥除尘设备、除尘设备、污水处理自控系统、固废设备等)、电力环保(燃煤工业炉窑脱硫除尘、火电厂烟气脱硫等)、污水处理、固废处理、垃圾发电等领域。

(2)龙头企业

由于环保行业的政府垄断没有完全打破、市场不够开放等体制上的原因,环保领域的企业众多,但龙头企业缺乏,大部分企业规模小。根据不完全统计,到 2008 年,我国有环保企业约 2 万家(其中专业的环保企业 1.5 万家,涉及到环保行业的企业 5000 多家),产值过亿元的大约有 800 多家,最大的企业是武汉凯迪控股投资有限公司。到 2008 年,我国还没有一家企业的环保业务收入过百亿。我国环保行业的龙头企业大多已经上市,根据这些上市公司的年报,我国环保行业居前列的龙头企业有:

武汉凯迪控股投资有限公司,主营电力环保、污水处理等,集团资产过百亿元,2008 年旗下各企业实现销售收入约 75 亿元,是我国最大的环保企业。

福建龙净环保公司,主营除尘和脱硫两大业务,除尘产品产销量已经连续六年名列全国同行业第一,市场占有率约为 20%。2008 年实现营业收入 29.17 亿元,其中脱硫销售收入 13.69 亿元。

浙江菲达环保公司是我国最大的环保机械科研生产企业,也是我国最早进入大气污染防治设备行业的企业之一,其电力设备电除尘器综合市场占有率为 25%。同时公司烟气脱硫设备占据了相当大的市场份额,拥有较强的话语权。2008 年,菲达环保实现主营业务收入 16.15 亿元。

北京首创股份有限公司,主营污水处理、城市建设,2008 年实现营业收入 17.34 亿元。

天津创业环保股份公司,主营业务是污水处理厂及相关的配套设施的建设、设计、管理、经营、技术咨询及配套,2008 年实现营业收入 11.6 亿元。

此外,还有南海发展、山东山大华特、上海城投控、力合股份、中原环保、合加资源、重庆九龙电力等十多家,这些企业的年营业收入大多在 5—10 亿元之间。

8.1.3 未来环保产业的发展趋势

当前,国外环保产业发展正处于一个新的转折点:环保研究领域呈现多种学科交叉集成的态势,环保技术在广度和深度上均有新突破,环保装备逐步成套化、尖端化、系列化,水污染防治、大气污染防治及固废处理领域有了长足的发展。世界各国对环境保护越来越重视,纷纷加大了对环境监控的投入,使环境监测技术与装备领域得到迅速发展。国民的生活和消费方式朝着与环境协调的方向发展,损坏环境和人类健康的产品逐步被洁净技术和洁净产品所替代,从而推动了环境友好型材料的快速发展。着眼于生产全过程控制的环境战略管理服务日益兴盛。以环保产业链为核心的产业集群开始向以环保技术为核心的创新集群转变,传统的环保技术服务和环保装备提供产业已逐步升级为以环保技术创新集群为核心,以时间轴为基础的全方位环境保护服务业,环境保护服务业的产值将占到环保产业的 60% 以上。水污染防治、大气污染防治、固体废物处理、环境监测、环保材料、环境服务等领域是未来全球环保产业很有发展前景的领域。

8.2 东湖高新区环保产业发展现状

8.2.1 总量与速度

2008 年,东湖高新区环保产业的总产值为 142.53 亿元,同比增长 37.98%,占东湖高新区总产值的 9.11%。从 2004 年到 2008 年的五年期间,东湖高新区的环保产业得到了迅猛发展,年平均增长率为 52.14%(见图 8-1)。

8.2.2 产业领域分布

2008 年,东湖高新区环保产业领域分布见图 8-2。

东湖高新区的环保产业以大气污染防治为主,固体废弃物处理占有重要位置,水污染防治、环境监测仪器也有相当实力。

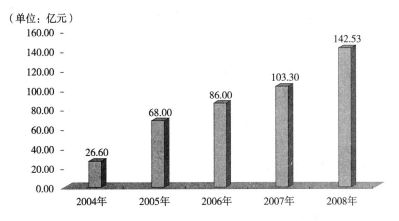

图 8－1　2004—2008 年东湖高新区环保产业总产值

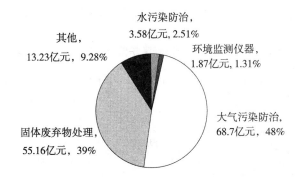

图 8－2　2008 年东湖高新区各环保产业类别产值及占比

　　在大气污染防治领域,有以武汉凯迪电力股份有限公司、中钢集团天澄环保科技股份有限公司为代表的骨干企业。在固体废弃物处理领域,武汉锅炉集团有限公司、武汉冶金渣环保工程有限责任公司在工业废渣处理上取得多项国家专利及授权,并参与制定相关国家标准。在水污染防治领域,凯迪水务有限公司在工业废水处理技术与装备上连续多年保持市场占有率的领先地位。在湖泊景观污水处理技术与装备领域,武汉中科水生环境工程有限公司先后承接了多项包括"863"、"973"计划在内的国家重大项目;武汉科梦科技发展有限公司的除氨技术填补了中高浓度氨氮处理技术空白,达到国际先进水平。在环境监测领域,天虹仪表有限责任公司在在线自动监测系统上有领先优势,拥有专利 27 项;武汉四方光电科技有限公司在有机污染物采样仪器上拥有自主知识产权,产品广泛应用于不同行业的气体成分分析检测,并出口到包括欧盟、美国在内的二十多个地区和国家。在环境友好型材料领域,华丽环保研发的可热塑淀粉生物降解材料(PSM)是目前中国唯一通过欧盟EN13432标准检测和认证的生物降解材料,湖北绿世界研制开发的以植物淀粉为原料的各种食物容器,荣获过国际环保及国家环保科技成果金奖。在环境咨询服务领域,不少企业和科研院所具有环境咨询、工程设计甲级资质,如武汉中科水生环境工程有限公司、武汉方元环境科技股份有限公司、中钢集团天澄环保科技股份有限公司等。

8.2.3 企业规模分布

截至2008年底,东湖高新区共有环保产业企业87家,其中销售收入过10亿元的3家,1亿—10亿元之间的9家,具体规模分布见表8-1。

表8-1 2008年东湖高新区环保企业产值规模分布表

企业规模	10亿元以上	1—10亿	1千万—1亿	1百万—1千万	1百万以下	合计
数量(家)	3	9	26	25	24	87
数量占比	3.45%	10.34%	29.89%	28.74%	27.59%	100%
产值(亿元)	107.29	24.12	10.18	0.90	0.04	142.53
产值占比	75.28%	16.92%	7.14%	0.63%	0.03%	100%

8.2.4 主要产品概况

截至2008年底,东湖高新区环保企业产品中国际领先的产品有2项,国际先进的11项,国内领先的39项,国内先进的21项,省内先进的8项,合计81项。大气污染防治领域主要包括烟气脱硫、除尘等产品;固体废弃物处理领域主要包括磁分离系统和矿渣处理产品;水污染防治领域主要包括工业废水处理和湖泊景观污水处理等产品;环境监测仪器主要包括大气采样器、烟气分析以及空气自动监测系统;其他环保产品中最主要是可降解一次性环保制品。

目前,东湖高新区已初步形成了以大气污染防治、垃圾处理技术和成套设备制造为主导,水污染防治设备制造、环境检测仪器仪表、环境友好型材料、环境咨询和技术服务竞相发展的格局。

8.3　面临的市场与产业发展机会

东湖高新区环保产业重点发展领域瞄准国际环保产业发展趋势和先进技术,面向武汉城市圈"两型社会"建设,充分发挥科教优势和挖掘现有资源,在立足于现有产业和技术优势的基础上,以高新区环保产业结构优化和跨越式发展为目标。

在对国内外环保产业发展趋势和东湖高新区环保产业发展现状进行分析的基础上,结合东湖高新区的具体情况和目标,从现有的环保产业发展领域中,初步选择大气污染防治技术与装备、固体废物处理技术与装备、水污染防治技术与装备、环境监测技术与装备、环境友好型材料、环境服务业六大领域,作为东湖高新区环保产业未来重点发展领域。

8.3.1　大气污染防治技术与装备

（1）技术趋势与市场需求分析

在脱硫方面,根据脱硫过程是否有水参与以及脱硫产物的干湿状态可以分为湿法、半干法和干法烟气脱硫,另外还有循环流化床、氨法、镁法等。湿法技术是目前烟气脱硫技术中最为成熟的技术。在脱硝方面,选择性催化还原技术（SCR）和选择性非催化反应技术（SNCR）是目前应用最成熟的脱硝技术。在除尘方面,电除尘器向大型化方向发展,装置开发正向采用脉冲电荷技术方向发展;袋式除尘向大型和超大型化方向发展,研究使用寿命长、维护费用少的适用技术和机械,寻找在高温下耐酸碱、强度好的材料成为滤布开发的重点。袋式除尘有替代电除尘器成为主要除尘方式的趋势。除尘、脱硫一体化甚至包括脱硝一体化是未来重要的发展方向。

全球市场前景较好,美国和欧洲国家市场需求大,亚洲和中东地区市场潜力巨大,国内市场前景乐观。

（2）优势与机会分析

目前,东湖高新区主要有 10 家企业从事大气污染防治领域的业务,涉及脱硫和除尘。武汉凯迪电力股份公司是国内唯一同时掌握国际领先的干法、湿法脱硫技术的公司;武汉都市环保工程技术公司自主研发的"氨硫铵烧结烟气深度脱硫"工艺技术和"双循环三段式脱硫塔"装置达到国际先进水平,填补国内烧结烟气脱硫空白,已申请多项专利并完成示范工程;中钢集团天澄环保科技公司拥有高压静电尘源控制技术等 40 项在国内外同行业占领先地位的自有技术及国家级重点新产品。预计到 2010 年,现役发电机组新增脱硫和新建燃煤发电机组同步安装的脱硫设施共达 3.55 亿千瓦,中国的脱硫市场规模将达到 532 亿元,对于从事火电脱硫的企业来说无疑是一个爆发性的增长机遇。

8.3.2 固体废物处理技术与装备

(1)技术趋势与市场需求分析

我国对固体废物污染控制起步较晚,与发达国家相比,水平较低,处理处置技术和装备还远不能满足国内经济和社会发展的需要。目前国内固废处理市场规模达 500 亿元,有着很大的发展空间。

从国内外的发展趋势看,固废处理技术正向垃圾焚烧处理技术和工业废弃物处理技术等方向加速发展。生活垃圾处理装备和工业废弃物回收装备(包括钢渣处理设备)将快速增长,成为我国固体废弃物处理回收领域的主导技术和产品。

(2)优势与机会分析

都市环保、凯迪等公司在垃圾处理技术上具备国内领先水平。尤其是都市环保,其生活垃圾焚烧发电技术、生活垃圾渗滤液处理技术目前均处于国内先进水平,且具有丰富的垃圾处理工程施工经验。武锅集团等一批老牌装备制造企业也早已开展垃圾焚烧锅炉技术和设备的研发制造,可为高新区提供各类配套设备。在这一领域有望形成完整的产业链,逐步做大做强。

武汉绿色冶金渣公司在钢渣处理回收利用技术上具有多项先进技术和专利,其主导产品磨细钢渣粉获得第七届中国国际环保展览会金奖。企业参与制定的钢渣水泥国家标准已经出台。以钢渣回收利用为突破口,促进固废处理技术的开发利用,不但能够彻底解决武钢多年来废渣堆弃——旁造成的资源浪费和环境污染,还带动一批环保企业,建立循环经济产业园。

8.3.3 水污染防治技术与装备

（1）技术趋势与市场需求分析

水处理设备主要发展方向是物理和化学除菌方式的联合应用。生化法处理技术近年也有新发展，膜技术是未来重点研究方向，国际上主要研究的是疏水性膜。全球市场前景较好，拉丁美洲和环太平洋地区国家的市场潜力巨大，发达国家的市场主要由符合新环保标准要求的水处理设备构成，国内市场前景乐观。江苏、浙江和上海是我国水污染治理设备的主要产地，产值约占全国同类设备产值的60%。

（2）优势与机会分析

目前，东湖高新区主要有20家企业从事水污染防治领域业务，涉及湖泊景观污水处理、城市污水处理和工业废水处理（冶金废水处理、电力废水处理、化工废水处理、印染废水处理等）。武汉科梦科技公司在中高浓度氨氮废水处理方面，拥有自主知识产权的除氨技术并处于国际领先水平，填补了中高浓度氨氮处理技术空白。武汉华电环境工程公司的四套水处理设备和工艺在工业污水回用处理上达到良好的效果。在凝结水精处理方面，武汉凯迪水务公司的技术处于国内领先水平，该公司和武汉华电环境工程公司的国内市场占有率达2/3。武汉科技学院与武汉方元环境科技公司校企合作，研制出世界上第一台用于纺织印染废水综合治理的工业化设备。中科院水生生物所和华中农业大学微生物国家重点实验室在湖泊景观污水处理领域具有技术优势，中科院水生生物所"人造生物膜"技术达到国际先进水平；华中农业大学微生物国家重点实验室研制的微生物治理方法，在江汉区的北湖、菱角湖等9个湖泊治理上取得良好效果。

本地水污染治理市场需求大。国家进一步加大城市污水处理设施建设力度，投资总额逐年攀升，为本地水污染防治提供了契机。

8.3.4 环境监测技术与装备

（1）技术趋势与市场需求分析

环境监测是开展环境保护工作的基础，至今已有半个多世纪的历史。高智能化、高抗干扰能力、高稳定性、高精度、系列化是欧美等发达国家环境监测技术和装备的发展趋势。目前,在线自动监测系统和有机污染物监测技术与设备正受到国内越来越多的重视。国家环保部的建立,也使得环境监测能力建设的需求大增,市场需求旺盛。

世界各国对环境保护的重视程度日益加强,各类监测站点越来越多,在线自动监测系统显得更为重要,市场发展潜力较大。随着我国成为世界第一汽车消费国,汽车尾气中挥发性有机污染物带来的环境问题日益突出。对于市场容量巨大的汽车修理市场,有机污染物监测仪器市场前景好,且新的市场不断涌现,可实现较高产值。

(2)优势与机会分析

天虹仪表公司的环境空气质量自动监测系统、烟气排放连续监测系统等产品,国产化程度高,技术先进,可替代同类进口产品。公司现有专利27项,并有多项成果获国家、省、市科技进步奖。公司计划在未来5年内投资20亿元,实施天虹国际环保产业园项目,力争将产业园建成中部乃至国家环境监测设备的设计制造中心。武汉四方光电公司2007年研制成功的微流红外气体传感器技术目前已经具备与ABB、西门子、FUJI等国际企业竞争的优势,是国内气体环保仪器领域唯一自主掌握红外气体传感器的厂家,其产品已销售到包括欧洲、美国在内的二十几个国家。公司计划未来几年内,投资7500万元,实施节能减排监测仪器产业化项目,组建五条标准化、高性能的红外气体分析仪器及成套系统生产线,发展潜力较大。

8.3.5　环境友好型材料

(1)技术趋势与市场需求分析

环境友好型材料主要包括生物降解材料和生物质材料。生物降解材料是治理塑料废弃物对环境污染及缓解石油资源矛盾的有效途径之一,也是今后日用塑料工业主要发展方向之一。预计2010年全球生物分解塑料的用量将达到140万吨,在生物分解材料中,以可再生资源为原材料的生物分解材料比例有望占到90%以上。2010年,我国生物分解材料产能将达到25万吨左右,但仅占到全球生物分解材料需求用量的17.86%,在未来的数年,国内的生物分解包装材料市场将得到快速发展。

(2)优势与机会分析

华丽环保公司研发的 PSM 材料是目前中国唯一通过欧盟 EN13432 标准检测和认证的生物降解材料。湖北绿世界公司研制开发的以植物淀粉为原料的各种食物容器,荣获国际环保及国家环保科技成果金奖。武汉本地还拥有武汉材料环保研究所等智力资源,可以为东湖高新区发展生物质可降解材料提供技术创新支持。

早在 2000 年,全国第一个消除"白色污染"环保产业基地就在武汉诞生,四家核心企业中就有三家公司落户东湖高新区。经过高新区近 9 年时间的培育和发展,华丽环保和湖北绿世界已经成为高新区环保材料领域的龙头骨干企业,具有很强的市场竞争优势。

8.3.6 环境服务业领域

(1)发展趋势和市场需求分析

近年来,我国环境服务业发展迅速,年均增长率达 25%。"十一五"期间,国家环保总局将环境技术服务、环境咨询服务和环境污染治理设施运营服务列为我国环境服务业发展的重点领域。按照国家环境保护投资计划,近 3 年我国环境服务业将投入 800 亿元,预计到 2010 年,环境服务业市场规模将达 1100 亿元,市场前景广阔。

(2)优势与机会分析

东湖高新区拥有凯迪、中钢天澄、安环院、天虹和都市环保等一批在环境技术与产品的开发、环境工程设计与施工、环境监测与分析服务方面具有优势的企业,特别是在环保工程总承包领域拥有良好基础,可以为东湖高新区环境技术服务业发展提供支撑。

在环境咨询服务领域,东湖高新区具有甲级建设项目环境影响评价资质的单位有 8 家,各类环境科研院所较多,科教和"资质"优势明显,具备发展环境咨询服务的良好条件,可充分利用现有"资质"优势,不断开拓环境咨询服务业务。

污染治理设施运营管理业在国家的大力推动下,向社会化、市场化、专业化方向发展。预计到 2010 年,全国环境污染治理设施市场化运营将形成年收入超过 300 亿元的服务能力。目前,高新区内已有多家企、事业单位获得了由国家环境保护部审批的环境污染治理设施运营资质证书,如武汉中科水生环境工程有限公司生活污水甲级资质,武汉方元环境科技股份有限公司工业废水甲级资质,中钢集团天澄环保科技股份有限公司生活污水工业废水甲级资质等。

此外,2009 年 3 月,华中地区第一家环境资源交易机构——湖北环境资源交易所在武汉光谷联合产权交易所正式启动交易,随着国内 CDM 项目和合同能源管理等新兴环保产业的快速发展,环境服务业必将成为东湖高新区环保产业新的强劲增长极。

8.4 发展目标和发展思路

8.4.1 发展目标

抓住武汉城市圈建设"两型社会"综合改革配套实验区的机遇,实现东湖高新区环保产业跨越式发展,力争到 2013 年,东湖高新区环保产业总收入达到 600 亿元,2015 年总收入达到 750 亿元,使环保产业成为东湖高新区乃至武汉城市圈的重要支柱产业。

现有环保产业优势领域形成核心竞争力优势。在气、水、固污染防治技术与装备,环境监测技术与装备和环境友好型材料等领域整体技术达到国内领先水平,成为国内技术标准制定的主要参与者,在国内占据技术的制高点和产业链的高端。特别要在水污染防治领域利用好现有的科技优势,大力推进科技成果产业化,进一步提升该领域在东湖高新区环保产业中的份额。进一步优化结构,使环境服务业成为东湖高新区环保产业的重要支柱。

培育和扶持一批达到国际先进技术水平、具有国际经营管理水平,拥有自主知识产权和知名品牌,对产业链上下游具有重大带动作用的环保骨干企业。

建设东湖高新区环保产业园区,形成环保产业集群。探索政府与企业合作共建环保产业园的新模式,创建国家级环保产业示范园区。

8.4.2 发展思路

牢牢抓住武汉城市圈"两型社会"试验区建设的历史机遇,充分发挥东湖高新区在环保领域的技术优势、产业优势和政策环境创新优势,立足于气、水、固污染防治技术与装备,环境监测技术与装备和环境友好型材料五大优势领域,进一步做大做强,同时积极开拓环境服务业。以市场需求和国家产业政策为导向,以自主创新为动力,以优化产业结构为目标,以重点环保龙头企业为依托,打造环保产业链与产业集群,通过企业发展模式创新和园区运作机制创新,努力提升现有环保产业的技术水平和竞争力,实现高新区环保产业跨越式发展,将高新区打造成为国内领先、国际知名的环保产业基地。

(1)实现产业的立体式发展

使高新区环保产业在广度、深度和高度三个方面同时得到发展,实现跨越式的高速增长。在广度上,实现高新区环保产业内涵扩张,大力开拓环境技术服务、环境咨询服务、污染设施运营管理等新兴环境服务业。在深度上,依托武汉乃至城市圈的资源,完善产业配套,在气、水、固废等优势领域打造环保产业链,实施市场细分战略,扩大市场份额。在高度上,进一步提升高新区环保产业的整体技术水平,增强企业的自主创新能力,实施技术标准战略、专利战略,占据环保产业技术的制高点和产业价值链的高端。

(2)创新产业和企业发展模式

创新产业发展模式。由单个企业的分散式发展转变为专业园区的集群式发展。以"政府指导,企业推进"的模式建立东湖高新区环保产业园,由具有丰富经营管理经验、资本运作能力和市场开拓能力强,综合实力雄厚的环保企业承担园区的建设、运营和管理。

创新企业发展模式。吸引国内外顶尖环保企业来高新区设立研发中心和总部,发展环保总部经济,增强高新区环保产业的核心竞争力和持续发展能力。鼓励有条件的大型骨干环保企业,发展成为集研发、设计、制造、工程、服务于一体的综合型环保企业集团,走国际化发展之路。将东湖高新区建设成为环保产业的"研发设计之都"。

(3)抓住产业发展四大着力点

1)助推龙头企业使环保产业快速上规模,见效益。扶持一批达到国际先进技术水平、具有国际经营管理水平,拥有自主知识产权和知名品牌,对产业链上下游具有重大带动作用的环保骨干企业。

2)通过引进国内外顶尖环保企业、创新团队等形式,实施能够填补东湖高新区环保产业领域发展空白,提升产业结构和技术水平,较快形成规模和效益的重大环保产业化项目。

3)通过园区和专业孵化器,大力孵化和培育有发展前途的中小环保企业。

4)充分利用和发挥科教优势,将技术积累转化为咨询服务收益,鼓励环保技术成果在高新区产业化。

8.5 发展重点

(1)大气污染防治技术与装备

优先发展脱硫技术与装备,重点发展除尘技术与装备,重点扶持脱硝技术与装备。

发挥武汉凯迪电力公司、武汉都市环保公司和中钢天澄环保公司等龙头企业的带动作用,以武汉脱硫环保产业基地、国家工业烟气除尘工程技术研究中心和国家环境保护工业烟气控制工程技术中心为依托,充分利用本地机械装备制造优势和技术优势,发挥龙头企业的示范带头作用,进一步扩大现有市场份额,逐步形成大气污染防治设备研发、设计、加工制造及相关配套服务的完整产业链。

(2)固体废物处理技术与装备

优先发展钢渣处理回收利用技术与装备,优先发展垃圾焚烧发电技术与装备。

在钢渣综合利用方面,依托武钢集团的现有资源,重点支持中冶南方公司、武汉绿色冶金渣公司等龙头企业,以具有自主知识产权的工业废渣处理技术和设备制造为核心优势,充分开拓国内钢渣处理回收利用市场,逐步将业务拓展到全国。鼓励并支持骨干企业向高炉渣、粉煤灰渣、铁尘泥等其它工业固废处理领域进行技术研发和攻关,由点带面,使高新区在整个工业固废处理回收利用技术和装备制造领域达到全国领先。

在垃圾处理方面,高新区以都市环保公司、凯迪公司等骨干企业为核心,推进垃圾处理回收利用技术的研发和进步,并逐步实现装备设计与制造、工程建设、技术咨询服务等相关产业配套的建设和完善,向垃圾处理产业的上下游发展延伸,形成完善的垃圾处理回收利用产业链条,把产业做大做强。

(3)水污染防治技术与装备

优先发展冶金废水处理技术与装备、电力废水处理技术与装备、化工废水处理技术与装备,重点发展城市污水处理技术与装备,重点扶持印染废水处理和湖泊景观污水处理技术与装备。

在工业废水处理技术与装备领域,重点支持武汉科梦科技公司、武汉华电环境公司和武汉凯迪水务公司等龙头企业,以中国·武汉氨氮废水处理中心为依托,充分利用本地装备制造和机械加工优势,发挥龙头企业的示范带头作用,逐步形成污水处理设备研发、设计、加工制造及相关配套服务的完整产业链。

在湖泊景观污水处理和印染废水处理领域,以中科院水生生物研究所、华中农业大学微生物国家重点实验室、武汉市纺织印染清洁生产工程技术研究中心为依托,发挥科教优势,鼓励校企合作,加大科研投入,加速科技成果产业化,对产业进行大力孵化和培育,使技术优势转变为产业优势。

(4)环境监测技术与装备

重点发展环境监测技术与装备。其中:重点发展在线自动监测系统;重点发展有机污染物监测技术与设备,特别是尾气、沼气、煤气监测技术与设备。

在线自动监测系统领域,以武汉天虹仪表公司为核心,以环保产业园项目为载体,引进一批国内外知名环保企业,在园区建立办公中心、研发中心、制造加工中心,发展总部经济,获得规模效益,进而取得集约效应,在东湖高新区形成环保仪器产业基地,使武汉成为中部乃至国家环境监测设备的设计制造中心。

在有机污染物监测领域,依托四方光电科技公司的研发实力和专利技术,全力支持节能减排监测仪器产业化项目的实施和推进,逐步形成节能减排监测仪器研发、设计、制造、销售及相关配套企业和服务的完整的产业链,培养一批产值过十亿元,在国内具影响力的龙头企业。

(5)环境友好型材料

优先发展生物可降解材料技术、产品及相应配套机械设备的制造。

以武汉国家生物产业基地为依托,发挥华丽环保、绿世界等龙头企业的带动作用,将生物质可降解材料作为发展重点,推进生物可降解材料开发工业化成套技术的集成和应用,把东湖高新区建成全国一流的生物降解材料研发创新基地。面向国际大公司,积极发展定制型工业品缓冲内衬包装制品、食品饮品容器等生物可降解材料,进入其全球供应链体系。发挥本地生物质资源丰富的优势,以东湖高新区为创新研发基地,在周边布局生物质原料基地,逐步形成生物质可降解材料产业集群和技术创新集群。

(6)环境服务业

优先发展环境服务业,其中:优先发展环境技术服务业,重点扶持环境咨询服务业、污染治理设施运营管理业。

发挥科教优势,积极鼓励和支持区内高校、科研院所、科技人员从事环境技术服务、环境咨询服务和污染治理设施运营管理。特别是要发挥具有环境工程设计、环境工程咨询、环保设施运营甲级资质的科研机构和企业(如凯迪、安环院、中钢天澄)在环境服务业中的带动作用,树立"资质"就是市场的观念,大力鼓励高新区环保企业申报开展环境服务业的相关资质,不断开拓新的环境服务市场,不断创新提高环境服务水平,使高新区成为中部地区环境服务业的聚集地。鼓励具有较强技术和管理优势的环保装备制造企业向环境技术服务、环境咨询服务、污染治理设施运营管理等方面拓展业务领域。

依托武汉光谷联合产权交易所,大力发展主要污染物排污权交易,将光谷联合产权交易所打造成为辐射中部的环境类权益价值发现平台和市场交易平台。同时围绕 CDM 项目、能源合同管理大力发展新兴环境咨询服务业。

第九章 消费电子

　　消费电子产业是推动电子信息产业发展的重要力量,其产业规模巨大,技术进步快,新产品层出不穷,且长期保持高速增长,对 IT 行业和经济增长贡献十分突出。发展消费电子产业,还可以有效促进消费、扩大内需,提高人民的生活水平和生活质量。我国的消费电子产业的 90% 集中在长三角、珠三角和环渤海等东部沿海地区,中西部消费电子产业规模较小,东湖高新区发展消费电子产业,对改善我国消费电子产业布局,扩大内需具有重要意义。

9.1　消费电子产业的分类及产业链结构

9.1.1　消费电子产业的分类

　　消费电子(Consumer Electronic Products)在不同发展水平的国家以及在同一国家的不同发展阶段有着不同的内涵,迄今为止,还没有一个统一的定义。一般来说,消费电子是指围绕着个人、家庭或各类组织(企业、政府机关、军事机构等)应用而设计的,与生活、工作、娱乐息息相关的电子类产品,最终实现消费者自由选择资讯,使用、享受娱乐和便捷工作的目的。消费电子产品主要包括电脑硬件产品、显示产品、数码产品、移动通讯产品、汽车电子产品、智能化家具和办公系统等。由于融合了计算机(Computer)、信息与通信(Communication)、消费者(Consumer)三大领域的特点,消费类电子产品往往又被称为 3C 产品、数字产品或信息化家电产品。消费电子产业则是为生产这些产品所涉及的包括研发设计、零部件生产、组装、内容提供等各个环节中企业的集合体。

　　以有形的终端产品为界定标准,对消费电子产品的分类有很多种。在消费电子产品技术发展和消费特点的基础上，结合美国拉斯维加斯国际消费电子展（CES）的分类标准，消费电子产品大致可以做出如下分类（见表9-1）：

表9-1 消费电子产品的分类

大类	细分	产品
家电产品	家用视听	电视
		NVD、DVD播放机、收录机、组合音响
	家用电器	白色家电(冰箱、空调、洗衣机)
		小家电(微波炉、电磁炉、厨房电器)
电脑硬件	电脑	台式机电脑、笔记本电脑
		服务器
	相关硬件	打印机、复印机、传真机、扫描仪、照片打印机
消费数码	数码影像	数码相机(DC)、数码摄像机(DV)、数码相框(DPF)
	数码音视频	MP3/MP4播放机、便携AV和DVD
	移动通讯	手机、PDA、数字导航(PND)
	存储及配件	存储卡、闪存盘、移动硬盘、光盘
		电池、背光源
	数码游戏	掌上游戏机、PS(Play Station)、电子学习机
显示产品	显示及模组	CRT、TFT—LCD、等离子(PDP)
		OLED、LCOS、LED
		电子纸
		机顶盒
	投影终端	背投
		投影仪
汽车电子	汽车电子控制装置	车身电子控制系统,电动车窗、中央控制门锁与防盗系统、电动座椅、自动空调
		电子燃油喷射系统、制动防抱死控制、防滑控制、悬架控制、动力转向等
	专用芯片	各类车控、车载电子系列芯片和传感器
	车载汽车电子装置	灯光智能控制系统、电子仪表显示系统、车辆行驶状况显示系统、车载通讯系统、电子导航系统、车载娱乐系统

大类	细分	产品
智能化家居和办公系统	智能家居系统	家庭安全防范(HS)、家庭设备自动化(HA)、家庭通讯(HC)
	智能数字会议系统	数字会议系统、视像跟踪系统、讨论表决系统、表决视像系统、无线表决系统、智能混音系统、无线会议系统、专业会议话筒、多媒体报告厅等集成产品、系统配套附件等
	其他智能系统	综合计划管理业务应用系统、安全生产信息系统、帐务数据处理系统、状态数据分析系统等

9.1.2 消费电子产业链的结构分析

(1)消费电子产业链概况

消费电子终端产品属于人们日常消费的用品。对于消费者而言,电子消费品的使用能方便生活、增加乐趣、丰富娱乐、提升品质。消费电子产品和服务已经成为现代人不可或缺的生活必备品。消费电子产业的相关产品,不仅仅用于人们日常消费,还包括军工、安保、工业等一系列用途。由于其用途的广泛性,消费电子从原材料到零部件、再到终端消费者之间有着较长的产业链。消费电子产业链由半导体及电子元器件制造及电路板部件制造、消费电子产品总装、消费电子产品分销、零售和终端消费者等环节组成,可划分为上、中、下游。其中,半导体及电子元器件制造和电路板部件制造属于上游原材料供应商环节,相应的研发机构属于供应链上游的重要环节;消费电子产品总装为整机代工或者品牌制造的中游环节;消费电子产品分销和零售就直接对应的是下游渠道商(见图9-1)。

消费电子产业的价值链高端在上游的核心技术及关键原材料,其次是下游的品牌和渠道厂商,中游的加工环节或整机代工的利润最薄。

随着全球经济一体化的发展,消费电子产业的企业分工更加专业,资源配置更加优化。一流的品牌厂商专注于产品核心技术及功能的研发,掌握专利,控制产品销售渠道,引领消费市场,实现利润的最大化;代工企业则专注于产品的 OEM 和关键零组件的加工,不断获得品牌企业的生产订单。消费电子产业的竞争造就了品牌厂商(如 HP、IBM、SONY 等)和代工巨头(富士康、伟创力、三洋等)的两大阵营既合作又竞争的格局。

(2)我国消费电子产业链生命周期及特征分析

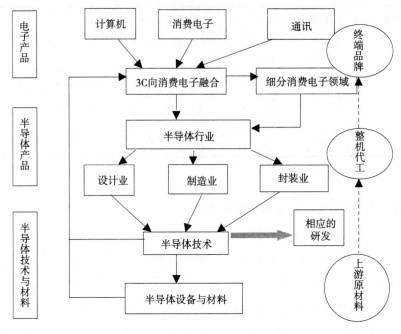

图9-1　消费电子产业链概况图

1)我国消费电子产业链生命周期分析

任何一个产业的发展,都遵循着一条产业生命周期曲线展开:首先是市场增长缓慢的导入期;其次是市场容量和利润空间迅速增长的增长期;再次是市场容量基本稳定、利润趋薄的成熟期;最后是市场容量萎缩、利润微薄的衰退期。

从各消费电子细分产品的生命周期来看,目前国内的白色家电、平板电视、个人电脑、手机、数码产品等市场正处于成熟期,而且今后相当长一段时间都将处于成熟期。产业进入成熟阶段预示着市场趋向饱和、生产能力过剩、竞争加剧、赢利水平下降等将成为一种经济常态而存在。这段时间这些领域内的利润率已经降低到社会平均水平。但是由于前期这些行业的进入门槛比较低,同时由于地方保护主义的影响,国内各地依然分布着众多中小生产企业,造成了很大的资源浪费,所以今后相当长一段时间内这些行业的资源整合还将会继续,一些没有技术、品牌和规模优势的中小企业将陆续被淘汰出局。这些整合调整,也非常有利于中国消费电子产业的健康发展,延长产业成熟期的时间。

（2）我国消费电子产业链特征分析

我国消费电子产业链的主要特征是：缺乏核心技术和关键原材料，零部件生产是产业链的瓶颈，产业发展受到制约，产业链的价值形态基本呈现哑铃型结构。

一是我国国内消费电子产业链不完备。我国消费电子产业目前还不具备完整的产业链，大部分原材料和核心零部件需要从国外进口，国内企业几乎无力独立研发生产核心模具、压缩机、液晶面板等技术含量高的核心部件，生产成本居高不下。虽然在长三角和珠三角地区拥有众多的加工基地和零配件供应企业，但是他们大多数是中外合资企业或外资企业，我国自主品牌的供应商面临没有核心技术和产品研发能力的问题。

二是核心部件生产是产业链的瓶颈。核心部件生产是国内消费电子产业链最薄弱的环节。例如，我国是全球最大的手机、液晶显示生产国，但是手机芯片、操作系统和液晶面板等核心部件主要依赖进口，由此导致本土品牌缺乏竞争力。同时，我国的消费电子产业在研发能力、人才素质、市场开拓等方面与跨国巨头公司的差异不断加大。为改变这一状况，许多国内企业不得不引进国外技术和资金，从而间接削弱了对国内产业链的掌控力。

三是哑铃型的产业链形态。随着消费电子产业竞争环境的快速变化，原有产业链中的各环节对价值创造的贡献被重新界定，价值和利润也在产业价值链上转移，向对价值创造起关键作用的环节集中。在消费电子产业链中，价值的创造分布在核心零部件生产和销售这两大环节，而中间的加工制造则利润较少。

9.2　消费电子产业的发展态势

9.2.1　国际消费电子产业发展现状与趋势

（1）国际消费电子产业发展现状

在后工业时代，消费电子已经成为信息产业中的一个重要领域。2005年至2008年，全球消费电子产品市场年销售额保持15％左右的高速增长。在2007年的发展顶峰时期，全球消费电子产量达到152668.4万套（台），年增长率达到24.9％；在2008年，因受金融风暴影响，电子产品价格下降，总产值增长率降为 9.4%,但总产量依然保持 13.7% 的增速(见图 9-2、图 9-3)。

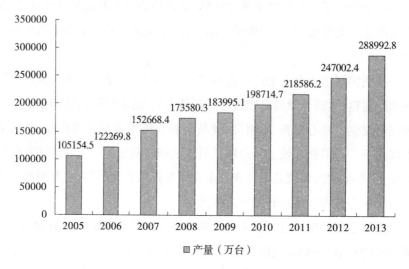

图 9-2　2005—2013 年全球消费电子产量及增长与未来发展趋势预测

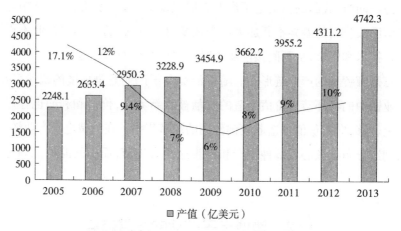

图 9-3　2005—2013 年全球消费电子产值及增长与未来发展趋势预测

据 GFK 统计,2008 年全球消费电子产业总产值达到 3228.9 亿美元。尽管面临诸多像美国次贷危机、原材料涨价、人力成本增加和运输成本上升等一系列的挑战,但无论是消费产量还是消费产值都依然保持 9% 以上的增长速度。同时,IPTV、GPS、单反相机等新兴领域的市场出现了快速增长。整个行业的竞争主要集中在现有的消费电子企业巨头之间,全球消费电子顶级品牌大多集中在北美、欧洲、日韩等一些发达国家和地区,而非核心技术及产能不断向发展中国家转移。据权威机构预测,到 2013 年,全球消费电子产业的总产值将达到 4742.3 亿美元(见图 9-3)。

(2)国际消费电子产业发展趋势

1)产业发展规模依然保持增长的趋势

2009 年至 2013 年,随着世界经济由受金融危机的影响持续加深,再到经济的逐步转暖,预计消费电子产业将会经历先减速到回暖、再持续加速的过程,年平均增长速度保持在 8% 以上,并且新的产品(如 OLED 显示器)和新的技术("绿色"工作站)将不断涌现,刺激整个产业的发展,消费电子产品的市场需求呈现多样化趋势。

消费电子产业的竞争日趋激烈,不但推动了行业的资源整合,同时也提高了外来企业进入消费电子行业的门槛,全球消费电子品牌的数量正在不断减少,品牌集中度越来越高。全球的消费电子品牌主要集中在日本、韩国以及欧美,中国的民族品牌也发展很快,联想、海尔、美的、海信、TCL 等品牌迅速崛起。根据《财富》杂志 2008 年世界 500 强企业的排名,2007 年全球有三家电子企业销售收入超过千亿美元,其中西门子 1064 亿美元,三星电子 1060 亿美元,惠普 1043 亿美元。销售收入在 300 亿美元以上的有 12 家:日立公司 983 亿美元,韩国 LG821 亿美元、松下 794 亿美元、索尼 777 亿美元、诺基亚 699 亿美元、东芝 671 亿美元、戴尔 611 亿美元、富士通 467 亿美元、NEC404 亿美元、佳能 381 亿美元、飞利浦 370 亿美元、摩托罗拉 366 亿美元。其他一些著名消费电子厂商的销售收入分别为:夏普 299 亿美元、苹果 240 亿美元。中国的联想集团销售收入达到了 169 亿美元,进入世界 500 强。

消费电子产业的发展带动了电子产品代工业的迅速发展,在短短 5、6 年间,鸿海、广达电脑等代工企业的规模迅速膨胀,在 2000—2007 年间,业绩保持着年均 50% 以上的增长速度。全球的电子产品代工企业主要集中在台湾,其中鸿海集团的销售收入达到 518 亿美元(2007 年)、广达电子 237 亿美元、华硕电脑 230 亿美元;新加坡的伟创力(新加坡)276 亿美元,这些企业均进入世界 500 强。此外,台湾的仁宝、宏基、技嘉、精英、明基等企业也是世界知名的代工企业,以电脑代工为主。大陆的比亚迪也进入电脑、手机等消费电子产品的代工领域,并且发展迅速,2008 年电子产品代工收入约为 60 亿元。

2)产业升级与产业转移并进

　　消费电子产品的技术升级引发了众多产业结构的调整,比较典型的包括:以数字技术取代模拟技术为代表的广播电视产业,以平板显示技术取代 CRT 显示技术为代表的显示产业,以高密度存储技术和新存储介质技术为代表的媒体播放机产业,以数字音视频编解码技术和新型存储技术为代表的便携式多媒体播放器产业,以及以无线互联技术取代有线互联技术的数字家庭产业。这些新技术的应用,引领了消费电子产业结构的升级。

　　全球消费电子产业的标准和核心技术等多被欧美、日本等发达国家企业所掌握,非核心技术的产能不断向发展中国家转移;韩国、中国台湾等国家和地区的企业拥有部分关键技术,并在产品设计和制造上有一定的优势。

　　(3)产品发展呈现出技术新特点与需求新趋势

　　产业的未来发展趋势和技术路线总是产业界关心的焦点问题,从有关分析来看,消费电子产品的总体发展思路是功能智能化、系统化。在发展的过程中遵循社会生活的发展趋势,朝着安全、环保、健康、节能、方便快捷、经济适用等方向迈进,具体表现出如下五大新趋势。

　　1)功能复合化将成为未来消费电子产品的主流

　　随着人们对消费电子产品要求的日益提高,消费电子产品已经突破了原有单一功能的局限,开始呈现出复合化趋势,主要表现为设备与设备的复合。

　　2)科技人性化、时尚化成为发展趋势

　　随着现代人们追求生活品位的提升,在这一过程中消费电子产品也日益艺术化、时尚化。现代信息技术的发展给予消费电子产品设计更大的空间,尤其是数字娱乐产品设计更加注重个性化和时尚化。高清晰度、大容量存储空间、多功能、智能化、操作简易成为消费电子产品发展的潮流和占领市场的"利器"。

　　3)"绿色节能"成为市场准入标准和创新源泉之一

　　在今天的电子信息产业中,"绿色 IT"、"绿色制造"推动了全球电子信息产业的绿色工程在生产制造和元器件的无铅化的广泛实施,例如欧盟提出的 WEEE 和 RoHS 把绿色电子产业提高到了市场准入的地位。同时,在许多行业中,大家把"能量转换效率"等概念推到了产品竞争的前沿,许多节能技术和标准进入市场,对消费电子产业的发展起到了巨大的推动作用;全球"降低二氧化碳排放"等节能减排可持续发展意识进一步加快了全球消费电子产品的"绿色节能"标准的实施。近年来,我国也相继出台了"节能减排"政策,消费电子产业在技术方向上都重点关注节能技术的研发与应用。2008年,从节能空调、绿色冰箱开始,全面带动了家电行业向低能耗、环保型产品转型。相对空调、冰箱、洗衣机、热水器等家用电器产品的能效等级标准频频升级,其他消费电子产品在标准制定上还远远落后,为此,英特尔和AMD两大芯片巨头以及一大批IT和通信设备制造厂商开始提出"绿色数据中心"和"绿色基站"等新概念,IT和通信业的竞争不再简单地比较运算速度和数据速率的大小了。

4)消费电子产品高清化加快产业竞争

随着数字技术和显示技术的快速发展,全球正进入一个全新的高清时代。首先在终端显示上,高清电视、高清DV等终端产品的清晰度更高;其次,在高清时代,消费者的接收方式发生了重大变化,从被动的按时接收节目转变成主动的获取节目,互动性和自主性更强;最后,也是最重要的一点,是内容上的彻底变革。因此,高清时代不仅仅是终端产品的改变,更是以电视等产品为代表的一系列与内容有关的过程的解决。消费电子企业的"高清战略"将代表着消费电子企业未来的竞争模式。

5)互联网改变消费电子产品定义和设计思路

互联网正在真正成为人们生活的一个部分,对人们的工作和生活影响巨大,如在北美消费电子市场上,e-Bay和YouTube等许多网站已经成为人们生活的组成部分;同时随着Wi—Fi等宽带无线网络的广泛普及,许多消费电子产品的功能设置都被打上了互联网的烙印。从2009年美国拉斯维加斯消费电子展来看,在未来电子产品功能定义中,互联网因素是不可或缺的重要部分,对整个产业的影响将是深远的,例如,作为一种基于第二代移动通信网络的终端产品,iPhone除了其雅致的外观设计和眩酷的人机界面外,一个重要的功能就是能够利用Wi—Fi上网,从YouTube的收藏中播放视频流媒体。

9.2.2 国内消费电子产业发展现状与趋势

(1)国内消费电子产业发展现状

中国是全球消费电子产品的生产制造大国,也是目前全球第二大消费电子产品消费市场。中国已经成为全球消费电子产业链上不可或缺的一环,是亚太消费电子产业圈的重要构成部分。

2005 年—2007 年,中国消费电子保持高速的发展速度。如图 9 - 4 和图 9 - 5 所示,2006 年在产量和产值上比 2005 年分别增长 28.3%、18.9%;2007 年则比 2006 年分别增长 38.6%、22.9%;2008 年中国消费电子产量达到 131188.2 万套(台),比 2007 年增长了 16.3%;在全球市场价格波动影响下,总产值增长幅度明显下降,为 12692.9 亿元,但相比 2007 年仍增长 5.2%。据美国 CEA 预测,2009 年以中国为代表的新兴市场将带动全球消费电子产业增长 4%。

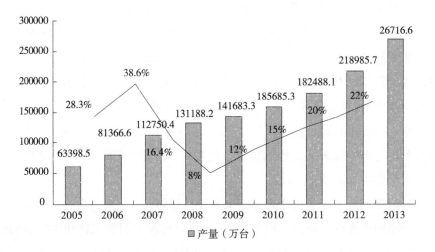

图 9 - 4　2005—2013 年中国消费电子产量及增长与未来发展趋势

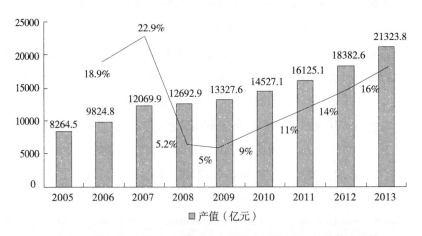

图 9 - 5　2005—2013 年中国消费电子产值及增长与未来发展趋势

在全球经济减速的背景下,中国是唯一保持经济快速、平稳增长的大型经济体,结合全球最大消费电子制造基地和第二大消费电子市场的产业地位来分析,中国已成为全球消费电子未来最大的"聚集地",产业发展表现出巨大的发展潜力,规模进一步集中,向纵深方向发展和向产业链的上游延伸。

(2)国内消费电子产业发展趋势

1)中国消费电子产业展现出巨大的发展潜力

随着经济的复苏,全球消费电子市场的规模会有小幅的扩大,这些需求将给中国的消费电子产业带来一定的发展空间;另一方面,借助国际消费电子产业转移之机,中国消费电子产业凭借其巨大的生产能力以及专业化产业链条,使得代工和品牌制造的能力继续加强,中国消费电子生产的全球竞争力也会越来越强,产业的规模将会逐年递增;其三,中国政府为消费电子产业的发展提供了环境支持和政策引导,"家电下乡"政策的全国推行、包括电子信息产业在内的"十大产业"振兴计划的出台和中国广袤的腹地市场、新兴产业的崛起等都为中国消费电子产业发展提供了巨大的市场机会、技术变现机会和合作机会。

2)行业整合将继续,产业规模将进一步集中

2008年,在消费电子市场,整合趋势比较明显。随着行业利润的下滑和出口市场的不利局面,像"山寨"现象比较突出的手机、MP3、GPS等行业出现了新一轮行业洗牌,产业规模越来越集中。从未来消费需求及出口形势来看,中国消费电子产品的竞争态势十分严峻。因此,未来中国消费电子行业的资源也将继续整合配置,产业规模将进一步集中,这有利于优化该行业的生产和经营环境,进而促进整个消费电子产业结构的优化与升级。

3)组织模式持续创新,行业向纵深方向发展

组织模式持续创新推动消费电子产业升级,包括营销的创新和整合的创新。营销模式的创新对消费电子行业产生过并将持续产生重要的影响,戴尔成功的创新直销模式使其以最快的速度跻身于全球著名电脑制造商前列。国美、苏宁、永乐、大中等家电连锁的经营模式有效地降低了营销成本,对整个消费电子行业的发展起到了明显的促进作用。直销和连锁的销售模式减少了销售的中间环节,缩短了制造商和消费者的距离,对消费电子的快速更新和不断发展提供了快捷的通道。整合创新始终贯穿整个消费电子行业设计生产的始

终。格力电器通过专业化生产来努力降低生产成本,海尔通过多元化来取得规模效应,华映通过控股厦华来实现 LCD 产品生产的上下游的垂直整合。这些个性不一的整合创新都对行业发展起到了促进作用。

4)国际化分工加快,中国是全球最重要的生产基地

在全球科技革命的推动下,生产国际化进程大大加快,国际分工与专业化协作程度日益深化。当前的全球消费电子产业分工以垂直型国际分工为主,主要表现在,标准和核心技术等主导产业发展方向多被欧美、日本等发达国家企业所掌握;韩国、中国台湾等国家和地区的企业拥有部分关键技术,并在产品设计和制造上有一定的优势;而中国、巴西和东欧的一些国家多被限定在产业链的下游,以加工、组装为主。目前,尽管中国有数以万计的消费电子产品的配套企业,实力强劲的研发、设计、制造和销售公司,因缺乏核心技术和标准,在产业中缺失话语权,产品自主创新能力不足,不是缺"芯"就是缺品牌。现在严峻的现实就是标准在国外,生产在中国,污染也留在中国。

9.3 东湖高新区的产业基础

武汉在消费电子产业方面起步较早,在 20 多年前"莺歌"电视等产品曾成为国内知名品牌。然而,由于种种原因,该产业的发展几经波折,特别是未能大规模地参与上一轮全球消费电子产业转移分工,发展较为缓慢。进入 21 世纪,在对国际消费电子产业发展趋势进行判断之后,东湖高新区依托"武汉·中国光谷"的区域品牌,通过引入富士康、多普达等重点项目,高新区的消费电子产业得到了较快发展。2008 年,东湖高新区消费电子产业规模已达 134.8 亿元,形成了以电脑硬件、消费数码、新型显示、汽车电子等四大产业为主要支撑,一批从事消费电子教学、科研的高校和科研院所在区内聚集,一批在国内外有一定知名度、有一定市场占有率的消费电子企业在区内布局的产业格局。

同时,东湖高新区的技术创新能力较强,区内企业在消费电子领域拥有专利 525 项,在 2008 年申请专利 544 项,展示出雄厚的技术实力和活跃的发展势头。

9.3.1　电脑硬件产业

目前,东湖高新区电脑硬件产业有 34 家企业,2008 年从业人数有 1528 人,是高新区今年来发展最为迅猛的产业。因富士康武汉科技园将主要承接惠普和联想电脑的代工,将成为国内最大的电脑研发和制造基地,使得东湖高新区的消费电子产业将实现跨越式发展。区内电脑硬件产业中,比较具有代表性的企业有鸿富锦精密工业(武汉)、富士康(武汉)、联想(武汉)、武汉神州数码、蓝星电脑、武汉北方天鸟佳美电脑绣花机、武汉三联电脑、武汉华风电子等。

富士康是世界上最大 EMS(电子制造服务)厂商。HP、DELL、IBM、CISCO、SONY、NOKIA 和 MOTOROLA 等世界一流的 3C 公司都是富士康的订单客户。武汉富士康科技园项目按规划建成后,其产业带动作用之巨大和产业集聚的辐射作用之广泛,远非其它企业所能比。

武汉华风电子是一家专业从事通信、电子、电力产品研发及安防、消防、系统集成等设计、施工、安装、调试的高新技术公司。

联想(武汉)有限公司是联想集团在武汉设立的子公司,分设消费 IT、企业 IT、手机、客户服务四个业务群,承担联想全线业务在区域市场的营销和服务、管理工作。

9.3.2　消费数码产业

2008 年,东湖高新区消费数码产业保持快速发展态势,该产业 18 家企业收入总额为 48.17 亿元,占高新区四个重点产业总收入的 33.65%,从业人数有 5296 人。这些数据表明,消费数码是高新区产业规模最大的消费电子产业板块,尤其是富士康作为全球最大的数码相机代工企业,富士康武汉园区是其重要的制造基地,对东湖高新区的消费数码产业发展具有重要的带动作用。

在生产消费数码 18 家企业中,鸿富锦(武汉富士康)公司因其跨电脑硬件、消费数码和新型显示三大产业,综合性强而单独列出,与四大类总额进行比较)中,总收入 1 亿元以上的规模企业有 4 家,占该类别企业总数的 22.22%,4 家企业的收入总额为 45.62 亿,占 18 家企业总收入的 94.71%,龙头效应凸显。

9.3.3　新型显示产业

在东湖高新区,新型显示产业有 12 家企业,2008 年收入总额为 6.68 亿元,年末从业人数有 782 人,是高新区的重点产业,对高新区发展具有积极影响。2008 年,部分新企业引入了价值千万美元的新项目,如鸿富锦公司、武汉天马公司、武汉鸿亚红光高清科技发展公司分别于 2008 年引入了 1000 万美元的项目。新兴企业中,深圳鼎新电子有限公司和深圳德聚电子有限公司分别引进 5000 万人民币的项目。这一产业将是高新区重点培养的产业,政府将在现有基础上进一步加大招商引资的力度。

目前,高新区在新型显示产业上引入了四条生产线:薄膜晶体管液晶(TFT—LCD)、红光高清(NVD)、高清硅晶(LCOS)和发光二极管(LED)。显示产业的核心企业有:武汉光谷鸿景科技、武汉全真光电、武汉大象信息、武汉东太信息、武汉光谷高清。各企业在相应的生产线上都拥有国内、国际领先的专利和技术,展现出巨大的发展潜力。针对这些特色企业和产品,高新区正进一步加快扶持的力度,同时加大招商引资的步伐,抢抓机遇尽快完成产业布局和产业链的培育。

9.3.4　汽车电子产业

2008 年,东湖高新区汽车电子产业 19 家企业收入总额为 20.3 亿元,年末总从业人数有 4095 人。汽车电子产业是高新区的消费电子产业规模较大的板块,但缺乏未来两三年内迅速成长的龙头企业,其规模化发展面临巨大压力。

蓝星科技公司自 2006 年起开始进行产业调整与转型,将主营业务向车载信息系统的硬件体系结构和各种嵌入式系统软件产品研发、生产、销售和增值服务方向转移。2008 年,公司确立了在国内车载信息系统领域的领先地位。公司的汽车电子研究院是湖北省省级企业技术中心,创造性地发展车载信息终端、系统平台,形成面向不同用户层面的专用特色产品,是全球首批推出同类产品的企业之一。

精伦电子公司总部及下属子公司目前聚焦基于位置服务的导航终端、电子交易和支付终端、媒体终端、电子伺服系统产品四大业务产品线,并且在嵌入式操作系统设计、嵌入式硬件设计、嵌入式软件设计、音频视频信号处理、智能卡应用技术、大型数据库应用设计、网络信息安全设计技术等方面形成了自主核心技术体系,正逐步成为业界领先的企业。

立得空间信息技术有限公司主要致力于运用3S(GPS、GIS、RS)集成技术,其自主开发的LD2000—R型移动道路测量系统(MMS:Mobile Mapping System)是当今中国乃至整个亚洲唯一的、具备世界先进水平的车载移动道路测量产品。它是在机动车上装配GPS(全球定位系统)、CCD(视频系统)、INS/DR(惯性导航系统或航位推算系统)等先进的传感器和设备,并被公认为是最佳的道路GIS数据采集工具。

光庭导航数据武汉公司则致力于汽车电子工程与应用,智能交通系统、车载导航系统研发;地理信息工程与应用及电子地图;汽车零配件的硬、软件开发、集成、生产、制造和销售;汽车电子零配件、GPS车载终端产品、智能终端产品销售。光庭公司所开发的具有完全自主知识产权的的前装导航系统已经进入标志207、神龙C4、华晨阁瑞斯、奇瑞B21等车型,同时以精品件的形式进入新天籁后装市场。

9.3.5　其它消费电子产品

其他消费电子企业主要有高德红外、天喻信息、东湖光盘、力兴电源等企业。

目前,东湖高新区的消费电子产业形成了整机重点企业与配套企业相互促进与融合发展的产业格局,代工企业与区域品牌企业竞相发展的势头;形成了特色鲜明的四大板块,并把握住了消费电子产业国内外发展的趋势,产业成长性很大;具有一定的技术优势、人才优势、产业优势和环境优势。在第四次产业转移的背景下,华中地区尤其是东湖高新区作为制造业转移的承接地之一,消费电子产业的带动作用将表现得尤为明显。

9.4　东湖高新区消费电子产业发展的总体构想

9.4.1　发展思路和目标
(1)发展思路
全面贯彻落实科学发展观,坚持自主创新,依托"武汉·中国光谷"的强大地域品牌,以契合产业经济发展的内在规律为行动指南,以打造"国际知名、国内一流、中部第一"的消费电子产业聚集带为发展目标,以借势国家、省、市、区的相关产业政策为主要方略,抢占新一轮产业转移的前沿高地,形成地处武汉、立足华中、辐射全国、走向世界的消费电子综合制造与自主创新基地,成为中部地区产业结构升级和经济快速发展的新型驱动器。

按照上述发展思路,2015年以前,东湖高新区消费电子产业将紧密围绕电脑硬件、消费数码、新型显示、汽车电子等四大子产业,重点把握国家实施十大产业振兴规划、中部崛起战略、武汉城市圈"两型社会"建设的政策张力,牢牢抓住国际、国内第四次产业转移的历史机遇,做到四个结合,实现产业的跨越式发展。

——扩张产业规模和升级产业结构相结合。引进、培育优质企业,充分发挥龙头项目的示范拉动效应,迅速扩大区内消费电子产业规模。同时,依循消费电子产业发展的技术规律,充分利用后发优势,避免走产业先发展、后升级的老路,在产业规模持续扩张的同时,实现产业结构的高级化。

——承接产业转移和探求差异发展相结合。把握国际、国内第四次产业转移的有利时机,营造良好的金融支持、创新体系等软环境,以技术领先、资源友好、可持续发展为导向,积极承接国际、国内消费电子产业转移,实现承接项目的产业、技术、人才多重转移,先发规避"候鸟经济"。利用东湖高新区的交通、人才、科教资源等综合优势,在承接转移的过程中,坚持自主创新,着力打造特色产业,培育龙头企业,走差异化发展道路。

——打造产业链条和锻造核心能力相结合。依托现有项目的比较优势,引进、整合配套企业、研发机构,加强产业链的上下游融通,重点培育电脑硬件、消费数码、新型显示、汽车电子等四大产业链,着力提升高新区消费电子产业对产业链上、下游资源的整合与配套能力,明晰产业的核心竞争优势。

——凸显龙头项目和构建产业集群相结合。通过引进、扶持和培育重点企业,充分发挥龙头项目的产业关联效应和品牌示范作用,在实现产业规模迅速扩张和产业结构快速升级的同时,围绕核心企业,发展包括产业上下游企业、教育机构、研发创新组织、金融服务提供商在内的产业集群,构建良好的企业生态圈。

(2)发展目标

——建成"国际知名、国内一流、中部第一"的消费电子产业聚集带。沿高新区高新四路到光谷二路 7 平方公里范围内,建设综合型消费电子产业带,形成区内消费电子产业聚集发展。

——实现消费电子产业形成千亿元规模。通过引进、扩建、新建项目,实现产业规模扩张和产业结构升级,带动产业链上下游发展,形成以多家超大型企业为龙头、以百余家中小型企业为支撑的企业集群,在从 2009 年开始的 5 年内,力争产业规模突破 1000 亿元。

——培育一批具有核心竞争优势的特色企业、集团。以高度创新、高度领先为导向,培植一批在技术、产品、研发等环节上走差异化发展道路,具备核心竞争能力的特色企业。

——建设一流的消费电子产业生态环境。不断挖潜金融服务机制、技术创新体系、人力资源结构,延伸上下游产业链,在项目融资、技术研发、信息共享、产品配套等多个产业发展的关键环节中寻找新的增长点,形成共生共荣的产业、企业生态圈,夯实消费电子产业承载能力。

9.4.2　重点领域

（1）电脑硬件

电脑硬件依托富士康项目,着眼本地丰富的科技研发资源,大力发展以台式电脑、服务器、打印机、显示器为代表的电脑硬件产业。努力打造全国领先、华中地区最大的电脑硬件制造、研发基地。

一是围绕富士康项目,着力延伸电脑硬件产业链条,发展上游配套企业,建立软、硬件产业一体化发展的格局。

二是培育蓝星电脑、绿康数码等一批本土企业品牌,突出电脑硬件产业的区域优势。

（2）消费数码

消费数码产业借势富士康、多普达等大型项目,以 3G 为导向,发展以手机、数码相机、便携式娱乐终端为特色的消费数码产业。努力打造全国领先的消费数码生产、研发基地。

一是以富士康、多普达项目为核心,进一步承接国际、国内产业转移。

二是制造环境与研发体系并重,着力打造区域消费数码产业发展的软环境。

（3）新型显示

新型显示要积极发展以 TFT—LCD、OLED、LCOS 等新型显示技术为代表的平板显示产业，大力支持红光高清 NVD 技术的标准制定和产业化工作，着力推动 LED、高压汞灯等平板显示电源的研发和产业化工作。努力打造全国最大、科技实力最强的集生产与研发为一体的新型显示产业基地。

一是以武汉天马、全真光电、中原电子为载体，引进一批与之配套的电子原器件企业，重点引进液晶显示器面板项目，形成有一定规模的电子信息产品企业群。

二是以光谷高清为突破口，大力延伸新型显示产业链，发展高清播放器、刻录机、databoard、投影仪等技术和产品，引进国内外产业巨头，扩大武汉现有智能产业的质量和规模，形成比较完整的产业链和相互促进的产业群体。

三是大力支持高清硅晶 LCOS 大规模产业化，扶持全真光电、中原电子等新型显示企业发展。

（4）汽车电子

汽车电子的发展，以武汉国家汽车电子产业基地为基础，发挥武汉市作为中部地区中心城市的区域优势和辐射能力，构建我国重要的汽车电子技术、信息、培训、服务和质量保证体系。培植以蓝星科技、光庭导航为代表的一批从事汽车电子产业的企业集团，形成集群效应。本着就近配套、逐步扩张原则，获得生产雪铁龙、本田等各大品牌轿车配套汽车电子产品的资格，同时努力以武汉为中心，向包括安徽芜湖、湖南株洲在内的多个汽车生产基地辐射，并积极向海外汽车电子产品市场进军。

电动汽车电子产品。发展整车控制系统、多能源动力总成控制系统、电机及驱动控制系统、电池及电池管理系统等。

车辆驾驶电子产品。灯光智能控制系统、电子仪表显示系统、车辆行驶状况显示系统、车载通讯系统、电子导航系统、车载娱乐系统等。重点有车载导航 GPS 技术及硬件产品、便携式 GPS 接收机、车载信息系统、卫星导航定位接收机主机板、广域差分定位技术、TT—3000 GPS 差分接收机、车载 GPS 导航和监控电子地图等。

（5）其它特色产业

目前,东湖高新区消费电子产业除电脑硬件、消费数码、新型显示、汽车电子等四大支柱产业外,还有一批以高德、天喻等企业为代表的特色企业。这些企业尽管从现状而言规模总量较小,但由于其通常掌握了核心技术或在其所处行业中处于领先地位,因此代表了高新区未来的产业发展方向,可能成为东湖高新区未来消费电子产业发展的新特色。

因此,在未来的发展中,东湖高新区一方面将注重对如高德、天喻等现有特色企业的支持,力争能够在较短时期内促成1到2家公司实现上市融资,另一方面抓紧培育一批具有区域、品牌、技术特色的企业,寻求高新区消费电子产业的特色化、差异化发展路径。同时,根据产业的发展特性,加强对电子垃圾处理产业的关注程度,在适当时机通过采取对外招商,引进企业的方式,培育区内电子垃圾处理特色产业。

第十章 装备制造业

装备制造业是为国民经济各行业提供技术装备的战略性产业,是技术创新和生产率提高的重要源泉,是一个国家和地区综合实力的集中体现。任何一个大国都不可能逾越制造业这个发展阶段而直接进入以服务业为主的经济。

我国已经成为世界装备制造业大国,正处于向装备制造业强国的转变过程中。武汉是我国重要的装备制造业研发、生产基地,在机床、船舶及配套、电气装备、机车车辆、激光加工、环保装备、冶金装备等领域具有较强的优势。东湖高新区是武汉装备制造业的集聚区,培育出了一大批优势企业。抓住国家推进新型工业化、扩大内需和调整结构,以及全球装备制造业进一步向中国转移等一系列战略机遇,实现东湖高新区装备制造业的振兴与跨越,是高新区产业发展的一个重要课题。

10.1 我国装备制造业发展概况

装备制造业是为国民经济各部门简单再生产和扩大再生产提供技术装备的各种制造工业的总称,是资本品制造业。按照国民经济行业分类,其产品范围包括机械、电子和兵器工业中的投资类制成品,分属于金属制品业、通用装备制造业、专用设备制造业、交通运输设备制造业、电器装备及器材制造业、电子及通信设备制造业、仪器仪表及文化办公用装备制造业等 7 个大类。在实际应用中,存在多种产业分类方法和标准,产业分类标准并不完全统一,装备制造业的涵盖范围与其他一些行业存在一些交叉。根据现有装备制造业的分类,装备制造业包括光电子、消费电子、新能源、环保等产业的部分领域,如光通信的光传输、光交换,新能源的风电装备、生物质发电装备,环保领域的环保机械、垃圾处理和水处理的成套设备等,都可以包含在装备制造业的范围内。根据东湖高新区的产业特色和实际情况,本章重点研究机床、电力装备和船舶制造等领域,至于其他的高新技术制造业,分别在光电子、消费电子、新能源、环保等产业中研究。

我国装备制造业经过多年发展,已经形成门类齐全、规模较大、具有一定技术水平的产业体系,成为国民经济的重要支柱产业(见表10-1)。特别是2000年以来,我国的装备制造业高速增长,重大技术装备取得突破,自主化水

表10-1 装备制造业七大门类

装备制造业	金属制品业	1. 金属结构制造业 2. 铸铁管制造业 3. 工具制造业 4. 集装箱和金属包装物制造业 5. 金属绳及其制品业 6. 建筑用金属制造业 7. 金属处理及热处理业 8. 日用金属制品业	装备制造业	电气机械及器材制造业	1. 发电机制造业 2. 电动机制造业 3. 变压器制造业 4. 电线电缆制造业
	通用装备制造业	1. 锅炉制造业 2. 内燃机制造业 3. 汽轮机制造业 4. 内燃机零部件及配件制造业 5. 金属切削机床制造业 6. 锻压设备制造业 7. 起重运输设备制造业 8. 泵制造业 9. 风机制造业 10. 冷冻设备制造业 11. 轴承制造业 12. 液压件及液力件制造业		交通运输设备制造业	1. 铁路机车制造业 2. 铁路客车制造业 3. 铁路货车制造业 4. 载重汽车制造业 5. 客车制造业 6. 小轿车制造业 7. 微型汽车制造业 11. 飞机制造业 8. 特种车辆及改装汽车制造业 9. 汽车零部件及配件制造业 10. 海洋运输船舶制造业
				电子及通信设备制造业	1. 舆设备制造业 2. 交换设备制造业 3. 通信终端制造业 4. 雷达整机制造业 5. 电子计算机整机制造业 6. 电子计算机外部设备制造业 7. 半导体器件制造业 8. 集成电路制造业 9. 电子元件制造业
	仪器仪表及文化办公用机械制造业	1. 工业自动化仪表制造业 2. 电工仪器、仪表制造业 3. 环境保护仪器仪表制造业 4. 汽车仪器仪表制造业		专用设备制造业	1. 矿山设备制造业 2. 冶金工业专用设备制造业 3. 电工专用设备制造业 4. 电子工业专用设备制造业 5. 石油工业专用设备制造业 6. 化学工业专用设备制造业 7. 塑料工业专用设备制造业 8. 食品饮料烟草专用设备 10. 纺织服装皮革专用设备 11. 拖拉机制造业 12. 机械化农机具 13. 环境保护机械制造业

平显著提高,部分产品的技术水平和市场占有率跃居世界前列,国际竞争力进一步提升。到 2007 年,我国装备制造业总产值达到 11.9 万亿元,占制造业工业总产值的 33.8%,是 2001 年的 7600 亿元的 15.6 倍,产业规模超过德国、日本,居全球第二位,仅次于美国。预计到 2010 年,装备工业总产值将达到 18 万亿元。

从国家的政策来看,为应对国际金融危机,解决装备行业自身的产业集中度低、自主创新能力弱、基础制造水平滞后等问题,2009 年 2 月,国家出台了《装备制造业调整和振兴规划》,力争用 3 年时间,实现行业平稳增长、市场份额逐步扩大、重大装备取得突破、基础配套水平提高、组织结构优化升级、增长方式明显转变等目标。《装备制造业调整和振兴规划》的实施,将推动我国由装备制造业大国向强国转变。

数控机床、电力装备、船舶制造等领域是东湖高新区装备制造业的重点领域,下面重点对这些领域进行分析。

10.1.1 数控机床

机床是装备制造业的基本生产手段,各国政府均高度重视。从全球机床行业的发展来看,机床行业产值呈现稳步增长态势(见图 10-1)。德国、日本、意大利作为世界机床强国,国际贸易地位依然稳固,在中高端机床产品领域一直处于全球垄断地位。在全球供给市场方面,日本和德国分别占据机床产值的前两位,同时也是出口规模最大的两个国家。其中,全球领先的数控机

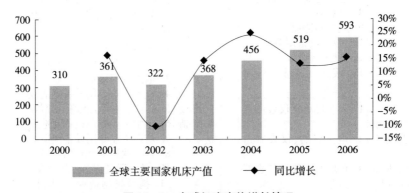

图 10-1 全球机床产值增长情况

资料来源:《中国机床工具工业年鉴》,中金公司研究部。

床生产制造商主要包括德国的西门子、通快、吉德曼，日本的山崎马扎克、大限、法那科、三菱等公司（见表10－2）。

表10－2　全球前20名机床企业的分布（百万美元）

排名	公司名称	国别	截止财政年度	机床产值	总产值
1	山崎马扎克	日本	2007.03	2165	2165
2	通快	德国	2007.06	1882.6	2530.4
3	吉德曼	德国	2006.12	1669.5	1669.5
4	大限	日本	2007.03	1616.1	1616.1
5	天田	日本	2007.03	1548.9	2244.8
6	MAG	美国	2006.12	1500	1500
7	森精机	日本	2007.03	1474.6	1474.6
8	Jtekt	日本	2007.03	1316.5	8776.5
9	大连	中国	2006.12	1156.5	1168.5
10	沈阳	中国	2006.12	967.3	967.3
11	牧野	日本	2007.03	942.3	1177.8
12	阿奇夏米尔	瑞士	2006.12	908	3232.6
13	斗山．英维高	韩国	2006.12	768.8	3479.7
14	哈斯	美国	2006.12	740	740
15	舒勒	德国	2006.09	693.6	693.6
16	伊玛格	德国	2005.12	547.0	547
17	Nippei Toyama	日本	2007.03	540.9	707
18	因代可斯	德国	2006.12	533.9	533.9
19	艾达	日本	2007.03	531.7	531.7
20	格劳伯	德国	2006.03	510.5	510.5

资料来源：美国Gardner公司汇总发表的世界机床制造企业动态排名，数据时间范围：2005.3—2007.3。

中国机床行业的发展经历了30年的跌宕起伏，已经由成长期进入成熟期，可供市场的1500种数控机床，覆盖超重型机床、高精度机床、特种加工机床、锻压设备、前沿高技术机床等领域，领域之广，可与日、德、意、美并驾齐驱。2000年以来，机床行业平均保持28％的高速增长。2008年，中国机床行业总产值3472亿元，销售额3348亿元，比上年分别增长28％、26.0％，是世界上最大的机床消费国和进口国，出口则从2007年的世界排名第8位提高到2008

年的第 6 位,产值排名世界第 3 位(见表 10－3)。从机床企业的地域分布来看,国内主要的机床企业主要分布在东北、华北、西北地区及上海市,以原来机床行业重点骨干企业为主(见表 10－4)。

表 10－3　2002—2007 年中国机床销售量及占世界比重(亿美元)

年份	消费量	占世界比重
2002 年	51.9	19.20%
2003 年	67.3	18.30%
2004 年	94.6	20.90%
2005 年	107.8	20%
2006 年	131.1	22.80%
2007 年	152	约25%

表 10－4　2006 年中国数控机床产量前十名企业

排名	企业名称
1	沈阳机床(集团)有限责任公司
2	大连机床集团有限公司
3	宝鸡机床厂
4	济南一机床集团有限公司
5	宁波海曙富茂机械有限公司
6	兰溪联强数控机床有限公司
7	浙江凯达机床集团有限公司
8	南京二机数控车床有限责任公司
9	重庆第二机床厂
10	泰州市宇成机械厂

从机床产品的销售来看,数控机床成为市场主流,数控机床销售自给率不断提升。据中国机床工具工业协会车床分会的相关统计,1999—2005 年国产数控车床销售数量年均增长率高达 39.4%,自给率由 48.8% 上升至 79.5%。其中,中高档数控车床自给率为 40%—45%。2005 年,我国数控机床产量达到 5.9 万台,是 2001 年 1.8 万台的 3.3 倍;"十一五"期间,中国数控机床产业已经步入快速发展期,预计 2010 年数控车床销售数量将达 10 万台,尽管受到金融危机的影响,但是年均增长率仍达 16.5%。

10.1.2　电力装备

发电设备按产品性质可分为水电设备、煤电设备(常规煤电设备和高效煤电设备)、气电设备(简单循环燃机设备和联合循环燃机设备)、核电设备和新能源发电设备(风能、太阳能、地热、生物质能和潮汐能等)。

我国大型发电设备制造业具有"三大、三中、九小"的生产布局(见图10-2)。哈电、东电、上电三大集团公司可生产600MW级以上火电机组和大型水电机组,基本上呈现三足鼎力之势。北京(北重、巴威)、武汉(武锅、武汽发)以及天津(天津阿尔斯通)三个城市的五个大型企业,可生产300MW的火电和重型水电机组。还有山东、江苏、浙江、福建、广东、广西、重庆、湖南、云南等

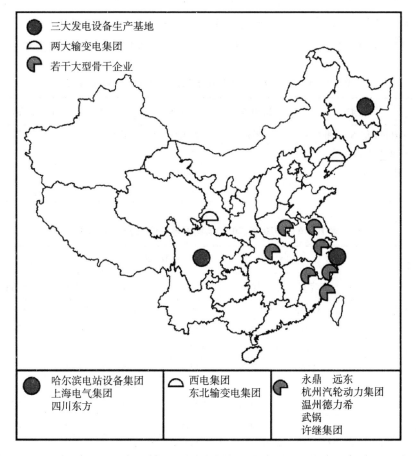

图10-2　我国电力装备制造业生产基地布局状况

九个省(市)的十四家重点企业,可生产200MW以下火、水电机组。

在国家政策支持以及电力工业发展与电力需求的带动下,在过去几十年里,我国发电及输变电产业取得了长足的进步和发展,产业规模居世界前列,不少产品的总产量已居世界领先地位。2007年,我国电机制造企业实现累计工业总产值2359亿元,同期增长31.6%;输配电及控制设备企业实现累计工业总产值5307亿元;同期增长31.6%;电工器材企业实现累计工业总产值6174亿元;同期增长33.6%。2008年国内新投产机组2.04亿KW,同比下降2.4%,其中火电8500万KW,同比下降8.4%,水电1500万Kw,同比上升34%。火电发展放缓,而水电和风电等清洁能源得到了快速发展,整个电力设备行业产值增速保持在20%以上增幅。

预计2010年我国的电力需求将达到26300亿KW·h,装机容量将达到59000万KW;2020年两者将分别达到42500亿KW·h及96000万KW(见表10-5)。其中,电源设备预计到2020年,产量将占据全球66%的份额,继续

表10-5　2010年、2020年我国电力需求及装机容量预测

项目	2000年	2010年	2020年	2001~2020年
发电量(亿Kw·h)	13685	26300	42500	
年均增长率(%)		5.6	4.7	5.8
装机容量(万Kw)	31932	59000	96000	
年均增长率(%)		6.5	4.6	5.7

表10-6　2010年、2020年我国输变电设备需求预测

	2000年		2010年		2020年	
	容量	比重	容量	比重	容量	比重
发电装机容量	31932	100	59000	100	96000	100
其中:水电	7935	24.8	15200	25.8	26000	27.1
煤电	22115	69.3	37330	63.3	56300	58.6
油电	1540	4.8	1500	2.5	1500	1.6
核电	210	0.7	1370	2.3	4000	4.2
气电	96	0.3	3200	5.4	7200	7.5
其它	36	0.1	400	0.7	1000	1
水电装机中抽水蓄能机组			2138		4433	

保持全球冠军的地位;输变电设备 2020 年行业产量将达到 1.3 亿千伏安,占据全球 50% 以上份额,称冠世界。

从未来发展趋势上看,高效清洁发电、新能源发电是今后电力装备制造业的重要发展方向。而超临界和超超临界火电技术、大型循环流化床锅炉技术、大型空冷机组、超高压输变电关键设备等技术及装备将是电力装备制造业未来的主要技术需求(见图 10-3)。

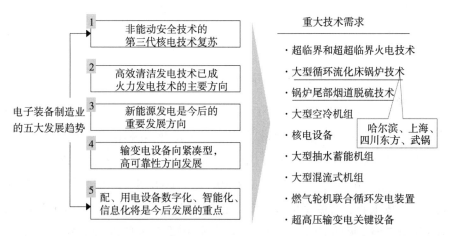

图 10-3　电力装备制造业的发展趋势及中发技术需求

10.1.3　船舶制造

20 世纪 50 年代以来,世界船舶工业出现了两次大规模转移。第一次是上个世纪 50—60 年代,世界造船中心从西欧的英国、挪威、芬兰、丹麦等造船强国向东亚的日本、韩国转移,日本造船业的崛起打破了西欧造船国一统天下的局面。1956 年,日本商船下水量首次超过英国,居世界第一。第二次是东亚内部的产业转移,从 70 年代开始,韩国造船业逐步发展起来,并超过了日本。1999 年,韩国承接新船订单超过日本;2000 年,新船接单和手持订单远远超过日本,造船产量也首次超过日本,成为新的世界造船霸主。进入 21 世纪,随着中国造船业的崛起,世界船舶市场份额呈现由日、韩向中国转移的趋势,这一过程正在进行(见图 10-4)。

当前,世界造船中心正加速向我国转移,我国船舶工业已进入世界第一方阵。1994 年,我国造船产量超过德国,排名世界第三,占有全球市场的 5%,但

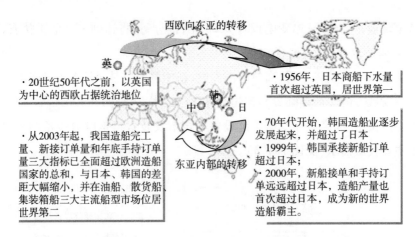

西欧向东亚的转移

·20世纪50年代之前,以英国
为中心的西欧占据统治地位

·1956年,日本商船下水量
首次超过英国,居世界第一

·从2003年起,我国造船完工
量、新接订单量和年底手持订单
量三大指标已全面超过欧洲造船
国家的总和,与日本、韩国的差
距大幅缩小,并在油船、散货船、
集装箱船三大主流船型市场位居
世界第二

东亚内部的转移

·70年代开始,韩国造船业逐步
发展起来,并超过了日本
·1999年,韩国承接新船订单
超过日本;
·2000年,新船接单和手持订
单远远超过日本,造船产量也
首次超过日本,成为新的世界
造船霸主。

图10-4 世界船舶工业的两次重大转移

当时与日本、韩国差距明显;2006年,超过日本居世界第二,大约占有全球市
场的22%;2007年,中国的订单占有率进一步提升,与韩国仅差0.3%。作为
国际船舶制造业三大承接国之一,中国船舶工业呈现前所未有的跨越式发展
新局面,且集群化发展趋势显著(见表10-7)。2007年,我国规模以上船舶工
业企业完成工业总产值2563亿元,同比增长53%;完成工业增加值683亿元,
同比增长70%(见图10-5)。2008年,尽管遭受金融危机的影响,我国船舶
工业继续保持强劲增长势头,三大造船指标(造船完工量、新承接船舶订单、
手持船舶订单)大幅增长,主要经济指标显著提高,船舶出口增长强劲。按英
国克拉克松研究公司对世界造船总量的统计数据,2008年我国造船完工量、承

(单位:亿元)

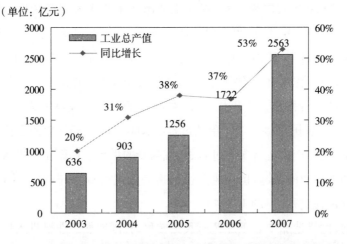

图10-5 2003—2007年我国规模以上船舶工业企业完成工业总产值

表 10-7　2007 年主要国家散货船订单成交量对比

地区	成交量（万载重吨）	占世界份额
中国	8150	55.80%
韩国	3730	25.50%
日本	1640	11.20%
欧洲	480	3.30%
其他	613	4.20%

接新船订单和手持船舶订单分别占世界市场份额的 25.6%、38.8% 和
35.4%。从自主创新能力上看,我国目前已全面掌握了油船、散货船、集装箱
船三大主流船型的设计建造技术,形成了一批标准化、系列化的品牌船型。
2008 年,我国有上海外高桥造船有限公司、大连船舶重工集团、江南长兴造船
基地等三家造船企业进入世界十强,15 家进入世界前 50 强。

　　预计到 2010 年我国造船量将达到 2300 万载重吨,有望占到世界造船市
场份额的 25%。在地理分布上,我国造船业集群化发展态势显著,形成了渤
海湾、长江口、珠江口三大船舶工业基地(见图 10-6)。从行业发展趋势上
看,国内油船、集装箱和散货船三大主流船型发展迅猛,海洋工程装备则逐渐
成为我国造船行业新兴业务和发展热点(见图 10-7)。

（单位：亿元）

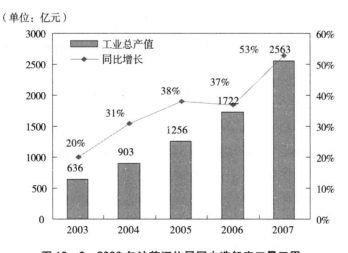

图 10-6　2006 年沪苏辽位居国内造船完工量三甲

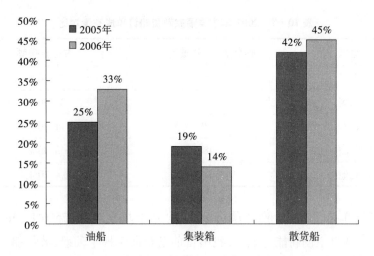

图 10 - 7　2005—2006 年我国承接新船订单中三大主流船型占世界份额

10.2　东湖高新区装备制造业发展现状

　　东湖高新区现代装备制造业经过十几年的发展,已经具备一定规模和实力,出现了一批行业重点企业。2008 年,装备制造产业完成总收入 319.38 亿元,同比增长 38.56%。

　　东湖高新区装备制造业按行业划分,主要集中在数控机床、电力装备、船舶制造等三个领域;按产品领域可分为先进机械制造、机电一体化、机电基础件、仪表仪器、监控设备及控制系统和医疗器械。其中,机电一体化占 66%;先进机械制造占总产值的 18%;监控设备及控制系统占 8%。

　　从企业状况来看,园区拥有先进机械制造企业 33 家,机电一体化企业 46家,机电基础件制造企业 15 家,仪表仪器制造企业 38 家,监控设备及控制系统制造企业 49 家,医疗器械制造企业 17 家,并拥有武钢、华中数控、长江动力、国测科技等一批重点企业(见表 10 - 8)。

　　2008 年,东湖高新区积极支持武锅、武重、长江动力集团等企业搬迁改造,促进现代装备制造业振兴。武锅新厂、武重新厂项目已完成主要厂房和配套设施建设,长动集团整体搬迁及合资合作顺利推进,数控机床产业进一步优化整合,船舶配套工业园、武钢高科技产业园、中冶南方机电产业园等项目加快实施。

表 10-8　东湖高新区装备制造业重点企业（亿元）

企业名称	主要产品领域
武钢工程技术集团	机械设备
三环集团公司	专用汽车、汽车零部件、锻压机床、球墨铸管、微特电机、磁条卡、IC 卡及终端机具
中冶南方	环保设备
华中数控	数控装置、伺服驱动、数控机床、红外产品
武汉汽轮发电机厂	发电机制造
武锅致信环保设备	锅炉及辅助设备制造业
武汉国测科技	电力测试设备、电力系统自动化、水电站成套设备、电能表、环保电源系列
武汉南华高速船舶工程	超级游艇、高速客船、高速公务船、常规船舶
华中科技大学产业集团	机械设备

10.2.1　机床工业

武汉拥有华中科技大学、武汉理工大学等著名高等学府,在数控机床领域的科研和人才资源极为丰富。同时,武汉机床工业曾经位列全国三甲,具备较强的机床产业基础。东湖高新区依托武重、华中数控等主体企业,在数控机床领域实力突出(见表 10-9)。

武汉重型机床厂是我国生产数控重型和超重型机床的大型骨干企业,被列入中国专用设备百强企业,整体搬迁到东湖高新区将会大大带动园区机床工业的发展。华中数控是园区数控机床的领军企业之一,公司目前已形成年

表 10-9　东湖高新区发展数控机床的政策导向与基础资源分析

完全符合国家及地方政策导向		● 国家非常重视机床工具工业发展,把发展数控产业先后列入《国家中长期科技发展规划》和《国务院关于振兴装备制造业的若干意见》的重要任务之中;并编制《国家数控机床发展专项规划》;
		● 在国家加快振兴装备制造业的大背景下,武汉市积极重振"机床工业老三"地位,拟定《武汉市数控机床行业发展专项规划》,将重点发展重型、超重型数控机床和中高档数控系统;
人才优势	华中科技大学	● 机械学院 2006 年机械工程一级学科全国排名第二;拥有 5 个国家级研究平台,2 个国家级基础教学平台,以及机械专业基础实验中心、先进制造与装备技术综合实验中心等;拥有中国科学院院士 2 人、中国工程院院士 2 人、长江学者 4 人、博士生导师 54 人、教授 68 人;
		● 控制科学与工程系是国家一级重点学科,拥有七个研究所和一个研究中心;教授 30 人;

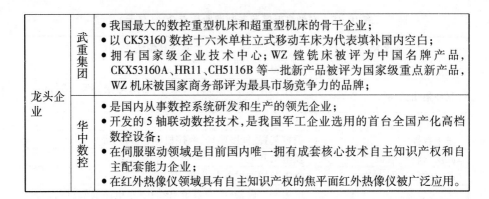

龙头企业	武重集团	• 我国最大的数控重型机床和超重型机床的骨干企业； • 以 CK53160 数控十六米单柱立式移动车床为代表填补国内空白； • 拥有国家级企业技术中心；WZ 镗铣床被评为中国名牌产品，CKX53160A、HR11、CH5116B 等一批新产品被评为国家级重点新产品，WZ 机床被国家商务部评为最具市场竞争力的品牌；
	华中数控	• 是国内从事数控系统研发和生产的领先企业； • 开发的 5 轴联动数控技术，是我国军工企业选用的首台全国产化高档数控设备； • 在伺服驱动领域是目前国内唯一拥有成套核心技术自主知识产权和自主配套能力企业； • 在红外热像仪领域具有自主知识产权的焦平面红外热像仪被广泛应用。

产 3000 台套高性能数控系统的生产能力。未来,东湖高新区将以武重、华中数控等重点企业为主导,重点发展重型及超重型机床、高精度机床以及数字控制机床(见图 10-8)。

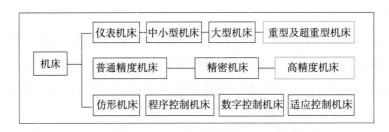

图 10-8　东湖高新区机床工业重点发展领域

专栏 10—1　武汉市机床工业发展历程

武汉市机床工业曾经位列全国三甲。上世纪 80 年代,武汉是我国十大机床制造基地之一,在重型机床、专用机床制造方面优势突出,整体实力仅次于沈阳、上海,居全国第三。

武汉市机床工业鼎盛时期拥有厂家 23 家。其中,武汉重型机床厂是我国"一五"时期 156 项重点工程之一,是我国制造数控重型和超重型机床的大型骨干企业,被誉为机床制造业的"亚洲明珠"。武汉机床厂具有 50 多年历史,在中国工具磨床制造领域一直占据领先地位,被誉为"全国工具磨床第一"。武汉机床附件厂是原国家机械工业部直属重点企业之一,是国家指定生产机床附件专业厂家,号称"全国十八罗汉"。

近年,武汉市机床工业全线萎缩。目前,武汉市机床工业整体实力在全国排位排到了前二十名之后,整个机床行业一年产值不过 10 亿元,整体实力在国内明显偏弱。

但武汉市机床工业基础仍在,产业链较完整。拥有武重、3604、欧迈克、武汉高科、武汉数控博威,湖北毅力、武汉长源、四机等 8 家主机厂,华中数控、华大电机 2 家数控系统厂,以及伺服电机厂和 6 家附件厂。

10.2.2 电力装备

东湖高新区电力装备制造业拥有相对完整的产品链,尤其是在发电机组制造、电力自动化设备等领域相对优势突出;并具备较强的人才及技术优势,有一定的产业发展基础,核心龙头企业主要包括武汉锅炉厂、长江动力集团、国测电力公司、中冶南方自动化公司等(见图 10-10、表 10-10)。未来,东湖高新区电力装备制造业将重点发展锅炉、发电机、变压器、电力自动化设备等领域(见图 10-9)。

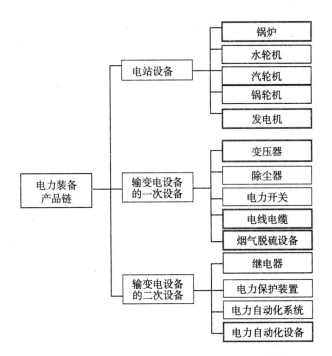

图 10-9 东湖高新区电力装备业重点发展领域

表 10 - 10　东湖发展电力装备业的优势资源

人才优势	华中科技大学	• 电气学院拥有电机与电器、电力系统及其自动化两个国家重点学科;工程院院士 3 人,教授 46 人(其中博士生导师 29 人),副教授 50 人;年培养毕业生近千名; • 拥有新型电机国家专业实验室、电工与电子国家实验教学示范中心(电工)、脉冲强磁场教育部重点实验室、电力安全与高效、核医学湖北省重点实验室等国家和省部级实验室。
	武汉大学	• 电气学院拥有高电压与绝缘技术、电磁发射、大电网安全、电力自动化、电力电子技术、电力信息技术、电机与控制、电工新技术等八个研究所,及国家电工电子教学基地等; • 拥有中国工程院院士 1 人,教授 31 人,副教授 31 人,累计培养学生毕业生 20000 余名; • 在电力系统稳定与控制、电力系统继电保护、电力系统过电压、高电压绝缘及其测试系统、电力电子在电力系统中的应用新技术、电磁场数值分析及其工程应用等六个方面实力突出。
龙头企业核心技术	武锅	• 在开发高效、清洁煤燃烧技术、垃圾处理技术、污水处理技术等方面取得了显著成果; • 在大型碱回收锅炉、中小型循环流化床锅炉、水煤浆锅炉、燃油(气)锅炉、特种锅炉、压力容器以及采用国外技术的大型循环流化床锅炉、垃圾余热锅炉等具有国际先进水平;
	长动	• 发电设备年生产能力超过 4000MW,自行开发研制的热电联供系列机组国内市场占有率达 65%; • 采用具有世界领先水平的全三维、空内冷、电液调节、无刷励磁技术制造的国产首台 125MW、150MW 供热机组; • 在"节能减排"的政策下,生产的高质量水轮发电机组,成为水电设备制造的强者。
	国测电力	• 成为以全套水电站计算机监控保护系统、变电站综合自动化系统和电网调度自动化系统为主的电力自动化系统供应基地和全国最大的电力试验测试仪器生产基地。

10.2.3　船舶工业

东湖高新区在高速船艇及小型特种船舶领域优势突出,初步形成较好的专业化地理集聚状态。目前,东湖高新区正在积极推进建设船舶配套工业园。该园由长航集团、挪威斯考根海运集团和武汉高科国有控股集团出资兴建,规划占地 140 万平方米,规模居中西部地区之首,设有生产研发区、高新技术孵化区和园区配套服务展示中心等。预计未来 3 到 5 年,该工业园产值将超过 100 亿元。

东湖高新区将努力打造中西部地区最大船舶配套基地。首先,将满足武

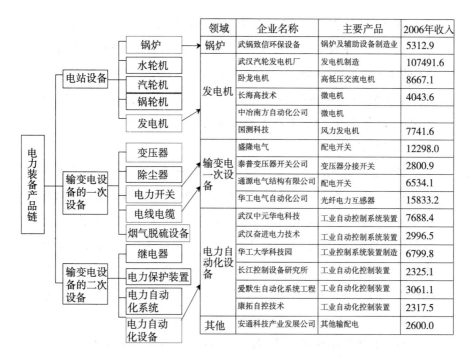

图 10－10　东湖高新区电力装备制造企业

汉市本地船厂的需要,以青山船厂为例,目前 70% 的配套设备从外地采购。其次是面向中西部乃至全国的配套需求,依托相关研究院所,并集聚国内外知名配套企业,形成船舶设计、制造、配套产业链及围绕船舶制造的专业配套企业群体,为沿海船舶基地提供配套服务。

专栏 10—2　武汉市船舶业存量资源优势突出、
特色鲜明设计、研究资源突出

　　武汉船舶工业高教研发能力仅次于上海,在全国排名第二,拥有武汉理工大学等 4 所与船舶研究相关的大学;并拥有 701 所、709 所、712 所、717 所、719 所、722 所、武汉第二船舶设计研究所等 7 个船舶设计院所,其中中船 709 所、717 所分布于东湖高新区内。

　　船舶老工业基地,存量资源优势突出。武汉是我国内陆最大船舶生产基地和国内军用船舶科研设计开发中心,造船业曾获辉煌发展。青山造船厂一度被誉为"亚洲最大的内陆造船厂",此外,武汉还拥有武昌造船厂、南华高速船公司等重点企业。

造船能力中西部地区首屈一指。与其他内陆城市相比,武汉具有"两江夹三镇"这一相对的内河航运条件,为其他内陆城市所不能比拟。当前,全市共有船舶修造企业30家,年造船能力50万吨,与上海、大连等城市比较,有很大的体量差距,但仍是我国内陆最大的船舶生产基地。

船舶企业特色鲜明。青山造船厂主打产品为特种船,如高等级豪华旅游船、多用途船、化学品船、液化气船、全不锈钢化学品船以及半潜驳船、沥青驳船、散装水泥船等;武昌造船厂则以军工船为主,如多用途工作船、多功能守护船、系列挖泥船、LPG运输船、海洋公务执法船等等;南华高速船舶公司主要生产高速船,并占据国内高速船60—70%的市场份额,主要产品有超级游艇、高速客船、高速公务船等。

鉴于我国已形成渤海湾、长江口、珠江口三大船舶基地,且远洋大型船只成为造船业的发展主流,武汉/东湖高新区由于其地理位置的限制,虽难以获得全球范围内的竞争优势,但凭借其鲜明特色,未来仍可在中西部船舶工业,尤其是在中小型船舶工业上取得竞争优势。

10.3　发展目标、重点领域及发展策略

10.3.1　发展目标

围绕数控机床、电力装备和船舶三大领域,积极推进关键技术的研发和产业化,将东湖高新区发展成为具有全国竞争力的中部地区现代装备产业基地,力争到2015年,实现销售收入1500亿元。

10.3.2　发展重点

(1)数控机床

以发展重型、超重型数控机床产品为主导,积极发展大型中高档机床;重点发展大型、精密、高速数控加工设备和数控系统,同时以发展中、小数控机床

为补充,促进地区机床产品的多样化、系列化。在此基础上,带动机床零部件的发展,包括典型配件、专用工具、刀具自动量具、附件等。

(2)电力装备

依托武锅、长动、国测电力等龙头企业,以清洁高效发电装备为重点,走合作发展道路,重点发展大型清洁高效电站锅炉、大型循环流化床锅炉、核电堆内构件、热电联产汽轮发电机组等清洁高效发电装备;促进发电装备配套产业集群发展,带动辅机包括风机、水泵、阀门、输送装卸机械、水煤气处理设备、电站自动化控制等设备制造特色化发展。

(3)船舶工业

大力推进园区船舶工业园的建设,重点发展高速船艇和小型特种船舶,大力发展船用配套产品,组建船舶及配套产品的研发基地,形成船舶设计、制造、配套产业链及围绕船舶制造的专业配套企业群体。

10.3.3　发展策略

加大企业创新支持力度,率先推进核心技术突破。以系统设计技术、控制技术和关键总成技术为重点,实行开放式创新,充分利用国外先进技术资源,积极引进和消化吸收先进技术,加大对研究开发和引进技术消化吸收再创新的投入。对重大技术装备项目积极落实相应的依托工程,并建设相应的科研测试基地;对无力消化的引进项目,积极倡导科研院所介入;加强对技术引进的指导,引进技术要跟踪世界先进水平,增强超前意识。充分运用计算机辅助设计、网络、软件等信息技术改造、提升装备制造业,以智能化、数字化、虚拟化、网络化为方向,对设备制造业的设计、生产流程进行再造。加强科技、财政和产业政策支持,促进重大装备和产品研发制造,鼓励使用本地装备特别是国内首台首套产品。

积极促进企业进行体制机制创新,推动行业重组。加快原国有龙头企业的改革、改制、改组和改造,实现投资主体多元化,加快建立现代企业制度,制定新的发展战略,提高产业集中度。在现有设备制造企业和设计院的基础上,培育一批能够提供系统服务的工程公司和成套公司。支持产业链上的中小企业向专业化方向发展,发展一批有较强竞争力的专业化协作企业;对于产业内生产规模偏小的企业,通过企业兼并或联合重组方式进入骨干企业集团,逐步形成以大企业为核心,大、中、小企业结构合理、分层次竞争、协调发展的企业群体。积极争取国家宏观政策支持,为企业利用利用国家层面的资源创造便利条件。

加大名牌产品培养,提升骨干企业影响力。积极培育升级武汉本地名牌进入国家名牌行列,继续扶持"武重"、"华中数控"、"武锅"、"武船"等市场占有率较高的传统名牌企业和产品。在政策支持、产品宣传、市场推介和品牌保护等方面加大工作力度,为东湖高新区的装备制造业名牌产品提供更广泛的市场空间。

加快装备产业园建设,为产业集群发展搭建载体。加快佛祖岭产业园规划建设,将产业链上的企业纳入区域分工,提高集中度;在更大范围内构筑产业链经济,实现产业的经济规模,重点引进一批引进大企业、大集团、大项目入驻;加快推进船舶工业园、武钢高技术产业园、中冶南方机电产业园等专业园建设,促进现代装备制造企业集聚发展。

第十一章　研发与信息服务业

从全球工业发展的历史看,在工业化初期阶段,制造业是产业的主体;而在工业化中后期,服务业逐步成为产业的主体。现代服务业的发展大大加快了信息流、资金流、技术流、人才流和物流,对提高国家经济整体运行效率和质量,增强国家创新能力,转变经济发展方式起到了关键作用。随着现代服务业成为服务业经济时代的支柱产业,产品结构呈现高技术化和高附加值化,并向技术密集型的转变,现代服务业已成为推动产业结构升级的关键。

研发设计业属于现代服务业之一,是指从事 R&D 活动并提供产品或服务的组织和企业的集合。统计上,研发产业与我国国民经济行业分类中的"科学研究、技术服务和地址勘察业"相对应,通常也被称为狭义的研发产业。

研发产业衡量指标可以分为三类:一类是产业规模指标,包括科学研究、技术服务和地址勘察业以及与研发活动相对应的研发业态的规模;一类是研发活动的投入和资源指标,包括由 R&D 支出、从业人员、研究机构与基础设施等;一类是研发活动的产出指标,包括技术合同、专利、技术标准、论文、科研成果等。

信息服务业是信息产业中的软产业部分,是指服务者以独特的策略和内容帮助信息用户解决问题的社会经济行为,包括系统集成、增值网络服务、数据库服务、咨询服务、维修培训、电子出版、展览等方面的业务。

11.1　研发设计业

11.1.1　国内外发展趋势

全球研发与设计产业发展有两大趋势:一是自大型计算机发明并广为学

术研究及产业界应用之后,促使研发设计产业迈入第一波革命性的发展。二是出现了全球化委托外包及信息设计产业专业分工的趋势。全球化已经影响到所有的科技产品,增强企业的研发与设计能力已成为占据全球高新技术产业高端位置的重要手段。以硅谷为例,在硅谷7大产业集群中,以研发设计为代表的创造与创新服务产业群已跃居第二位。2005年,硅谷创造和创新服务业工作岗位数已达到55305个(见表11-1)。以中关村为例,研发产业已成为中关村最具发展活力的新兴业态。中关村凭借研发资源和人才的优势,对全球和全国分解出来的研发环节形成强大吸引力,聚集了一大批从事独立研发、设计类业务的企业。2006年,中关村研发服务与物流服务与商务服务规模相当,增速20.4%,快于其他生产性服务业。(见表11-2)

表11-1　硅谷就业人口结构(按行业分)

产业群	2004—2005年岗位数变化	2005年工作岗位数
软件	3364	97455
计算机和通讯硬件制造	2710	73826
协调办公	-3307	56393
创造和创新服务	927(第三位)	55305
电子元器件制造	548	24108
半导体和半导体设备制造	71	21471
生物医药	-6049	15018

表11-2　2005—2006年中关村研发服务业与其他服务业发展比较

年份	金融服务	物流服务	信息服务	商务服务	研发服务
2005年生产总值(亿元)	836.6	404.7	583.2	346.8	341.8
2006年生产总值(亿元)	974.1	458.3	688.5	413.4	424.5
增长速度(%)	13.6	10.6	15.2	15.5	20.4
2005年占GDP比重	12.15%	5.88%	8.47%	5.00%	4.96%
2006年占GDP比重	12.38%	5.82%	8.75%	5.30%	5.39%

从研发设计业的转移趋势上看,以中国和印度为首的发展中国家正逐渐成为世界跨国公司的研发中心。据UNCTAD2005年世界投资报道,在2005—2009年全球R&D产业最具吸引投资地预测中,中国和印度分别以61.6分和

29.1 分分别位居第一名与第三名(见图 11 - 1)。

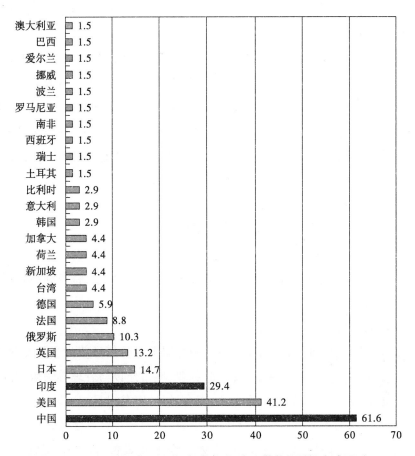

图 11 - 1 2005—2009 年全球 R&D 产业最具吸引投资地预测

11.1.2 东湖高新区研发设计业发展现状

武汉是我国第二大智力密集区,东湖高新区在光通信、生物工程、激光、微电子等领域,科技开发实力全国领先,发展研发设计的潜力亟待挖掘。

研发业资源丰富,地位突出。武汉市有科研院所及各类研发机构 452 家,高等院校 59 所;拥有两院院士 52 名,专业技术人员 45 万,过百万在校大学生;国家"十五"期间 12 个重大科技专项中,武汉参与了 11 个。

设计业在中部地区首屈一指。铁四院、中南电力设计院等 321 家设计机构聚集武昌,从业人员近万人,有中国工程院院士 3 人,国家级设计大师 6 人;

神龙公司的环保先进性设计、武汉钢铁公司的钢铁设计、汉派服装设计等国内领先。2006年,武汉市设计业产值约56.7亿元,过亿元的企业达6家,设计实力在中部地区首屈一指。

科技中介不断加强提升,地位重要。2006年,武汉市共登记技术合同5051项,成交额达到41.64亿元,分别增长47.56%和16.25%;涉及知识产权的技术合同3186项,成交额23.04亿元,分别占总额的81.59%和91.57%。科技咨询服务机构有51家,从业人员近千人,各类生产力促进中心运营成果较好,为企业提供管理咨询72次,技术咨询133次,其他咨询58次;标准起草、战略咨询、检索资源逐步市场化,政策支持力度不断增强。

11.1.3 发展目标、重点领域和发展策略

(1)发展目标

大力发展研发、设计、检测服务和科技中介服务等环节,将东湖高新区打造成为"中部设计之都"的核心载体。

(2)发展重点

以研发业、设计业、检测认证和科技中介服务等价值环节为主要方向,重点发展高技术产业、先进制造业、现代服务业、城市建设与管理等领域的高端研发。设计业重点发展集成电路设计、汽车设计、时装设计、高端工艺品设计等工业领域设计;配套发展广告设计、展示设计、包装设计和装帧设计等商业领域设计。检测业针对光电子信息、生物医药、机电设备、新材料、集成电路等产业领域,发展面向产前、产中和产后相结合的市场化检测服务,提供面向生产环节的质量检测服务和功能开发检测服务。科技中介业大力发展各类生产力与行业促进机构、专业化服务机构;发展各类技术交易机构、技术转移中心和科技成果转化中心;发展科技咨询机构、专利服务机构、标准服务机构、各种行业协会和商会。

(3)发展策略

积极引进跨国公司研发中心,大力发展第三方研发公司。积极吸引跨国公司在武汉设立独立的研发中心,或者与本地企业、院所、大学共同成立研发机构;逐步建立和培育一批新型科研院所,与企业保持着十分密切的联系,根据企业的长远需求和潜在的市场远景,承担企业外包的带有前瞻性、先导性、

应用基础性的研发任务,增强科研院所和大学的市场化服务能力;扩大城市规划与建筑设计行业影响,积极推进规划设计类科研院所市场化发展,重点引进国际著名建筑事务所,鼓励培育机制灵活、注重创意的民营建筑设计机构;开放政府检测服务市场,积极发展第三方检测,加大政府采购力度,支持政府属检测机构增强市场服务能力;搭建科技创新与产业间的桥梁,整合利用行业内部资源,大力发展各类生产力与行业促进机构、专业化服务中心、孵化器和大学科技园;积极培育以专利排查、信息检索、专利申请为主要业务的专利服务机构,鼓励从事标准信息咨询、检索、起草的标准服务机构发展;支持发展软件、通信、金融等领域的行业协会和商会,加强行业规范,做好行业自律,扩大行业影响。

11.2　软件与服务外包

11.2.1　国内外发展趋势

服务外包尤其是离岸外包是全球软件行业的亮点,中国已发展成为全球服务外包转移的热点目的地。2006 年,全球服务外包市场规模达 3465 亿美元,其中离岸外包业务发展迅速,达 154.33 亿美元,年增长率 18.7%。预计 2010 年全球离岸外包市场规模将达到 294 亿美元,全球软件服务业市场规模将达到 14800 亿美元左右。

新兴市场将重点转向高端咨询服务领域。随着印度软件业的成本优势逐渐丧失,印度软件业将转向价值链中的高端环节作为必然选择。与此同时,中国、爱尔兰等国也模仿印度的模式,一起转向 IT 咨询、整体实施、系统整合等服务领域,从传统的软件代工与维护转向增值潜力大的咨询服务环节(见图 11-2)。

承接外包业务最多的亚太地区是全球服务外包业务增长最快的区域之一。其中,中国 2006 年增速达 48.4%。预计 2010 年,中国将成为从事 IT 外包的三大国家之一,2011 年中国软件离岸外包市场规模将达 549.1 亿元人民币(易观国际预计)。其中,客户关系服务是中国离岸经营业务比例最高、增长最快的领域。

中国是新兴的增长最快的软件国家之一,且从沿海向内地第二梯队城市

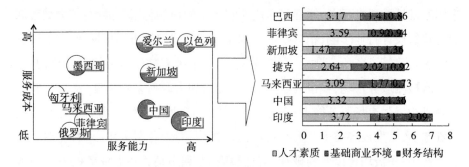

图 11 - 2　中国整体的外包服务的成本和能力已进入世界前列

转移的趋势日益明显。2005,年我国软件业增速达 60.9%,2006 年我国软件产业销售收入达 4800 亿元,占到全球市场的 6.9%(见图 11 - 3)。未来 15—20 年内,我国软件与服务产业仍将处于高速成长阶段,同时逐步从成长期向成熟期过渡,预计 2010 年市场规模将突破万亿元。

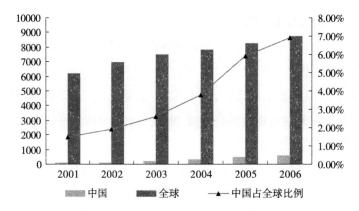

图 11 - 3　2001—2006 年中国软件业产业规模及占全球比重

从布局上来看,我国软件业产值的 80% 集中在北京、上海、浙江、江苏、深圳等沿海地区。随着北京等地的成本上升,对成本高度敏感的软件业开始向天津、武汉、西安、长沙、成都等第二梯队城市转移(见图 11 -4)。

11.2.2　东湖软件及外包业发展现状

东湖高新区软件科技资源丰富、原始创新能力较强、拥有部分领域国际领先技术,具备发展软件业的较好基础。区内现有软件及服务外包企业 400 余

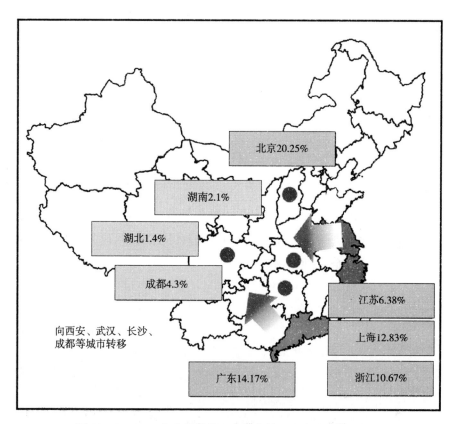

图 11－4　2006 年中国软件业竞争态势及向内地转移示意图

家,企业规模在亿元以上的占 1%,5000 万以上的占 2%,千万以上的占 5%,
规模以上的占 15%。骨干企业有烽火通信、开目信息、中地信息、吉奥信息、
瑞达信息、立得空间、天喻信息、蓝星软件、东浦信息等。产品以应用软件和嵌
入式软件为主,并在制造业信息化、信息安全、网络通信等领域处于国内领先
水平。目前,高新区正在积极打造光谷软件园,于 2008 年 9 月开工建设光谷
金融港,并规划启动 9 平方公里的软件城。专业化园区的建设将大大加快光
谷软件企业的聚集、延展光谷产业品牌,软件业的发展将步入新的时期。2008
年,东湖高新区软件及服务外包业总收入达到 137.55 亿元。2009 年 5 月,由
中国外包网发起并实施的"中国十大最佳服务外包园区"评选结果揭晓,武汉
东湖高新区的光谷软件园位列其中。

表 11‑3　2005—2007 年东湖高新区软件产业自主创新情况

国家各类科技和产业计划	199 项
"863 计划"项目	31 项
国家火炬计划项目	25 项
国家高新技术示范工程计划	17 项
科技型中小企业技术创新计划	89 项
国家电子发展基金	37 项
国家财政资金支持	2.47 亿元

　　武汉是我国最早一批涉足信息技术外包领域的城市之一。目前,东湖高新区的外包产业已进入了国内先进行列,在信息技术外包、业务流程外包领域拥有一批骨干核心企业(见图 11‑5)。

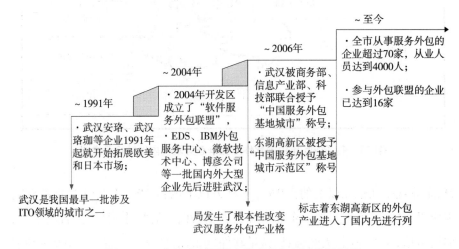

图 11‑5　东湖高新区信息技术外包领域发展历程

　　信息技术外包:武汉安珞、武汉珞珈等企业从 1991 年起就开始拓展欧美和日本市场。目前,全市从事服务外包的企业超过 70 家,从业人员达到 4000人,参与光谷服务外包产业联盟的企业已达到 16 家。ITO 领域主要企业有:EDS、IBM 外包中心、开目、安珞、博彦、纬创、软通动力、方正国际、文思创意、光庭导航、地大信息、吉奥信息、华工达梦、立得空间、适普软件、蓝星科技、菲旺、中地数码、烽火科技、精伦电子、萨基姆天喻、恒烁通信、江通动画、武大方略数码、华大朗奇多媒体、思远顾问等。

业务流程外包:主要从事信息服务数据中心、呼叫中心、物流和售后支持等业务。主要企业有 EDS、东浦信息、武钢工程自动化、数码腾峰、光庭导航、艾迪苑、盛帆宏业、开目、天融信网络、新光电网科、裴氏设计、天河机场、优派显示、佳都国际、科情、奥德等。

11.2.3　发展目标、重点领域和发展策略重点发展领域

(1)发展目标

软件及服务外包产业以软件城建设为抓手,以承接服务外包为重点,发展成为国际知名的软件产业基地和服务外包交付中心。

(2)发展重点

软件产业将重点发展嵌入式软件、应用软件、信息安全等细分领域(见图11-6)。嵌入式软件重点发展和通讯/网络通讯、光电子器件、消费电子、汽车电子、数控设备等产品相结合的嵌入式软件;应用软件重点发展高新区优势产业相关的行业应用软件;在制造业信息化领域继续发挥 CAD、CAM、CAPP、PDM、ERP 等国内优势产品,发展三维 CAD,BPM(业务流程管理),PLM(产品生命周期管理)、MES(制造执行管理系统)等新产品;信息安全重点发展安全数据库系统、数据库加密系统、数据安全保密支撑平台、计算安全平台软件、网络安全套件等产品。

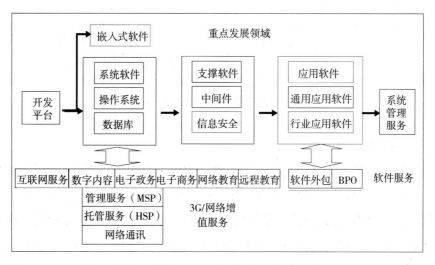

图 11-6　东湖高新区软件业重点发展领域

　　服务外包重点发展应用软件外包、业务流程外包、设计研发服务等细分领域(见图 11-7)。应用软件外包重点发展与空间地理信息(3S)、信息安全(智能卡、数字安全、安全数据库等)、数字媒体内容等相关内容的应用外包以及汽车、钢铁、石化等行业与企业的专业化制造软件开发与服务;业务流程外包重点发展金融、保险和电信领域的财务技术、人力和消费者支持服务;设计研发服务主要侧重于汽车整车和汽车电子的研发,光电子、通信产品和制造业嵌入式软件研发,信息安全、制造业信息化等领域软件研发。

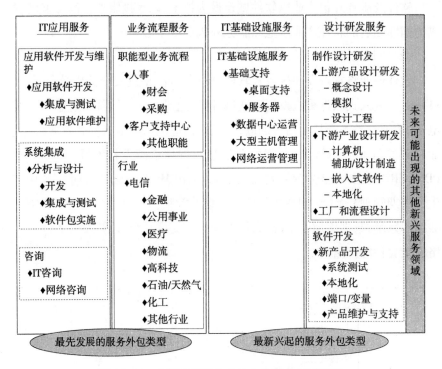

图 11-7　东湖高新区软件外包业重点发展领域

(3)发展策略

　　立足建设"高起点、高水准、高效率"的国际软件城,注重品牌营销,加强市场推广和宣传活动,塑造区域品牌。通过政策引导和必要的资金扶持,鼓励企业进行 CMM 认证,并广泛依托各类中介服务机构,面向中小企业组织培训和交流活动,帮助它们提高技术水平和经营能力。通过政府采购、创新项目资助、科技型中小企业科技贷款支持等方式,培养园区软件产业龙头企业、积极吸引海外大型跨国软件企业(集团)来园区投资、合资或合作创办软件企业。依托软件行业协会,由龙头企业牵头,以软件企业为主体,在高新区建立东湖软件产业联盟,共同促进以应用为目标的软件动态联盟的形成,例如,以龙头企业为核心,形成与之配套的实施服务企业;以大型应用项目的形式支持以应用为目标的、基于国产操作系统、数据库的应用软件开发;支持以联盟的形式申请研发项目等。积极引进国际知名软件企业,聚集一批国内外软件知名企业,营造产业集群。支持大学和各培训机构与各类服务外包企业合作,通过定制、委托培养、专项课程设置等方式为外包企业培养合格的人才;对办学和人才培养上有特色,或规模较大的培训机构给予政策支持,为培训机构的管理人员和教师创造到企业、高校学习深造的机会。

11.3 信息增值服务

11.3.1 产业基本概况

移动增值业务是移动运营商在移动基本业务(话音业务)的基础上,针对不同的用户群和市场需求开通的可供用户选择使用的业务(见图11-8)。如预付费业务(神州行、如意通),短消息增值业务(移动梦网、联通在信)都有着众多的用户,已成为运营商的主要品牌。其中,3G移动增值业务(3rd Generation)是指在3G标准下,移动增值服务的内容更加广泛,能够在全球范围内更好地实现无缝漫游,并处理图像、音乐、视频流等多种媒体形式,提供包括网页浏览、电话会议、电子商务、手机电视、可视电话等多种信息服务。

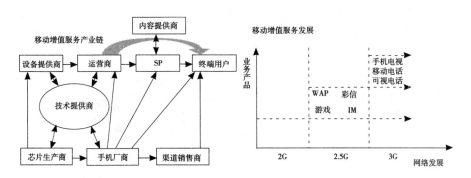

图11-8 移动增值服务产业链及业务发展历程

互联网服务分为基础网络服务和内容增值服务(见图11-9)。其中,互联网增值服务(I VAP—internet Value—added Provision)是指通过互联网的除域名注册及虚拟主机等基本服务以外的服务,典型网络增值业务类型可包括实时通信业务、交互式通信业务、交互式娱乐业务、传讯业务、内容传递业务等。

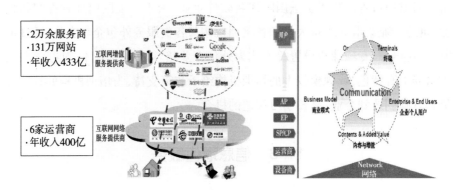

图11-9 互联网增值服务内容及产业链

11.3.2 移动增值服务业发展趋势

我国移动增值业务发展相对成熟,3G牌照的正式发放以及北京奥运会的成功举办,也使中国移动增值市场迎来一个新的发展高潮。2006年,中国移动增值市场规模达到了1000亿元,比上年增长31.6%,对移动通信业整体业务的贡献度达到23.5%(见图11-10)。预计到2010年,中国移动用户将达到6.865亿户,移动增值业务市场规模将达到2080亿元(见图11-11)。从收入构成来看,移动增值业务多元化的格局已经形成。短信作为传统优势业

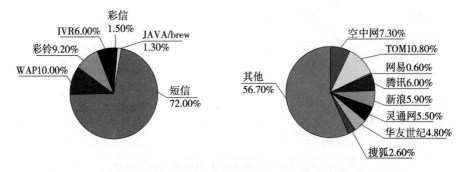

图11-10 2006年中国移动增值服务业务市场份额及核心企业市场份额

务,仍然占据主导地位,收入占比达72%;彩铃、MMS、WAP 和 IVR 均保持快速增长的势头。从市场集中度来看,各大 SP 企业的市场份额都很分散,市场集中度较低。中国最大的 SP 企业 TOM 也仅占据市场份额近11%,而另外一些中小 SP 企业占据了中国移动增值市场的近60%的市场份额。

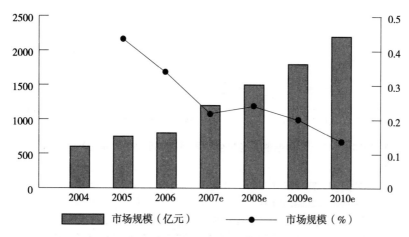

图 11-11 2004—2010 年中国移动增值服务市场规模及预测

从 2007 年开始,MMS 等2.5G 增值业务逐渐进入成熟期,市场趋于稳定,增长率开始下降,但仍占据市场优势,并将在相当长时间内与 3G 增值业务并存,成为拉动移动增值业务收入增长的一支重要力量。预计 2010 年,中国 MMS 增值服务将达到150 亿元(见图 11-14)。

随着3G 商用时代的到来,手机电视、手机音乐、手机游戏、手机定位等将成为全球移动增值业务新的亮点,移动搜索、手机 IM 等成为新兴业务增长点。预计2010 年,我国手机电视市场规模将达到2600 万元,手机游戏将达到180 亿元(见图 11-15、图 11-16)。移动增值业务中,音乐下载成了亮点中的亮点,2008 年中国手机音乐市场规模将达到105 亿元。

11.3.3 网络增值服务业发展趋势

我国网络增值服务保持高速成长。我国网民总人数达到1.62 亿,仅次于美国2.11 亿的网民规模,位居世界第二。这带来我国互联网增值业务收入增长态势明显,基于窄带和宽带的网络增值服务已成为电信市场竞争的主战场(见图 11-12)。2006 年,我国网络服务提供商达2 万户,网站131 万家,内容

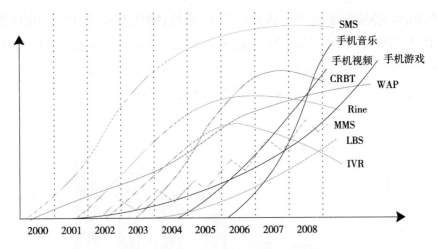

图 11-12 各种增值业务的生命周期：MMS/WAP 等进入成熟期

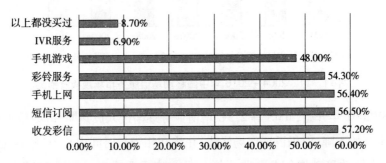

图 11-13 网民使用过的增值服务调查：MMS 等仍占据优势地位

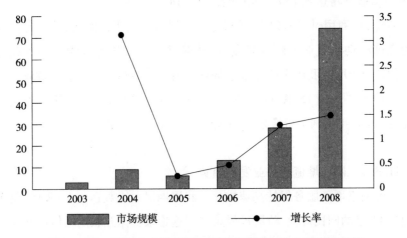

图 11-14 2008 年中国 MMS 市场规模预测：进入稳定增长期

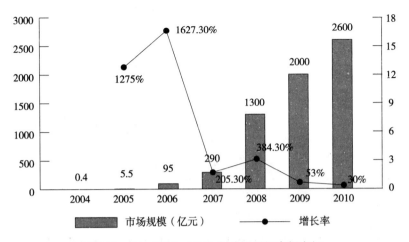

图 11 - 15　2004—2010 年我国手机电视市场

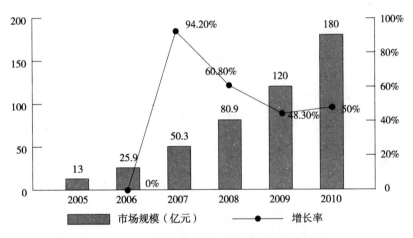

图 11 - 16　2005—2010 年我国手机游戏市场

服务收入则已跨越 433 亿元,首次超过网络服务收入(见图 11 - 17)。2003 年~2007 年我国互联网内容增值企业总市值年均上涨 102% 。预计到 2010 年,我国互联网内容服务市场将接近 1300 亿元,保持 30% 左右的增长率。

在网络增值服务业务中,网络游戏业务和即时通信业务是我国网络增值服务的优势领域,而博客和网络视频正成为我国互联网增值服务的发展热点(见图 11 - 13)。

网络游戏:目前,中国是全球最大的电子竞技市场,网络游戏产业正处于一个快速发展的阶段。2006 年,我国网络游戏用户总数超过了 5000 万,网络

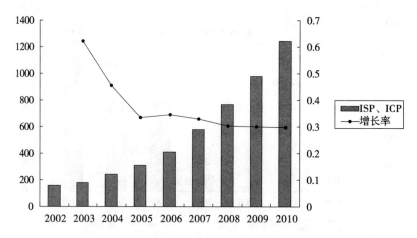

图 11 - 17　2002—2010 年我国网络服务提供商、网络内容提供商收入

游戏市场达到百亿元人民币。

即时通信:2006 年腾讯 QQ 注册用户达 4.3 亿,同时在线 2000 万人,总收入 28 亿元,税后利润达 10.6 亿元(见图 11 - 18、图 11 - 19)。

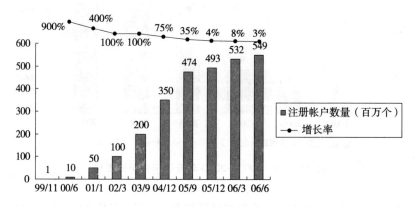

图 11 - 18　1999—2006 年腾讯 QQ 注册帐户及增长率

博客:据中国互联网络信息中心统计,截至 2007 年 11 月底,中国共有网民 1.8 亿。依据此数据推算,中国博客作者规模为 4698.2 万人(1.8 亿 × 26.1%),活跃博客作者数为 1691.3 万人(4698.2 万人 ×36.0%)(见图 11 - 20)。

视频:据中国互联网协会的调查显示,2006 年我国播客和视频分享网站用户规模为 7600 万人,预计近三年用户规模有望年增 40%(见图 11 -21)。

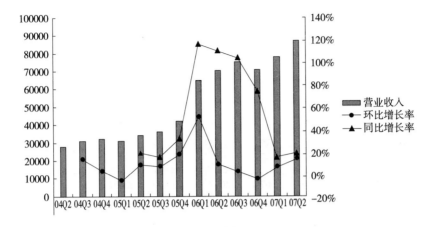

图 11-19 腾讯 2004—2007 年营业收入及增长率

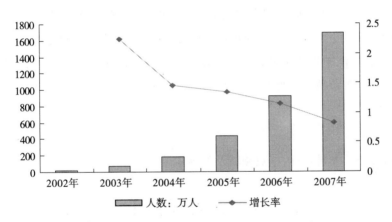

图 11-20 2002—2007 活跃博客作者增长趋势

11.3.4 东湖高新区移动/网络增值服务发展现状

移动增值服务业:东湖高新区在 TD—SCDMA、WCDMA 两大 3G 标准的系统、终端等方面已做好了准备,普诺 3G 设备项目、邮科院与 NEC、大唐电信的 3G 系统合资项目、武汉 NEC 再次增资扩产项目、多普达公司 3G 智能手机开发、中原电子数字集群、虹信公司 3G 直放站、众友科技 3G 测试仪表等一批重大项目已在积极筹备之中。

网络增值服务业:该领域现有企业近百家,从业人员 3000 余人,并诞生了一批国内知名的企业和品牌。如,e-works 是国内最权威的制造业信息化专业门户网站和知识平台,天空软件是国内排名前三位的软件下载网站。

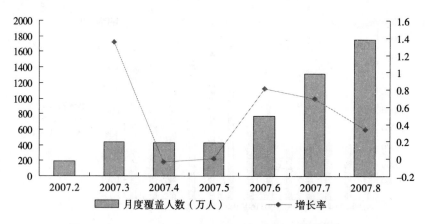

图 11-21　2007 年 2—8 月百度视频搜索月度覆盖情况

值得一提的是,园区在网络增值服务业领域专业孵化器的建设,将为企业创新创业提供更好的环境。2006 年年底,湖北互联网产业孵化基地开始在东湖高新区筹建,首期由东湖高新区创业中心提供 5 万方办公用房,并配套有光纤到户和燃气冷热电三联供,受到了初创企业的欢迎,现已入驻互联网企业10 余家。

11.3.5　发展目标、重点领域及发展策略

（1）发展目标

积极把握宽带互联、三网融合趋势带动的新兴产业机会,以培育中小企业为抓手,打造我国新兴的信息增值服务产业基地。

（2）发展重点

重点发展与武汉移动通信产业链相配套的增值服务企业,坚持发展短信业务,积极发展 MMS/WAP/JAVA 等 2.5G 业务,大力发展移动搜索、手机音乐、3G 无线定位、移动娱乐、视讯内容、数字内容提供等服务。

（3）发展策略

加快建设互联网专业孵化器,促进中小企业创新创业,政府给予必要的政策引导和资金支持。加强对创意人才的培养,引导高校设立相关重点发展学科,以及设立职业培训机构和教学科研实习基地等措施,加强对创意人才的培养力度。奖励网络创意,就网络游戏、视讯等举行各种创意大赛并给予奖励,鼓励创新。注重商业模式创新,商业模式创新对互联网增值服务业发展至关

重要,将会大大加快产业化进程。促进企业做大做强,通过政府采购、创新项目资助、科技型中小企业贷款支持等方式,集中市场、资金等要素资源,培育一批本土龙头企业。建立特色街区,促进高档商务楼宇建设和商业设施完善,以功能建设带动产业发展。

11.4　空间信息服务

11.4.1　国内外发展趋势

空间信息技术与纳米技术、生物技术,被美国劳工部确定为新出现的和正在发展中的三大最重要的技术。空间信息技术是以全球定位系统(GPS)、遥感(RS)、地理信息系统(GIS)为重要组成部分,并以计算机技术及高速的数据通讯网络(DDC)为主要技术支撑,用于采集、量测、分析、管理、存储、显示、传播和应用与地球和空间分析有关数据的一种高新技术(见图 11 - 22)。当前,空间信息技术已经进入社会化应用阶段,开展面向社会公众的空间信息服务,面临巨大的市场需求和前景(见图 11 - 23)。

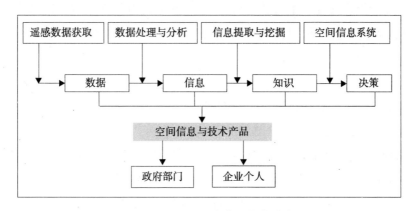

图 11 - 22　空间信息获取技术路线图

国际空间信息产业市场增长迅速。据美国 HAL 公司估计,该产业正以每年 12% 的速度高速增长,并在 2003 年就已占到美国政府购买技术资源费用的 2% 。

作为世界三大测绘强国之一,中国的空间信息产业迎来发展契机。截至 2006 年底,我国地理信息产业总产值已经达到 400 亿元,从业人口达到 30 万

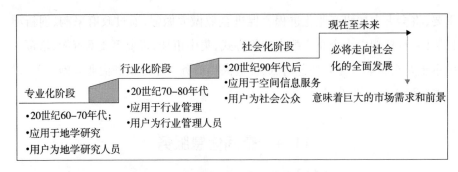

图 11-23　地理信息系统的发展与应用

以上。预计到 2010 年,我国空间信息产业总产值有望达到 1700 亿元。

　　导航产业成为空间技术应用中首先进入大规模产业化发展的领域之一,导航定位服务是目前全球空间信息产业的一个高速增长点。我国的导航业已初具规模,整体产业发展处于快速发展阶段。截至 2006 年,我国从事导航产业的专业公司在 500 家以上,另外还有大量公司涉及导航应用的非专业单位。据国家发改委地区经济司发布信息,2005 年市场规模已经达到 175 亿元人民币,2010 年初步估算将达 800 亿人民币。

　　汽车导航产品在日本普及率高达 59%,在欧美为 25%。根据国家统计局的数据,2008 年底,我国民用汽车保有量达到 6467 万辆,比上年末增长 13.5%,其中私人汽车保有量 4173 万辆,而导航产品普及率尚不到 2%,导航市场拥有巨大价值。据赛迪顾问、BDA analysis 等机构的分析,今后几年我国 GPS 导航市场年增长率将达 40%,占导航产品 80% 份额的 PND(个人导航设备)市场增长率将达 50%(见图 11-24)。

　　目前,国内的车载智能导航以及智能手机 GPS 导航市场尚处在起步发展阶段,是新兴市场领域的焦点,市场前景相当广阔。2008 年我国生产汽车 934.5 万辆,同比增长 5.2%,仅次于日本 1156 万辆,超过美国的 868 万辆位居世界第二;汽车销量达到 938 万辆。在新购置的汽车中,至少有 20% 的车辆要配置卫星导航仪(或车辆信息系统),由此带来的空间信息产品的市场规模超过 10 亿元;此外,手机导航市场也在培育,预计 2010 年,手机导航市场规模将达 50 亿元。

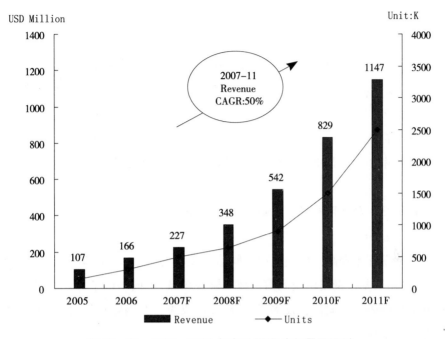

图 11 - 24　2005—2011 年中国 PND 市场量及预测

11.4.2　东湖高新区空间信息技术与产业发展现状

东湖高新区是我国唯一同时在地球空间信息产业及其集成的所有方面具有科研、教学和产业化综合优势的地区,具有无可比拟的科研、人才、产业技术等国内领先优势。2008 年 12 月,东湖高新区被科技部批准为国家地球空间信息产业基地。

(1)科研优势

拥有全国唯一一个国家实验室(武汉地球空间信息国家实验室)、全国唯一 1 个国家重点实验室(测绘遥感信息工程国家重点实验室)、1 个国家工程研究技术中心、1 个国家工程研究中心、7 个省部级重点实验室、1 个科学院重点实验室、2 个部级工程研究中心和 10 多个相关学院。

(2)人才优势

拥有以李德仁、刘经南、张祖勋、宁津生等 7 位院士,以及 300 多位该领域的教授、博士。武汉大学测绘学院(原武汉测绘科技大学)为我国规划、国土、测绘等相关行业输送了 3 万多名技术专家骨干,其中有 3 千多人在国际空间信息知名企业中工作。

（3）技术优势

拥有知识产权100多项，产品荣获国际、国家级奖项共35项，以及高新技术企业、双软企业、ISO 9001质量认证、CMM认证、国家测绘全甲资质等资质。

（4）产业优势

拥有吉奥、中地、立得、卓越、适普、泰通、奥发、泰跃、航天量子、新天地和长通等多家企业。其中，吉奥与立得具备电子地图导航资质。

11.4.3　发展目标、重点领域和发展策略

（1）发展目标

充分发挥东湖高新区在地球空间信息领域的科研、教学和产业化综合优势，积极拓展基于网络的空间信息技术服务领域，形成基础平台开发、数据生产到增值服务的空间信息技术产业链，发展成为具有国际竞争力的空间信息服务产业基地。

（2）发展重点

重点发展汽车导航电子地图、导航仪和导航软件；车辆监控、物流管理和位置服务；航空航天对地数据的获取、数据处理和数据产品生产；各种测绘仪器及地理信息软件的生产等技术和产品。

（3）发展策略

积极整合国内外3S行业优势资源，大力推进武汉国家地球空间信息产业基地的建设与发展，筹建武汉地球空间信息国家实验室。加大政府采购力度，在空间信息技术产品的推广应用上发挥先行先试作用；促进企业做大做强，通过政策引导和资金扶持，并广泛依托各类中介服务机构，面向中小企业组织培训和交流活动，帮助企业提高技术水平和经营能力，不断发展壮大。通过企业发展基金、创新项目资助、科技型中小企业科技贷款支持等方式，集中市场、资金等要素资源，培育一批本土龙头企业。加大招商引资力度，积极吸引海外大型跨国企业（集团）来园区投资、合资或合作创办企业。充分发挥东湖高新区科技资源优势，积极搭建空间信息技术应用服务平台，推进新型导航技术成果的转化和市场应用。

11.5　动漫产业

11.5.1　国际发展趋势

从全球看,动漫游戏作为"绿色产业"的代表已经成为一个日益庞大的产业。美日韩目前已占据全球动漫产业绝大部分市场份额,是动漫游戏的最大提供商。2005 年,全球数字动漫产业的产值已达 2228 亿美元,与动漫产业相关的周边衍生品产值在 5000 亿美元以上。美国 2006 年动画产业产值 50 亿美元,家用游戏机领域产值 158 亿美元,网络游戏领域 18 亿美元,其动漫及衍生品的年产值超过 2000 亿美元,超过好莱坞,成为美国第一文化产业。日本 2006 年动画产业产值 26 亿美元,漫画产业 48 亿美元,游戏产业中家用机领域 70 亿美元,网络游戏领域 10 亿美元,动漫游戏产业占日本国内 GDP 的 16%左右。韩国近年动漫游戏产业迅速崛起,2006 年动画产值 3 亿美元,漫画产值 18 亿美元,网络游戏产值 8 亿美元,其卡通角色市场规模达到 51 亿美元的规模。

从动漫游戏产业链上来看,动漫游戏产业的核心是漫画、动画(见图 11 - 25)。二者带动了游戏、电影以及其他周边产品。从产品角度来看,让人印象

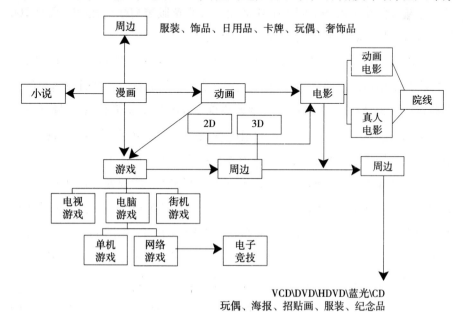

图 11 - 25　动漫游戏产业链

深刻的动漫角色是一个产品成功与否的标志。如变形金刚、圣斗士、机器猫、史奴比、丁丁、蝙蝠侠等美日动漫形象,从诞生起到现在,时间长的已经经过了50多年,短的也有20多年的历史,但是直到今天依然具有鲜活的形象魅力。换一个角度来看,美日在动漫产业上始终有个性鲜明的产品来推成出新,丰富自己的产品线。近年来,日本的火影忍者、棋魂、宠物小精灵等再次在世界范围内掀起热潮。

11.5.2　我国动漫产业发展状况

中国动漫产业发展基础较好,市场需求大,未来的产业上升空间大。

动漫产业产业基础良好。2006年,中国动漫产业总体规模达到140.7亿元,全国有30多个动漫产业园区,5400多家动漫机构,450多所高校开设动漫专业,动漫专业在校学生达46万。从产业发展环境来看,各地对发展动漫产业有极大的热情,动漫人才的培养也形成了体系。

动漫市场需求潜力巨大。据调查,我国至少有5亿动漫市场消费者,市场空间为1000亿元/年。目前国内有动画专业频道有4个、少儿频道有25个、少儿栏目有289个、动画栏目200个,年需求达到26万分钟,国产难以满足需求。儿童音像图书市场空间为100亿元/年,儿童服装900亿元/年,玩具200亿元/年,文具600亿元/年,儿童食品350亿元/年。

国内观众对国产动画忠诚度较高。中央电视台少儿频道的《中国动画》栏目收视率始终高居该频道榜首。上海炫动卡通频道每天黄金时段播出的国产动画片在35岁以下人群的收视率始终保持在1%,4岁至14岁目标受众的收视率保持在3.3%。江苏少儿频道收视黄金时段在4岁至14岁目标受众中的收视率始终稳定在5%,市场占有率保持在20%(见图11-26)。

中国游戏市场国产网游逐步取得行业领导地位,产业发展趋于稳定(见图11-27)。2007年中国电脑游戏产业的市场总额为96.4亿元,单机游戏市场总额为9761.8万元,网络游戏市场总额为95.4亿元(见图11-28)。在所有运营的网络游戏中国产网游达到了67%以上,逐步取代了早期韩国网游在国内占据主导的地位,自主研发成为网游公司的主命题。

北京、上海、广州成为中国网游研发运营一线城市,三个城市开发运营的网游占据国内市场的50%以上,形成了三足鼎立的产业格局(见图11-29)。

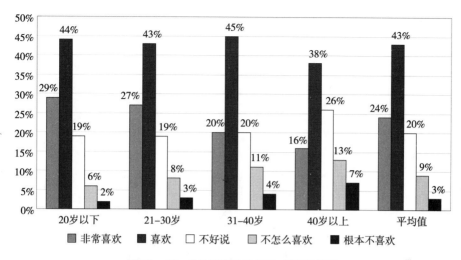

图 11-26 "是否喜欢动画片?"调查结果

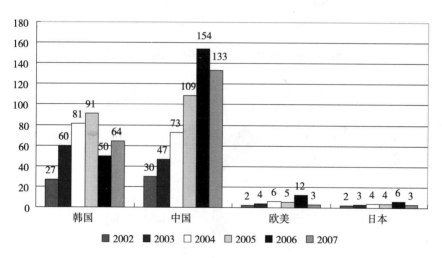

图 11-27 2002—2007 有关国家与地区网游市场结构

且随着开发成本的逐步提高,小型开发企业生存空间越来越小。网游用户以19—35 岁之间人数最多,20—29 年龄段用户占总数 60%,受过高等教育的玩家占 59%,78% 的用户对游戏与其他行业的异业合作持支持态度,其中 42%的用户表示非常赞同。

11.5.3 东湖高新区动漫产业发展基础

动漫产业发展活跃。东湖高新区在动画、动画周边、电子经济上有一定的

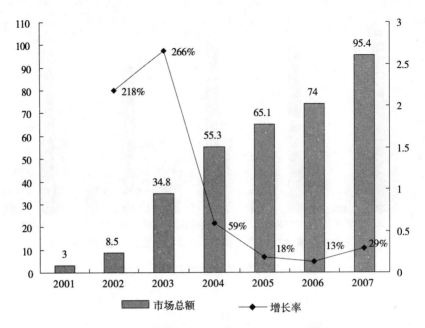

图 11－28 2001—2007 中国网游市场增长情况

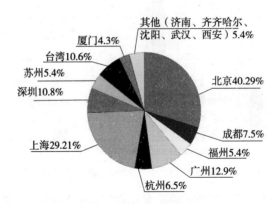

图 11－29 中国游戏研发市场结构

资料来源:《2007 年中国电脑游戏产业报告》。

优势,现有动漫、创意企业 80 多家,从业人员约 1 万人,动画片年生产能力达 2.5 万分钟以上。每年出版发行动漫书报刊约 1000 余种 500 万册,武汉的电视媒体年播出动漫节目约 20 万分钟。光谷每年都举办规模盛大的光谷动漫节,2008 年动漫节参展机构 110 家,现场签订协议过亿元,销售达到 1500 万元。

动漫企业积极探索,取得了较大的业绩。江通动画公司的《天上掉下个猪八戒》在国内广受好评,以江通动画为基础,国家级动画产业基地落户武汉。武汉数字媒体技术工程有限公司与加拿大 Joee 公司签订协议,投资 1 亿元共同制作 3D 动画大片《7 摄氏度》。

社会各界对动漫产业扶植力度较大,为产业发展提供了较好的产业发展环境。在资金扶持上,东湖高新区设立了动漫产业基金,用于支持具有市场前途的相关动漫产业项目。在人才培养上,武汉大学、华中师范大学影视传媒学院等 15 所高校开设了动漫专业。在企业办公上,光谷软件园为入园动漫企业提供每月每平米 7—10 元的低廉租金。2 万平方米的光谷动漫城已完成规划设计,将成为动漫产品展示、体验、交易和技术交流的平台,形成国内最大的动漫城。综合以上,武汉市形成了较好的动漫产业发展环境,从资金、技术、人才、办公环境上均形成了较好的产业配套,为动漫产业的发展提供了较好的基础。

电子竞技成为行业亮点。武汉光谷的电子竞技广场被国家体育总局命名为"国家级电子竞技训练基地",是目前国内正式挂名的国家级训练基地,同时也是规模最大、设备最完善的电子竞技中心。东湖高新区举办国际电子竞技赛事的经验十分丰富,World Series of Video Games(WSVG)、WCG、WEG 等世界级电子竞技赛事均在光谷举办。以武汉电子竞技联盟为基础,在湖北省、武汉市拥有固定的成员和完善的比赛组织形式。

11.5.4　产业目标、重点领域及发展策略

（1）发展目标

依托国家动漫产业基地的优势,结合本地电子竞技发展较好的优势,将东湖高新区发展为我国重要的动漫产业外包、原创基地,引领我国动漫产业发展方向。

（2）发展重点

重点发展电子竞技、原创型作品、产业外包等,大力培育原创角色,以原创角色带动相关衍生品的发展。

（3）发展策略

在市场培育上,规划建设动漫主题公园,举办各种嘉年华,建设以本地动漫形象及国内优秀动漫形象为主的主题游乐区,为企业产品推出展示窗口;开

播动漫频道,进一步集聚动漫资源,为本地企业动漫产品提供最快捷、便利的播出方式。在产业发展上,推动动漫游戏产品分级,针对不同人群,分为儿童漫画、少女漫画、少年漫画、青年漫画等;针对不同题材分为动作漫画、社会漫画、爱情漫画、历史漫画、幻想漫画等,针对不同年龄段的观众提供有针对性地动漫作品;以培育优秀动漫形象为重点,鼓励动漫游戏企业参与国际外包;结合当前时尚要素,打造"酷"、"炫"、"可爱"的动漫形象,以动漫形象入手进而开发动漫、游戏、衍生产品等产业。将动漫游戏产业与时下流行文化结合,如电影、网络文学等,通过冠名动漫画促进动漫游戏产业发展;举办短篇、中长篇动漫大赛,选拔优秀作品和动漫人才;以商业模式推动动漫产业的发展,营造良好动漫产业发展环境,摒弃漫画就是教育人的思想,首先确立产业的商业化,要做产业的漫画,而不是漫画的产业。

第十二章　保障措施

12.1　突出自主创新,支撑产业发展

处于不同生命周期的产业需要不同形式的政府政策支持和发展战略。对初创期的产业需要培育市场、支持创业;对成长期的产业则需要做好融资支持,加大创新支持力度;对成熟期的产业则需要支持该产业的扩张以及产业创新;对衰退期的产业则要考虑退出和调整。

制定东湖产业发展目录。根据东湖高新区主导产业定位与发展路径,确定不同产业、不同价值链环节/单元的发展的优先等级;综合考虑产业群/细分行业/价值链环节、对应的发展优先等级两个纬度,制定东湖高新区产业发展目录,作为东湖高新区项目引进的基本大纲;产业发展目录每两年滚动修订一次。

加强创新平台建设,提升产业核心竞争力。进一步加大对自主创新公共平台的财政支持力度。进一步支持武汉光电国家实验室建设,加快武汉生物技术研究院建设,同时在地球空间信息、光通信器件、下一代互联网接入系统、新型工业激光器、GPS、数控系统等领域,建设一批国家工程研究中心和国家实验室,特别加强企业国家重点实验室建设。

加强公共服务平台建设,服务自主创新和产业发展。加快建设国家光电子产品检测中心,以及软件开发与测试、光电子企业信息协作、集成电路设计、大型仪器共享、项目投资等公共技术服务和信息情报平台,为企业的自主创新、产品开发,以及为科研院所、企业和投融资机构之间的交流合作,提供面向全社会的开放式服务;大胆改革,创新公共服务平台的体制机制。

推行积极的政策措施,促进新兴产业发展。制定促进自主创新技术产品

应用的政府采购制度。对于本地自主研发的新产品,政府投资项目优先采购。开展新能源、新光源等新技术推广的示范工程。在高新区先行先试,通过政府采购、试点应用、配额强制推广等措施,刺激新能源和环保市场的需求,促进相关企业迅速扩大规模、壮大实力。对采用高新区新能源产品和环保新产品,实行政府补贴。

12.2　培育市场主体,促进企业做大做强

继续完善创业氛围。以湖北省和武汉市推进"全民创业"为契机,扩大现有科技企业孵化器的规模与品质;以东湖新技术创业中心等孵化器为主体,做好与湖北其他地区的对接,带动全省各地的孵化器发展,促进科技创业。联合区内及周边高校,建设大学生就业培训基地,为大学生提供创业培训和资金支持,建立创业导师制度,鼓励大学生创业。

加快专业孵化器建设,促进科技成果转化。在已有孵化器的基础上,围绕加快发展光电子信息、生物、新能源、环保、消费电子等五大产业,加强集成电路与设计、生物、新能源等专业孵化器的建设,促进科技成果转化,推进科技创业。

支持高成长企业。以加速器为高成长企业的空间拓展载体,在相应的专业园中建立专业加速器;围绕主导产业定位,重点吸引高成长企业的入驻;做好对高成长企业的分析,总结其成功经验并广泛推广;支持企业商业模式和业态创新。邀请国内商业精英云集东湖举办"商业模式创新"论坛,增强商业模式创新理念和氛围。

整合形成高技术大公司。加强对行业资源的整合,促进龙头企业的改革和对外扩张,在光电子、生物、环保等产业领域,依托龙头企业进行行业整合,形成整体竞争优势;积极推进行业龙头企业和规模企业上市融资;在推进企业上市融资过程中,以科技型企业和留学生企业为重点在各类创业板上市;参与并制定国际、国家和行业标准,抢占产业制高点。

12.3　构建产业投融资平台，打造多层次投融资体系

按照"政府引导、企业主导、市场运作、政策支持"的原则，适应高新技术企业发展特点，打造多层次的投融资体系。构建产业发展、基础设施建设的投融资核心平台，引导基金、信贷创新、担保服务的投融资支撑平台，并充分利用多层次资本市场。

构建投融资核心平台。以省、市和高新区的国有平台为主导，组织上市企业、行业骨干龙头企业参与，通过股权投资和产业引导投资，设立注册资本总额 100 亿元的光电子信息、生物、新能源、环保、消费电子等五大产业投资公司；在此基础上，发起设立总额超过 500 亿元的五大产业发展基金，撬动社会投资。

完善投融资支撑平台。通过建立担保、创业投资等专项风险补偿机制，开展担保机构风险补偿、创业投资风险补偿业务，吸引社会主体参与，完善投融资担保服务体系；深化小额贷款公司试点，创新金融产品，为中小企业提供快捷融资渠道；引导商业银行设立面向科技型中小企业的金融机构，创新银行服务机制，为中小型科技企业提供个性化服务。

引导企业充分利用多层次资本市场。力促符合条件的科技企业在国内外证券市场上市融资、发行债券、上市后再融资；改制、辅导、储备一批"新三板"后备企业资源，力争进入"新三板"扩大试点园区范围；以光谷联交所为载体，通过设立知识产权质押贷款贴息专项资金和专项担保基金，开展面向中部乃至全国的未上市股份公司股权交易、知识产权交易、无形资产质押融资等试点工作，积极探索建立未上市股份公司股权交易市场。

12.4　推动产业组织创新，为产业发展提供服务

加强产业技术联盟建设。创新已经从企业内部创新走向外部联合创新，从个体创新走向协同创新。在现有联盟的基础上，支持企业建立激光产业联盟、LED 产业联盟、新能源产业联盟、生物 CRO 联盟、服务外包联盟和孵化器联盟等；在政策和资金上支持技术联盟开展技术创新、市场开拓和国际交流活

动。加强与国家有关部委的沟通,支持以产业技术联盟名义承担国家重大科技专项。

建设新型技术转移中心。仿效欧盟经验,建立"东湖创新驿站",将各类创新主体如企业、大学和科研院所,创新载体如技术联盟、公共技术平台、重点实验室等都纳入驿站内,构建资源共享、合作共赢的运行机制,推动技术转移的实现;继续加强以企业为主体、市场为导向的产学研机制建设,支持企业与科研院所、大学的项目合作;支持企业依托大学、科研院所成立人才培养基地,联合培养人才。

切实发挥行业协会作用。加强协会间的沟通和交流,增强统筹和协调;将政府的部分行政性事务外包给行业协会,如企业申报项目的评估、区域间的行业交流等,提升行业协会在企业中的影响。

12.5　继续做好产业招商,促进重大产业项目的引进

推进资源与产业招商。对目前园区内的存量资源进行疏理和分析,以市场为纽带,支持以优势突出、前景看好的优质科技资源和企业资源为依托进行招商,形成跨国投资的新局面。着眼整个高新区内,围绕主导产业的产业链缺失环节,开展补链行动;围绕富士康、中芯国际、TFT 等重量级项目,做好配套产业和产业上下游的招商工作,做长产业链,做强产业群。抓住服务业的全球转移和国内产业的梯度转移为契机,挑选部分规模较大、技术含量较高、具有国际国内影响的项目进行跟踪,加大力量,促进项目落户。

加强招商评估。建立招商项目评估机制,确立招商项目门槛,把单位土地的投资与产出、单位产出的能耗与水耗、对环境与生态的影响、与园区主导产业的关联程度等作为项目招商的前置条件,严格把关项目的进入。制定项目层面的招商选择标准、项目招商的优先等级,建立园区项目引进评估体系;建立项目招商数据库,定期修订招商项目数据库;聘请外部机构和专家参与招商数据库设计与建设、项目评估,确立专家的动态评价机制;成立东湖高新区招商评估委员会,作为项目招商的决策机构。

12.6 丰富光谷品牌内涵,提升区域品牌形象

塑造品牌体系。把"中国光谷"的区域品牌同产业品牌、企业品牌的建立有机结合起来,扩大光谷的光通信、激光、生物医药、软件及服务外包在国内外的影响,同时培育若干在国内外享有盛誉的企业品牌。建立园区品牌、基地品牌、产业品牌、企业品牌相互呼应的整体品牌架构体系。

丰富品牌内涵。在区域品牌的内涵中注入"世界一流高科技园区"的重要元素,即东湖高新区是国内积极参与国际产业与科技竞争的六大园区之一,是要素充沛、环境友好、企业活跃、产业发达的一流科技园区;同时,注入"宜居生活"的概念,即东湖高新区不仅仅是创新创业的高技术产业化园区,同时也具有高品质的生活、休闲和文化场所,具有完善的城市配套功能。

扩大受众群体。突出投资者的受众主体位置,继续面向潜在的投资者、投资促进机构和专业机构进行高密度推广,扩大对潜在创业者的宣传;保持对专业机构推广的同时,加强对社会公众的推广,进一步提升东湖高新区社会知名度;加强对国外投资者/机构等的宣传,扩大国外影响力。

拓展宣传渠道。通过重大活动、新闻事件、常规渠道等宣传方式,重点突出"中国光谷"概念;利用园区重大/焦点事件,做强"光博会"的品牌影响力,围绕园区重点产业举办相应的行业展会,并充分利用"科博会"、全球性展会等渠道进行推广;充分利用网络广告(关键词营销)、户外广告、平面广告等经常性宣传渠道;以园区知名企业家、创业英雄等为对象,塑造东湖高新区的形象大使。

12.7 推进体制机制创新,促进产业加快发展

争创国家自主创新示范区。放眼全国,围绕创新型国家建设的要求,充分发挥东湖高新区高等院校、科研院所、高新技术企业等创新资源密集的独特优势,进一步激发起创新的潜力和活力,进一步创新体制,全面提升高新区持续创新能力和综合竞争力,把东湖高新区建设成为国家重要的自主创新示范区。要通过示范区建设,完善高新技术产业的体制机制,探索新的经济发展方式,

着力培育新的特色产业产业,提升发展质量和内涵。要在光电子、生物技术、新能源等领域的原始创新上,有所作为。注重集成创新和引进消化吸收再创新。充分发挥科技园区的资源优势来培育具有较强的引领和辐射,支撑与带动作用的高新技术产业集群。要通过自主创新示范区建设,探索高新区走中国特色自主创新道路的重要经验,努力成为促进技术进步和增强自主创新能力的重要载体,成为带动区域经济结构调整和经济增长方式转变的强大引擎,成为高新技术企业走出去,参与国际竞争的服务平台,成为抢占世界高技术产业制高点的前沿阵地。

积极开展股权激励试点。在东湖高新区范围内的高等院校、科研院所中,积极开展职务科技成果、股权和分红权激励的试点。在东湖高新区范围内的院所转制企业以及国有高新技术企业中进行股权和分红权激励改革,对作出突出贡献的科技人员和经营管理人员实施期权、技术入股、股权奖励、分红权等多种形式的激励。

大力推进投融资机制改革试点。一是支持在东湖高新区进行非上市股份公司代办股权转让试点,在未获批之前允许在光谷联合产权交易所率先开展"未上市中小企业股权交易"试点,为创业投资高新技术企业开辟新的退出渠道。二是在东湖高新区区范围内注册登记的产业投资基金或股权投资基金,适用国家关于股权投资基金先行先试政策。三是建立科技型中小企业贷款风险补偿基金,完善科技型企业融资担保机制。四是鼓励银行加大对科技型中小企业的信贷支持,支持商业银行在高新区设立面向科技型中小企业的光谷科技支行,探索建立专门面向中小科技企业的金融服务机构,建立适合科技型中小企业特点,专家参与的风险评估、授信尽职和奖惩制度,开展知识产权等无形资产质押贷款的试点。

创新科技成果转化机制。整合区内高校、科研机构和企业的资源,紧紧依托高校的优势学科,加快国家实验室、工程技术中心和研发中心建设,重点推进大学科技园、光电子产业园、生物医药园、光谷软件园、南湖农业园等多个专业科技园建设,促进科研机构与产业界的紧密融合,促进大学和科研院所就近转化成果。探索以高校、科研院所为创新源头,以重点企业、重大科技成果为纽带,通过市场竞争、政策推动、企业化运作,促进产业化联盟形成,从机制上保证企业和高校合作的市场化运作,加速科技资源在高校与企业间流动和传播。

加强特色产业集聚和产业链建设。围绕中部崛起战略和国家产业布局，围绕高新区的产业发展战略，进一步拓展以光电子为核心，以消费电子、生物技术、新能源与环保产业、装备制造和现代服务等产业作支撑的产业集群，引领未来产业发展；争取国家重大产业项目布局向东湖高新区倾斜，形成完整产业链，增强特色产业竞争力，带动新一轮经济发展。

完善服务企业机制。牢固树立服务意识，转变作风，提高效率。进一步完善服务企业的组织机构，建立园区领导干部联系重点企业、企业走访等制度，认真落实推进重大项目的承诺制、"会诊"制、督办制，建立服务企业"直通车"制度、企业与政府领导定期沟通制度以及企业投诉直查快处机制，进一步优化高新区经济发展软环境。增强"产业第一，尊重企业家"的意识，提高服务效能，改善服务态度、优化服务质量，积极构筑竭诚服务企业的便捷通道。提升联合办公中心服务水平，进一步减少和规范行政审批事项，积极推行网上并联审批，使一般性的审批事项均能在窗口直接办理，实行一站式、全程式、跟踪式、"保姆式"服务。充分发挥各类行业协会、产业联盟作用，定期组织企业家沙龙活动，加强企业家、银行、中介机构及政府之间的联系。

12.8 实施"3551"人才工程，打造光谷人才高地

加大引进和培养高层次人才力度。实施省、市、东湖高新区三级联动的"3551"人才工程，即围绕东湖高新区优先发展的重点产业和领域，力争3年时间内，在光电子信息产业、生物产业、清洁技术产业、现代装备制造业、研发及信息服务业5大产业，引进和培养50名左右掌握国际领先技术、引领产业发展的科技领军人才，1000名左右在新兴产业领域内从事科技创新、成果转化的高层次人才。通过实施"3551人才引进和培养计划"，为东湖高新区的产业发展提供有力的人才保证和智力支撑。

大力培养高端人才。实施"产学研联合人才培养计划"，集中区内重点高校、科研机构为企业培养高端人才；按照"重大项目＋人才培养"的模式，在东湖高新区重大科技创新或产业化项目中提出人才培养要求。

重点吸引归国留学生。吸引的对象重点是三类：在海外知名大学或科研

机构学成回国;国际知名公司任职的留学生抓住市场机遇回国创业;在国外成功创业的留学生回国寻找更广阔的发展空间。为重点引进的留学生企业提供资金、项目等多形式的支持。

积极培养创业企业家。建立园区内企业家的长期、稳定和有效的沟通机制,支持企业家之间、企业家与科学家之间、企业家与金融机构之间加强沟通与合作。定期组织园区内的企业家赴沿海、国外考察,学习国外优秀企业的先进经验。

加快培育产业适用性人才。加强对民营培训机构的资金支持,对民营培训机构进行认证、奖励和挂牌;引进部分国际知名培训机构,在房租、能源费用方面给予支持。

12.9　加强基础设施建设,完善产业发展基础环境

加强市政基础设施建设。建设以轨道交通为骨干、常规公交为主导、个体交通为辅助的多模式、多层次公共交通体系,建设和完善高新区内"八纵七横"的干道网骨架。利用高速公路、城际铁路、轨道交通、常规地面公交建立合理的交通枢纽系统,实现不同交通方式之间的"零距离"换乘和货物的快速中转。完善市政基础设施建设,做好园区水、电、气、通讯等设施容量的扩容。加强景观治理与绿化,建设涵盖绿地、公园、水体等的景观与绿化结构。

完善产业公共服务体系。积极发展与高技术产业配套的技术专利代理机构、鉴定机构、风险投资机构、信息与咨询公司、会计事务所、法律事务所等专业服务机构,形成完善的产业公共服务体系。

增强生活配套功能。根据产业发展需要,按照 HOPSCA 原则(HOTEL 酒店,OFFICE 办公楼,PARKING 停车场,SHOPPING 购物,CONVENTION 集会,APARMENT 指公寓和住宅),形成与企业需求相符合的配套功能,根据产业发展和企业需求,建设部分国际化服务设施;根据城市功能要求,在园区中合理布局学校、医院、体育馆、图书馆等公共服务设施。

主要参考文献

[1]胡锦涛,在全国科学技术大会上的讲话,坚持走中国特色自主创新道路,为建设创新型国家而努力奋斗,人民出版社,2006年1月.

[2]温家宝,在全国科技大会第二次会议的讲话,认真实施科技发展规划纲要,开创我国科技发展的新局面,新华网,2006年1月11日.

[3]中华人民共和国国务院,国家中长期科学和技术发展规划纲要,2006—2020年,人民日报,2006年2月10日.

[4]国务院关于印发实施《国家中长期科学和技术发展规划纲要,2006—2020年》若干配套政策的通知,人民日报,2006年2月27日.

[5]国发[2006]6号文,国务院关于实施《国家中长期科学和技术发展规划纲要(2006—2020年)》若干配套政策的通知,中国政府网,2006年2月27日.

[6]《国家中长期科学和技术发展规划纲要,2006—2020年》配套政策实施汇总,中国政府网,www.gov.cn.

[7]国家科技部火炬中心,建设世界一流高科技园区行动方案,2006年10月,中国创新网.

[8]电子信息产业调整和振兴规划,中国政府网,www.gov.cn.

[9]装备制造业调整振兴规划,中国政府网,www.gov.cn.

[10]船舶工业调整振兴规划,中国政府网,www.gov.cn.

[11]国家知识产权战略纲要,知识产权出版社,2008年6月.

[12]国家发展和改革委员会,高技术产业发展"十一五"规划,国家发改委网站,2007年4月,www.sdpc.gov.cn.

[13]国家发展和改革委员会,生物产业发展"十一五"规划,国家发改委

网站,2007 年 4 月,www. sdpc. gov. cn.

[14]国家高新技术产业化及环境建设"十一五"发展纲要,国家科技部网站,www. most. gov. cn/.

[15]国家高新技术产业开发区"十一五"发展规划纲要,国家科技部网站,www. most. gov. cn.

[16]武汉东湖高新区管委会,东湖高新区产业发展研究报告,2007 年 12 月.

[17]毕博管理咨询(上海)有限公司,武汉东湖高新区生物产业发展战略规划,2008 年 8 月.

[18]童国华,金融危机下的光通信出路,中国电子报,2008 年 12 月 16 日.

[19]于占涛,曾聪,金融危机冲击激光产业仍不乏亮点,光电新闻网,laser. ofweek. com.

[20] 2008—2009 光电显示产业年度大事记,光电新闻网,www. ofweek. com.

[21]席光义,中国 LED 照明市场现状及趋势分析,2009 年 7 月,中国半导体照明网.

[22]关积珍,LED 显示产业发展回顾,2009 - 6,中国半导体照明网.

[23]潘冬梅,金融危机下从四层面看我国 LED 产业发展前景,2009 - 3 - 13,中国半导体照明网.

[24]施鹏飞,2008 年并网风电设备制造业的发展情况,2009 年 7 月,中国新能源网,www. newenergy. org. cn.

[25]桑国卫,我国医药工业生产总值今年有望达 1 万亿元,科技日报网站,www. stdaily. com2009 - 06 - 28.

[26]国家统计局网站,www. stats. gov. cn.

[27]国家工业和信息化部网站,www. miit. gov. cn.

[28]国家环境保护部网站,www. mep. gov. cn.

[29]中国新能源与可再生能源网,www. crein. org. cn.

[30]中国新能源网,www. newenergy. org. cn.

[31]中国创新网—中国高新技术产业导报,www. chinahightech. com.

［32］中国电子信息产业网,www. cena. com. cn.

［33］中国半导体照明网,www. china-led. net.

［34］光电新闻网,www. ofweek. com.

［35］中国激光网,www. laser. net. cn.

［36］中国平板显示网,www. fpdchinese. com.

［37］中国生物技术信息网,www. biotech. org. cn.

［38］中国环保网,www. chinaenvironment. com.

［39］国家重大技术装备网,www. chinaequip. gov. cn.

［40］中国服务外包网,chinasourcing. mofcom. gov. cn.

［41］中国软件和服务外包网,www. cnies. com.

［42］21 世纪经济报道,www. 21cbh. com.

［43］中国企业投资网,www. ceu. com. cn.

［44］水清木华研究中心,www. pday. com. cn.

［45］赛迪网中国市场情报中心,market. ccidnet. com.

［46］维基百科,zh. wikipedia. org.

［47］台湾新竹科学工业园区,www. sipa. gov. tw.

［48］中关村科技园区管委会网站,www. zgc. gov. cn.

［49］苏州高新区,www. snd. gov. cn.

［50］上海张江高科技园区,www. zjpark. com.

［51］深圳高新区,www. ship. gov. cn.

［52］西安高新区,www. xdz. com. cn.

［53］成都高新区,www. cdht. gov. cn.

后　记

　　2006年1月,全国科技大会后,为落实国家坚持自主创新、建设创新型国家的战略,国家科技部将武汉东湖高新区列国家建设世界一流科技园区示范试点。东湖高新区承担起先行先试,探索完善高新技术产业的体制机制,探索新的经济发展方式,培育新的特色产业,探索走中国特色自主创新道路等重要历史使命。2006年3月,中央作出了促进中部崛起的重大决策;2007年底,武汉城市圈被国家批准为国家建设两型社会综合配套改革试验区。为推进建设世界一流科技园区试点工作,发挥国家高新区在中部崛起、两型社会建设中的引领作用,东湖高新区于2007年底组织高新区经济发展局、战略研究院等部门,并联合北京长城企业战略研究所等专业机构,开展了东湖高新区特色产业发展规划研究工作,并完成了产业规划报告。为推进武汉国家生物产业基地建设,2008年上半年,东湖高新区又聘请毕博管理咨询(上海)有限公司,开展了东湖高新区生物产业发展战略规划的研究工作。

　　2008年下半年,全球金融危机的影响蔓延到我国。为应对危机的冲击,国务院陆续出台了包括电子信息、新能源、装备制造、船舶工业、文化产业在内的若干产业振兴规划。与此同时,湖北省和武汉市也出台了重点产业调整和振兴规划,并把东湖高新区作为省市调整结构、发展高新技术产业的龙头,要求东湖高新区在应对金融危机、转变发展方式、推进自主创新中发挥示范带头作用。中央和省市领导高度关注和大力支持东湖高新区的发展,对加快东湖高新区产业的发展做出了一系列的指示。省委、省政府要求东湖高新区在新的起点上,按照"应急"、"谋远"的要求,"强化特色、拓宽领域、高位嫁接、集群发展",在强化光电子信息产业的特色同时,大力发展生物、新能源、环保、消费电子产业,力争用五年时间实现高新区产业规模突破5000亿元,并要求依托东湖高新区,创建国家自主创新示范区,建设国家综合性高技术产业基地。为落实中央和省市领导的指示,东湖高新区管委会成立了以高新区管委会主任刘传铁为组长的领导小组,组成了有高校、科研院所的专家和省市有关部门负责人、东湖高新区的同志参加的工作专班,在省市有关部门的指导和支持下,完成了光电子、生物、新能源、环保和消费电子等五大产业发展规划的编制工作,省政府通过了高新区的五大产业发展规划,并出台了《关于支持东湖高新区加快发展五大产业的意见》。

本书正是东湖高新区开展建设世界一流科技园区试点、创建国家自主创新示范区、建设国家综合性高技术产业基地,并且努力抗击金融危机的冲击、抢抓机遇促发展的工作中,所作的一系列产业研究和规划成果的全面综合和总结。全书的编著工作按照以下原则开展:一是上下对接。将东湖高新区产业发展规划,与国家中长期科技发展规划、国家高新技术产业发展规划、国家的一系列产业调整振兴规划等国家规划对接,与湖北省、武汉市的重点产业调整和振兴规划对接。二是远近结合。既着眼于应对当前金融危机影响,保增长,又谋长远发展,促进高新区产业结构优化,增强发展后劲。既考虑当前东湖高新区现有的基础,更着眼于高新技术产业发展的趋势。三是突出重点。按照有所为、有所不为的原则,在发展产业领域的选择中,注意瞄准"国内一流",突出有优势、有基础、有特色、有前景的产业,支持重点龙头企业加快发展,形成支撑,努力抢占重点领域的市场份额,凸现竞争力。

本书在编著过程中,大量借鉴、引用了国内外的相关研究成果和统计数据,尤其是对各行业发展现状的分析,应用了行业主管部门网站、行业门户网站、行业主要媒体的大量资料,包括国家发改委、科技部、统计局、工业与信息化部、中国电子报、人民邮电报等部门、媒体的网站,以及中国半导体照明网、光电新闻网、中国激光网、中国平板显示网、中国生物技术信息网、中国新能源与可再生能源网、中国新能源网、中国环保网、国家重大技术装备网等行业门户网站;并参考和综合运用了国内外多家咨询机构的研究报告和统计数据,包括赛迪顾问、艾瑞咨询集团、IDC、Gartner、Dell'Oro、Infonetics Research、ABI Research、In—Stat、IC Insights、NanoMarkets、Ernst & Young、BDA、F. O. Licht、IMS Health 等国内外著名的咨询机构,在此一并表示感谢!

2010 年 3 月